KB077453

순암 안정복의
일상과 이택재 장서

순암연구총서 — 7

순암 안정복의 일상과 이택재 장서

김현영 외 지음

성균관대학교
출판부   순암 안정복 선생 기념사업회

간행사

지난 2012년은 순암順菴 안정복安鼎福 선생 탄신 300주년이 되는 해였다. 선생은 명문인 광주廣州 안씨安氏 가문에서 태어나 영특한 자질에도 불구하고 자신의 경륜을 펼칠만한 관직에 오를 기회를 얻지 못하고 평생을 재야에서 학문에 전념한 학자였다. 선생은 35세 때부터 성호星湖 이익李瀷 선생을 사사師事하여 성호 선생이 개창開創한 경세치용학經世致用學을 이어받아 근기실학近畿實學의 지평을 넓힌 실학자였다.

선생의 학문의 자취와 결과물은 다행히 초서농抄書籠과 저서농著書籠으로 남아있어 후학들이 선생의 학문과 사상을 연구하는 데에 결정적인 자료가 되고 있다. 초서농과 저서농을 통하여 볼 때 선생은 80평생을 한결같이 연구와 저술에 몰두했음을 알 수 있다. 선생은 『성호사설유선星湖僿說類選』을 편찬하여 성호의 학문을 요약, 정리하는 한편, 『성호사설』에 비견되는 『잡동산이雜同散異』라는 백과전서적 찬록물纂錄物을 남기기도 했다. 뿐만 아니라 『동사강목東史綱目』, 『열조통기列朝通紀』, 『임관정요臨官政要』, 『하학지남下學指南』 등의 저술을 통하여 역사학, 지방행정, 교육 등 다방면에 걸쳐 괄목할만한 업적을 남겼다. 이 중 『동사강목』은 선생 필생의 역작으로 우리나라 민족사학民族史學의 토대가 되어 후일 박은식朴殷植, 신채호申采浩 등의 민족사학 수립에 커다란 영향을 미쳤다.

이와 같이 한국 사상사에 거대한 족적을 남긴 선생의 탄신 300주년을 맞아 2011년에 '순암 선생 탄신 300주년 기념사업회'가 결성되었다. 기념사업회에서

는 탄신 300주년을 기념하기 위한 여러 사업을 기획했는데 이미 출판된 순암
연구총서順菴研究叢書 5권은 그 기념사업의 일환이다. 순암연구총서는 지금까지
출판되었던 2권의 단독저서와 학계에 발표되었던 논문들 중에서 63편을 엄선
하여 수록했다. 여기에는 1965년에 발표된 논문부터 최근의 논문들이 망라되
어 있으며 외국 학자와 북한 측 학자의 논문 3편도 함께 수록되어 있다. 이제
는 쉽게 찾아보기 어려운 초창기 논문을 포함해서 여기저기 흩어져 있던 순암
연구 논문들을 한데 묶음으로써 앞으로의 순암연구를 위한 하나의 초석이 될
것이라 감히 자부해 본다.

이번에 출간되는 제6권은, 2012년 11월 2일, 3일 양일간 개최되었던 '순암
안정복 선생 탄신 300주년 기념 국제학술회의'에서 발표되었던 10편의 논문을
필자들의 수정을 거쳐 수록한 것이다. 그러므로 이 논문집은 순암연구의 최신
성과물이라 할 수 있다. 제7권은 국립중앙도서관이 소장하고 있는 방대한 분량
의 순암가順菴家 장서를 처음으로 학계에 보고하는 것이다. 이 순암가 장서에는
『안정복일기安鼎福日記』를 비롯한 귀중한 자료들이 포함되어 있다. 비록 순암가
장서 전체를 체계적으로 연구한 것은 아니지만 앞으로의 순암 연구에 적지 않
은 도움을 줄 것이라 생각한다.

이 연구총서를 간행하는 데에 물심양면으로 아낌없는 도움을 주신 광주안씨
廣州安氏 광양군파廣陽君派 종중과 논문의 게재를 허락해 주신 필자 여러분들께

깊은 감사의 뜻을 전한다. 또한 순암가 장서를 맡아 연구해주신 고문서학회 김현영 회장 이하 여러분들에게 감사를 드린다. 그리고 연구총서 출판의 편집을 맡아 고생한 함영대 간사와 성균관대학교 출판부의 현상철 팀장에게도 고마운 마음을 전한다.

2013년 10월

성균관대학교 명예교수, 순암 안정복 선생 기념사업회 회장

송 재 소宋載邵 印

차례

순암 이택재麗澤齋 장서의 형성과 산일散逸

김현영

1. 머리말

본 논문은 근기 지방의 실학자이자 역사학자인 순암 안정복과 그 후손에 의하여 만들어진 순암 이택재 장서가 어떻게 형성되고 구성되어 있는가를 통하여 근기 지방 지식인의 학지學知의 세계를 들여다보고자 한다. 순암 이택재 장서는 일제 강점기에 산일되어 현재는 국립중앙도서관, 서울대 규장각, 한국학중앙연구원 장서각, 일본 천리대학天理大學 등에 소장되어 있다.

안정복은 1757년(영조33) 46세 때에 순암順菴을 짓고 1761년(영조37) 50세 때에 이택재麗澤齋를 완성하였다. 1761년에 만들어진 서재 이택재에 어떠한 장서가 소장되어 있었는지는 순암 자신이 정리한 여러 장서목록을 가지고 분석해보고자 한다. 순암 자신이 정리한 최초의 장서목록은 1776년에 목천현감木川縣監에 부임하면서 목천현에 가지고 간 책목冊目 105종 219책이다. 이후 순암 74세 때인 1785년에도 책력일기의 이면에 직접 장서를 정리하면서 ① 가장서책구질家藏書册舊帙 ② 자비서책질自備書册帙로 구분하여 장서목록을 정리하였다. 가장서책구질은 82종, 자비서책질은 164종으로 총 246종이다. 순암 이택재의 가장 자세한 장서목록은 순암 사후死後에 누군가가 정리한 「이택재 장서 목록」(가칭)이다. 이 목록에는 총 517종 2,265책의 장서가 잘 정리되어 있다.

이러한 장서목록 이외에도 순암은 자신의 저술목록이 정리되어 있는데, 순암의 저술인 『하학지남下學指南』 권미卷尾에는 순암의 저술을 49종으로 제시하고 있고, 젊었을 때의 일기를 후대에 정리한 『일성록日省錄』 권미卷尾에는 순암의 저술을 17종으로 정리하였다. 그러나 이 저술목록은 순암의 친필이 아니고 순암 사후 후손이나 제자가 유고를 정리하면서 정리한 것으로 생각된다. 그런데 그중에는 순암의 저서로 보기 어려운 것도 있어서 가장 정확한 순암의 저술목록을 찾을 필요가 있다. 그런데 마침 1788년(정조12), 순암이 77세 때에 자신의 책력일기 이면에 저술목록을 이미 완성된 것과 완성되지 못한 것으로 구분하여 정리하고 있다.[1]

본고에서 집중적으로 검토하려는 「순암 이택재 장서목록」은 순암의 손자 또는 증손 대에 정리된 목록인 듯하다. 총 517종 2,265책의 장서 목록이 정리되어 있다. 이 장서에는 『동사강목』이나 『하학지남』과 같은 저서롱계著書籠系의 저술은 복본複本으로 소장되어 있고, 초서롱계鈔書籠系의 초서책抄書册으로는 선대부터 전래되어 온 장서나 자신이 수집한 장서의 목록이 정리되어 있으며, 심지어는 집안의 서간書簡이나 부첩簿牒, 호적戶籍, 제문祭文 등 여러 문적文籍이 큰 상자[대상大箱], 칠함漆函, 노란 상자[황상黃箱], 작은 상자[소상小箱] 등에 들어있다는 자료의 현상까지 기록해두고 있다.

본고에서는 순암가에 전해져 오는 필사본 자료 중 여러 가지 장서 목록을 정리하여 당시 지식인들의 학문 세계를 엿보고, 동시에 순암 이택재 장서가 산일되어 분산 소장된 현황을 정리하여 동 장서가 여러 형태로 다시 복원되기를

---

1 『안정복일기』 52 4장째. 1788년(정조12, 77세) 부분.

기대한다. 이택재 장서가 산일되어 현재 소장되어 있는 곳은 국립중앙도서관, 장서각, 규장각, 일본 천리대학 도서관 등이다. 여기에서는 국립중앙도서관, 장서각의 것을 중심으로 정리한다.

2. 순암 이택재 장서의 형성: 초서롱과 저서롱

순암은 스스로 자신의 장서를 초서 계통의 서적과 저술 계통의 서적으로 구분하여 초서롱, 저서롱이라고 하였다. 좀 길기는 하지만 자신의 초서벽抄書癖에 대한 소회를 말한 '초서롱에 쓰다[題鈔書籠]'라는 시를 통하여 순암의 초서의 의미를 생각해보자.

초서롱에 쓰다[題鈔書籠][2]

몸에 고질병이 있는데도	沈疾已在躬
책이 좋아 아직 폐할 수 없네	嗜書猶不廢
귀한 서적 있다고만 들으면	每聞有奇籍
어떻게든 꼭 구해야 하지만	多方必圖致
책 살 돈이 없기 때문에	旣無買書錢
그 책 베낄 수밖에	乃(惟)有鈔書意
온종일 수그리고 앉아	垂首坐終日
등불 아래에서도 계속 했네	復以燈火繼
파리 머리, 지렁이처럼 그려도	蠅頭畫蚯蚓
부끄러워 할 까닭 없고	曾不爲愧恥
피곤하면 남의 손까지 빌어	力疲倩人手
그 책이 끝나야만 말지	卷終斯置已(已豊)

---

2 『順菴先生文集』 권1 詩.

어렵게 만들어진 책이기에	成編亦艱難
완상해보면 저절로 진귀하다네	把玩自珍貴
집 식구는 그때마다 말리면서	家人屢挽止
피로 쌓여 병 될까 걱정하고	勞瘁恐成祟
친구들도 비웃으며 하는 말	亦蒙朋友笑
이미 벼슬했는데 뭘 그러느냐지만	旣宦安用是
내 몸의 병을 내가 알기에	自知身有病
오래 있을 생각 않고	不作長久計
내 좋은 것 줄곧 좋아하면서	偏好固莫捐
애오라지 내 뜻대로 살리라	聊爾從吾志
자식 하나 아우 하나가 있지만	有一子一弟(子弟有二人)
누가 물려받을지는 모르는 일	不知誰可遺
내나 보고 읽으면 그뿐이지	我但要披閱
뒷일까지 생각할거 뭐 있겠나	豈復思後世
어리석은 자손이면 있던 것도 없앨 게고	逢愚聚亦散
어진 자손이면 더 보탤 것이고	賢必能添寘(區區慮逐心 何其饋爲志)
제일 좋은 것은 지금 당장	不知供目前
한 권 책으로 맛을 느끼는 일이라네	一卷有餘味

　* 괄호 속은 『(순암)부부고覆瓿稿』의 내용.

　　가난한 선비의 독서와 장서 과정을 알 수 있다. "책 살 돈이 없기 때문에 그 책 베낄 수밖에"라고 하여 책 살 돈이 없어서 구하고 싶은 책들을 베껴서 소장하게 되었다는 것이다. 파리 머리처럼 지렁이처럼 그려진 초서롱 계통의 책들은 다음 장서 목록에서 알 수가 있겠지만 경학經學, 사서史書, 제자서諸子書, 문집文集, 자서字書 등에 이르기까지 다방면에 이르고 있다. 자신이 직접 다 베낄 수가 없을 때는 다른 사람의 손을 빌려서까지 베끼도록 하였다. 온종일, 밤중까지 초서벽은 그치지 않았고 식구들은 병이 날까 걱정하는 정도였다. 이러한 버릇은 벼슬을 한 이후에도 멈추지 않았다. 이렇게 하여 형성된 장서는 아들 한

『순암집』에 실려 있는 초서롱, 저서롱 시

명, 동생 한 명이 있어서 누가 물려받을지는 알 수 없지만 자신만 즐거우면 그만이라는 것이다. 그러나 이 장서는 동생도 아들도 아니고 손자인 철중喆重, 증손자인 효근孝根과 제자들이 이어서 정리, 보관하였다.

순암은 이렇게 하여 형성된 서책들을 토대로 독서도 하고 저술도 하였다. 그의 "저서롱에 쓰다"라는 시는 그러한 사정을 말하고 있다.

저서롱에 쓰다[題著書籠]

우리 한산 가업을	惟我漢山業
팔백 년을 이어왔네	相承八百年
집안 원래 청빈하여	家世本淸貧
책 하나도 쌓아둔 게 없네	曾不有簡編
몇 십 년 애를 써서	辛勤數十載
전심전력 구해들여	求之心頗專
경사와 자집까지	經史與子集

갖출 건 갖추었네	裒粹亦略全
질긴 종이로 일일이 장황하고	一一堅紙裝
애를 써가며 손수 다 꿰맸다네	辛苦手自穿
화가 나다가도 글만 읽으면 좋고	當怒讀卽喜
병이 났다가도 읽기만 하면 나아	當病讀卽痊
이것이 내 운명이라 믿고	恃此用爲命
앞에 가득 이리저리 쌓아 놓았지	縱橫堆滿前
그 때 이 책 쓴 이들은	當時作書者
성인 아니면 현인들	非聖必是賢
책을 펴 볼 것까지도 없이	豈待開卷看
그냥 만지기만 해도 기쁘다네	撫弄亦欣然
몇 해를 그리 읽고 나니	讀之積年歲
책은 백 권 천 권도 넘고	卷帙踰百千
가슴 속엔 무엇이 있는 것 모양	胸中如有物
구불구불 자꾸 나오려고 해서	輪囷欲自宣
글 한번 써보자 하고	遂起著書意
밤잠도 잊고 엮어본다네	編輯夜忘眠
집안 식구나 친구들이야	家人與朋友
미치광이로 볼는지 몰라도	視之若狂癲
제 보물은 그저 제가 좋아하는 것	燕石謾自珍
양자운楊子雲도 태현경 쓰지 않았던가	子雲曾草玄

저서룡에 대해서 서술한 이 시에서 순암은 집안이 대대로 청빈하여 제대로 갖추지는 못하였지만 애를 써서 경사자집經史子集을 대강 갖추었다고 말하고 있다. 이를 잘 장황을 해서 보관하고 이러한 성현聖賢의 서적은 읽기만 해도 화났다가도 즐거워지고 아팠던 병도 나을 정도여서, 이 정도라면 순암은 가히 독서광讀書狂이라고 할 만하다. 이러한 독서 과정에서 저절로 저술까지 이르게 되어 밤잠도 잊고 독자적인 편저서를 하게 되었다는 것이다. 식구들은 이러한 그에

대해서 미치광이로 볼 정도였다. 이러한 장서들은 그가 목천현감으로 부임할 때에도 그 일부는 가지고 갈 정도로 독서와 저술에 대한 집착이 강하였다.

3. 순암 이택재 장서의 분석

다음에서는 1776년 순암이 목천현감에 부임할 때에 가지고 간 서책 목록, 1785년에 정리한 장서 목록, 그리고 이택재의 최대의 장서 목록인 후대의 정리 목록을 검토해보기로 한다.

1) 1776년 「목천현지래책목록木川縣持來册目錄」

1776년 순암이 65세로 목천현감에 부임할 때에 집에 있던 서책을 목천에 가지고 갔는데 그때 정리해둔 서목이 「목천현지래책목록木川縣持來册目錄」이다.[3] 총 105종 219권을 가지고 갔다. 『안정복일기』 1777년(정조1) 부분 첫머리에 「목천현지래책목록 병신 십일월」이라고 하여, 그가 목천현감에 부임하면서 가지고 간 서책 목록이라는 것을 알 수 있다.[4]

여기에는 자신의 저술뿐만 아니라 경전, 역사지리, 의례서儀禮書, 시문집詩文集, 자전字典, 의서醫書, 백과사전, 불교서적, 소설, 서양서적 등 다양한 방면의 다양한 서적들이 포함되어 있다. 먼저 자신의 저술로는 『정요政要』, 『치현보治縣譜』, 『하학지남下學指南』, 『사감史鑑』, 『어류절요語類節要』, 『사고私稿』, 『부부고覆瓿稿』가 있고, 경전류로는 사서오경四書五經과 『근사록近思錄』, 『심경心經』, 『어류절요語類節要』 등 주자서朱子書가 포함되어 있다. 뿐만 아니라 양명학에 관한 서

---

3 이 부분은 본서의 김경숙 논문에도 언급되었다.
4 순암이 목천현감으로 부임한 것이 10월이므로 11월은 그 한 달 후이다.

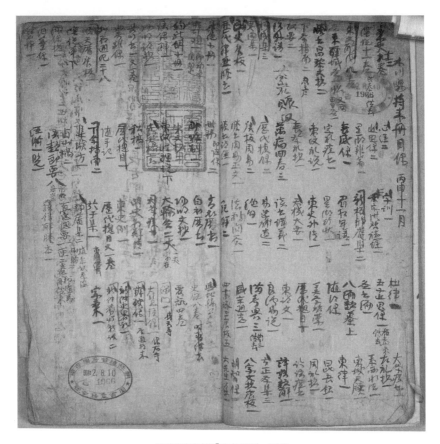

목천현지래서목(『안정복일기』 48책)

적(『양명문초陽明文抄』)도 있다. 법률서로는 『백헌총요百憲總要』, 『역대율선歷代律選』,
『법제문답法制問答』, 『범해範解』, 『군현제郡縣制』 등이 있고 역사지리서로 『동사
東史』, 『동사외전東史外傳』, 『열조통기列朝通紀』, 『역대총목歷代摠目』, 『명사조선전
明史朝鮮傳』, 『동사례東史例』, 『신건사략기新件史略記』, 『함사당판函史唐板』, 『역대
첩록歷代捷錄』, 『성경통지盛京通志』, 『도동강역도道東疆域圖』, 『여지승람輿地勝覽』
등 풍부한 자료가 포함되어 있다. 시문집으로는 문집류인 『주문작해朱文酌海』,
『창려문초昌黎文抄』, 『한강집寒岡集』, 『성호잡저星湖雜著』, 『신판정암집新板靜庵集』,
『미수연보眉叟年譜』, 『성호행장星湖行狀』, 『어우집於于集』, 『정암집靜庵集』, 『정산
고貞山稿』, 『수수기隨手記』 등과 『절구絶句』, 『누율杜律』, 『동시문東詩文』, 『동파척

독東坡尺牘』, 『동율東律』, 『팔자문초당판八字文抄唐板』, 『육선생시초六先生詩抄』, 『율절소책律絶小册』, 『양명시초陽明詩抄』 등 시문류, 『장천서長川書』, 『사설초僿設草』 등 주변 인사들의 서간과 저술도 포함되어 잇다. 의례서로는 『상위록喪威錄』, 『가례질서家禮疾書』, 『동유예설東儒禮說』, 『상례예초喪祭禮抄』 등이 있다. 기타 자전류인 『자훈字訓』, 『자휘字彙』, 『어록해語錄解』, 『천자홍계희주千字洪啓禧註』, 역서류曆書類인 『천기대요天機大要』, 『청의역서靑衣曆書』, 『백의역서白衣曆書』, 『순천력당판順天曆唐板』, 백과사전류인 『도서편圖書編』, 의학서인 『만병회춘萬病回春』, 『집험방集驗方』, 어학서인 『역어유해譯語類解』, 불교서인 『치문緇門』(승천사勝天寺), 『대혜어록大慧語錄』(은석사銀石寺), 소설류인 『신건전등신화新件剪燈新話』, 서학서인 『대륜도大輪圖』, 『태서수법泰西水法』 등이 포함되어 있다. 기타 『천설遷說』, 『천집淺集』, 『팔편유찬八編類纂』, 『수득록隨得錄』, 『미학계몽美學啓蒙』, 『곤오록昆吾錄』, 『방정학집方正學集』, 『역계관亦計觀』(즉유학수지야卽幼學須知也), 『조룡이釣龍餌』, 『전고잡록典考雜錄』, 『강록초綱錄抄』, 『골동록汨董錄』, 『경제일람經濟一覽』 등이 있다.

순암은 말년에 서학을 배척하는 『천학고天學考』, 『천학문답天學問答』을 편찬한 바 있는데, 이때에 소장한 서책 목록에서는 『태서수법泰西水法』 정도의 서학서가 보이는 바, 이때에는 거의 서학에 대해서 관심을 가지지 않았다고 할 수 있다.

2) 1785년 장서목록[5]

1785년 순암 74세 때의 장서목록은 아래와 같이, ① 「가장서책구질家藏書册舊帙」 ② 「자비서책질自備書册帙」로 구분하여 정리되어 있다. 「가장서책구질」은

---

5 『안정복일기』 51, 67장째. 1785년(정조 9, 74세) 부분. 본고에서는 국립중앙도서관에 '안정복일기'로 되어 있는 자료가 모두 순암의 일기가 아니고 순암의 책력 일기를 포함한 이택재 소장본이 1927년에 일괄 구입될 때 잘못 부쳐진 이름이므로 다시 각 책들을 해체하여 다시 제목을 붙이고 정리하여야 한다고 생각하지만 여기에서는 일단 국립중앙도서관에 부여된 명칭 그대로를 사용하기로 한다.

82건, 「자비서책질」은 164건으로 총 246건인데, 「가장서책구질」이 전부터 집안에 내려오던 서책이고 「자비서책질」이 순암 당대에 갖춘 서책이라는 의미라고 한다면, 전부터 전해져 온 서책보다는 자신이 갖춘 서책이 두 배나 많다.

「가장서책구질」 항목에는 『계사繫辭』 이권二卷 '재동구종래齋洞舊宗來'라던가 『백가유찬百家類纂』 삼십팔三十八卷 '조부재창악시인래祖父在昌樂時印來'처럼 재동齋洞의 종택宗宅에 있던 책을 가져온 것, 조부인 안서우安瑞羽가 창락찰방昌樂察訪할 때에 인쇄하여 가져온 것이라는 식으로 전래되어온 경위까지도 기록되어 있다. 『남화경南華經』일一 '조부친서祖父親書'과 같이 조부가 친필로 등사한 것이라고 밝힌 내용도 있다. 1785년의 장서 목록 246건 중에서 138건이 후대에 정리한 〈순암 이택재 장서 목록〉에 남아 있다. 목록은 아래와 같다.(√표가 〈순암 이택재 장서 목록〉에 남아 있는 것)

〈家藏書册舊帙〉 (82건)

繫辭二卷〈齋洞舊宗來〉	天命圖說一卷 √
詩傳十卷〈二卷失〉 √	入學圖說一卷 √
詩解五卷	心經二卷 √
論語七卷〈二卷舊宗來〉 √	近思錄二卷 √
百家類纂三十八卷〈祖父在昌樂時印來〉	東坡詩五卷 √
伊洛淵源五卷〈上仝〉 √	山谷詩五卷 √
南軒集九卷〈上仝〉 √	陸宣公奏議〈昌樂時謄來〉 √
杜工部集十六卷〈舊宗來〉 √	鶴林玉露四卷〈一卷失〉
□蘇州四卷〈上仝〉	論語諺辯四卷〈初卷失〉
大學衍義十一卷 √	謄次瀛奎律隨七言六卷〈一卷失〉
二程全書二十卷〈泰安備來〉 √	又五言五卷〈二卷失〉
戰國策八卷〈上仝〉 √	又排律一
史漢一統十六卷〈□山備來〉 √	呂氏鄕約一卷 √
讀書錄一卷 √	袁天綱二卷 √

浣花流水帖一

筆陣圖一

鶴浦集二

荷谷集一

土亭集一 √

孝經大義一卷 √

唐律廣選三卷 √

漢書抄一卷 √

文選抄二卷

柳文抄一卷

選詩四卷 √

白律二卷 √

選文掇英三卷　上全 √

李忠定奏議八卷　上全 √

三韻補遺三卷　上全

自警篇十卷 √

昌黎集十九卷〈昌樂備來〉 √

柳文十二卷　上全

退溪集二十卷 √

西厓集十卷 √

愚伏集十卷 √

忘憂集一卷 √

正氣錄一卷 √

明紀編年三卷

太○圖一卷 √ *

易學啓蒙二卷 √

啓蒙傳疑一卷 √

謄言玉堂詩選四卷〈二卷失〉 √

南華經一〈祖父親書〉

論語正文一〈上全〉 √

左傳抄二 √

經書大文壽衣五卷

律藪五言二 ⎤
　　　　　　 ⎬ 輿地勝覽詩也 √
又七言二　 ⎦

中庸或問一 √

唐板宋元鑑十六卷 √

通鑑前編十卷 √

家禮二卷 √

喪禮備要一卷 √

疑禮問解四卷

奉先執儀一卷 √

杜律一卷 ⎤ √
　　　　　 ⎥
放翁抄一卷 ⎬ 合部 √
　　　　　 ⎥
楚辭一　　 ⎦ √

忠烈錄一卷

攷事撮要一卷〈舊本〉 √

行軍須知一卷

畏傳奇論一卷 √

兵學指南一卷

仁祖癸酉 ⎤
　　　　 ⎥
孝宗庚寅 ⎬ 司馬榜三 √
　　　　 ⎥
肅宗辛未 ⎦

甲戌別試榜一 √

功臣錄四卷

* 태극太極의 극자極字는 부친의 휘자諱字이므로 피휘避諱를 하여 동그라미로 대체하였다.

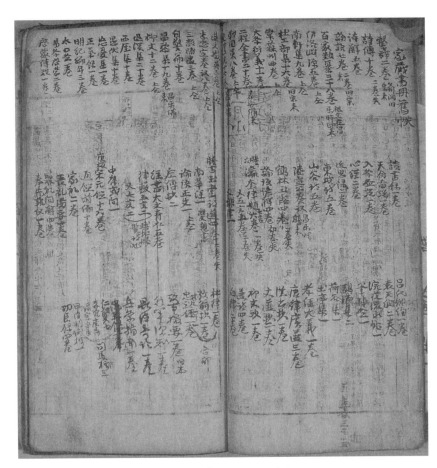

가장서책목록(『안정복일기』 51책-1)

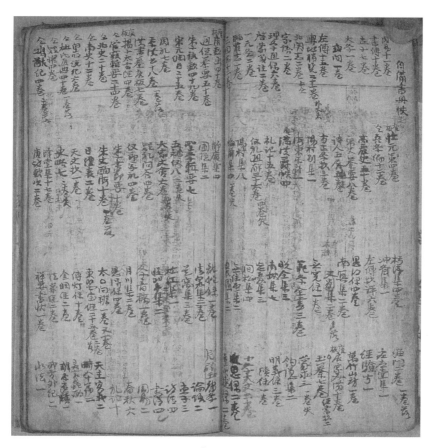

가장서책목록(『안정복일기』 51책-2)

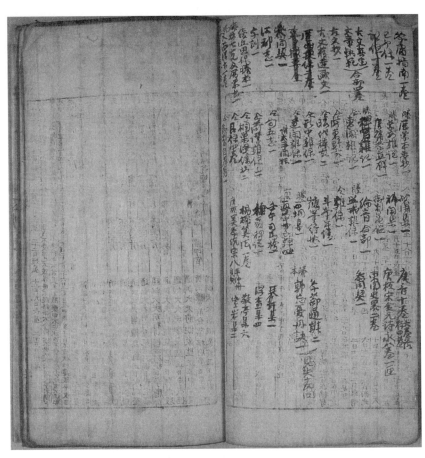

가장서책목록(『안정복일기』 51책-3)

〈自備書册帙〉 (164건)

周易十一卷 √

書傳十卷 √

孟子七卷 √

大學一卷 √

　　或問一卷 √

左傳十五卷 √

輿地勝覽二十一卷 〈朴丈來〉 √

北關志二卷 〈上仝〉

家語二卷 √

理學通錄六卷

啓蒙箋註二卷

一元圖二卷 √

耽羅志一卷 √

三國志十二卷

唐板 壯元策四卷 √

全 吾學編十二卷 √

高麗史五十卷 √

東史纂要八卷 √

詩人五屑五卷 √ 詩人玉屑

方正學抄三卷

陽村別集一 √

海東樂府一 √

唐 滿漢爵帙四

禮記十五卷 √

儀禮通解三十六卷 〈四卷失〉

陽村集八 √

晦齋集 〈一卷失〉 √

朽淺集四卷

沖齋集一

左傳抄評六卷 √

愚得錄四卷

南冥集二卷 √

　　又別集二卷 〈多落〉

無寃錄一卷

範學全書一卷 √

晩全集三 √

南坡集七 √

忘憂集三 √

澗松集四

無住堂集二 √

農圃集二 √

緇門二卷 〈一卷落〉 √

虛應堂集一

經驗方一

萬竹山房二卷 √

唐板 居家必備十卷 √

經書抄二

玉纂七卷 √

蒙求三 〈一卷失〉 √

釣隱集 √

明義錄三卷 √

　　續集一卷 √

小學大文二卷 √

近思錄二卷 √

歷代捷錄二卷

唐板 唐類函四十卷 √

通經纂要五十卷

朱子語類四十九卷 √

宋元綱目二十五卷 √

周禮七卷 √

季漢書十八卷〈一卷落〉

漢書纂唐板七卷

唐板 楊子太玄經四卷

全 管籥輯要二十四卷 √

全 北史二十卷

全 南史十二卷

全 皇明統紀六卷 √

全 杜氏通典四十卷〈一卷落〉 √

全 疑曜四卷

全 鴻猷紀四卷〈二卷落〉

靜庵集四 √

圃隱集二 √

聖學輯要七 √

五禮儀八〈二卷失〉 √

大家文會六卷〈四卷失〉 √

疑禮問答四卷 √

儀節家禮四卷 √

朱子書節要十卷

朱文酌海十卷〈一卷落〉 √

日纏表二卷 √

天文抄一卷

史略七〈二券失〉 √

澤堂集十七卷 √

唐詩戲吹二卷 √

龍蛇錄一卷

清泉集三卷 √

是窩集三卷

松江集一

晚翠集二 √

學音稿一卷

月川集二卷 √

愚得錄四卷

太〇問辨一卷 又一卷 √

東醫寶鑑二十五卷〈二卷落〉 √

傳燈錄十卷

金剛經二卷

法華經二卷 √

祥要書狀一卷

片壁庸學一

論語二

孟子三

詩傳四

書傳四

周易二

春秋六

禮記十卷

天主實義二

疇八十卷篇二

靈言蠡酌一

辨學遺牘一

職方外記二

水法一 √

學庸指南一卷 √

己卯錄一卷

古文眞寶 ⎤
　　　　　合部四卷 √
文章軌範 ⎦

古文抄一

古文精選歐文一

參同契一

江都志一

字訓一 √

續近思錄謄本一

謄 抄七克及曆象書一

謄 又西洋書一卷

□□□□□□

謄 曆象本要抄一

謄 象數雜說一

唐庸學直解一 √

謄 稗官雜記一 √

全 東閣雜記一 √

全 海東野言一 √

全 昭代粹言一

全 亂中雜錄一

全 遺閑雜錄一 √
　　附太平閑語

全 旬五志一 √

全 荷潭雜錄二 √

全 桐巢漫錄抄二

全 艮錄四卷 √

全 御製自省篇一 √

破閑集一 √

補閑集一 √

御製龜鑑一 √

綸音合部一 √

謄 監戒雜錄一

全 雜錄一

斗峯年譜一

鶴峯行狀一

謄 西坰集一

唐 眞草子隸四

壬午司馬榜一 √

櫟翁稗說一

楊輝算法一卷 √

唐板 算學統宗八 〈平仲冊 見失〉

唐音十卷 〈六卷落 存四卷〉 √

唐板宋金兄詩永八卷一甲

東國史略二卷

參同契一 √

學蔀通辨二 ⎤
　　　　　　　　見失當問
謄本 郭忘憂丹訣一 ⎦

琴軒集一

浮查集四

敬亭集六 √

紫岩集二 √

위와 같이 순암 장서는 경사자집經史子集은 물론이고 우리나라의 문집류, 소설류, 산학서, 불교서, 서학서 등 모든 종류를 망라하고 있다. 이러한 서책들을 크게는 전래 서책과 자비 서책으로 구분하고 자비 서책도 판본의 종류(唐板, 片壁 등)나 등사본 여부 등을 구분하여 정리하였다.

3) 「순암 이택재 장서목록」

순암가의 고문서를 정리한 『고문서집성古文書集成 8』에는 「저서목록著書目錄」이라는 자료가 실려 있다. 이에 「순암 이택재 장서목록」은 누가 작성하였는지는 아직 확정할 수 없다. 그러나 순암 사후 손자인 철중喆重이나 증손자인 효근孝根 또는 순암의 제자 가운데 누군가가 정리하였으리라고 추측한다.[6] 「순암 이택재 장서목록」에는 순암가 장서 목록 가운데 가장 많은 총 517종의 서적 목록이 정리되어 있는데 오늘날의 용어를 빌리자면 거의 현상기록現狀記錄 수준의 목록 정리를 했다고 볼 수 있다. 각 서가書架와 광주리, 함函 등에 보관되어 있는 서책과 문서 등의 현황을 정확히 정리해놓은 것이다. 이택재 장서의 개요를 보면 다음과 같다.

10단 짜리 서가에는 경서류와 문집 등 152종, 안상案上의 4단 서가에는 『잡동산이雜同散異』, 『정사政事』 등 130종, 안하案下의 4단 서가에는 『치문경훈緇門警訓』, 『삼국사三國史』, 『당시고취唐詩鼓吹』 등 126종, 상자 속에는 『양기재집兩棄齋集』 등 선대의 문집류 31종, 칠함漆函 속에는 『광릉안씨세보초廣陵安氏世譜抄』 등 선대 계보에 관한 서적 등 17종, 오동나무 상자 속에는 『순암집』이 1질, 광주리 속에는 『맹자』 등 8종, 안상案上에는 항상 『광선廣選』 등 8종, 누런 광주리

---

6 본 장서 목록은 한국학중앙연구원에서 간행한 『古文書集成8 - 廣州安氏・慶州金氏篇』에는 영인되어 수록되어 있으나 장서각 아카이브즈의 이미지 자료에는 보이지 않는다.

속에는 『내사규장전운_{內賜奎章全韻}』 등 30종이 배치되어 있었다. 이외에도 큰 상자 속에는 잡책, 서간, 부첩류가 칠합_{漆函}과 누런 상자 속에는 서간, 작은 상자 속에는 호적과 제문 및 잡다한 문적들이 들어 있다.

(서가) 152종(1행 『書傳』 등 경서류 34종 『楚辭』, 『古文眞寶』, 『馬史』 등 / 2행 『儀禮經傳』 등 10종 / 3행 『易學圖說』 등 8종 4행 『理學通錄』 등 9종 / 5행 『韻補』 등 9종 / 6행 『杜工部集』 11종 / 7행 『左傳』 등 10종 / 8행(7행) 『禮記』 등 16종 / 9행 『損齋集』 등 21종 / 10행(9행) 『無住先生集』 등 24종)

在案上(書架) 130종(1행 雜同散異 등 12종 / 2행 親陰幷書 등 28종 / 3행 政事 등 41종 / 4행 一元圖 등 49종)

在案下(書架) 126종(1행 緇門警訓 등 38종 / 2행 三國史 등 36종 / 3행 唐詩鼓吹 등 17종 4행 五七絶句 등 35종)

在箱中 31종(兩棄齋集 등)

漆函中 17종(廣陵安氏世譜 등)

在梧匣中 15권(順菴集)

在篋中 8종(孟子 등)

常在案上 8종(廣選 등)

在黃筐中 30종(內賜奎章全韻 등)

大箱中 잡책, 서간, 부첩

漆函中 서간

黃箱中 서간

小箱 호적

小箱 祭文, 잡문적

이상과 같은 총목록에 대한 분석은 18세기말 19세기 근기 지식인의 지식세계를 이해하는데 매우 중요한 자료라고 생각된다. 여기에서는 아직 충분한 분석이 되어 있지 않았기 때문에 일단 목록만 제시한다.(뒤의 표 「순암 이택재 장서목록」 참조)

4. 저술 목록의 분석

순암의 저술은 편저류가 대부분이다. 순암 저술목록은 1788년(정조12) 책력일기에 정리된 「저술목록」[7]과 「하학지남」, 「일성록」의 권미卷尾에 정리된 것이 있지만, 「하학지남」이나 「일성록」 권미에 정리된 것은 자손이나 후대의 누군가가 정리한 것으로 그중에는 순암의 저술로 생각되지 않는 것도 많이 포함되어 있

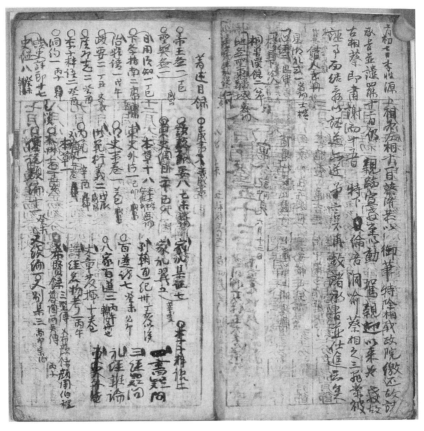

저술목록(『안정복일기』 52책)

---

7 『안정복일기』 52 4장째. 1788년(정조12, 77세) 부분.

다. 가장 신뢰할 수 있는 순암의 저술목록은 순암 자신이 친필로 정리한 것이
아래와 같은 1788년 책력일기의 「저술목록」이다.

「저술목록」

○ 已成書(18종) ◐ 未成書(14종) 무표기(1종)

○ (1) 帝王圖一 丁巳(1737, 영조13)

○ (2) 聖賢圖一 咸昌

◐ (3) 日用須知一 丁巳(1737)

○ (4) 下學指南二 庚申(1740, 영조16) 咸昌 尙州

◐ (5) 治縣譜一 戊午(1738, 영조14)

○ (6) 政要二 丁丑(1757, 영조33) 文義

○ (7) 廣州志二 癸酉(1753, 영조29)

○ (8) 李子粹語二 癸酉(1753)

○ (9) 洞約一 丙子(1756, 영조32)

◐ (10) 讀史詳節十七 丁巳(1737)以後

◐ (11) 史鑑八 癸未(1763, 영조39) 輔汝

○ (12) 語類節要八 乙未 密陽

○ (13) 東史綱目二十 己卯(1759, 영조35)

　　　　　本草十八 〈李士楷 安佐郞〉 密陽

◐ (14) 東史外傳一 己卯(1759) 咸昌

○ (15) 明史末卷一 癸巳(1773, 영조49) 咸昌

◐ (16) 洪範衍義二 戊辰(1748, 영조24) 咸昌

○ (17) 內範一 辛酉(1741, 영조17) 思仲

◐ (18) 韻解上卷 思仲

　　　　　本草一

○ (19) 木州志一 己亥(1779, 정조3)

○ (20) 僿說類編十一 癸未(1763, 영조39)

◐ (21) 家禮集註七　　莘叟

Ⓥ (22) 家禮翼五

Ⓥ (23) 列朝通紀卅 丁亥(1767, 영조43)以後

○ (24) 百選詩七 癸未(1763, 영조39) 公州

○ (25) 八家百選二 丙午(1786, 정조10) 輔汝冊也

Ⓥ (26) 文章發揮十卷

Ⓥ (27) 詩經名物考一 丙午(1786)

○○Ⓥ(28) 希賢錄〈三聖傳 希顔錄顔周伯程 葛陶兩賢傳 丙子(1756)〉

○ (29) 又續編一

○ (30) 又別集三 尙州 宗伯

Ⓥ (31) 四書疑問

Ⓥ (32) 三經疑問

Ⓥ (33) 禮經辨論

　1788년의 책력일기 이면에 순암 자신이 정리한 저술목록은 이미 완성된 저술[已成書]은 ○표기를 하였다. 모두 18종의 저술이 기록되어 있다. 완성되지 않은 저술[未成書]은 모두 14종으로 Ⓥ 표기를 하였다. 저술목록에는 또한 저술 연도와 책의 현황을 표기하였다. 정사(1737, 영조13), 정사이후, 계미(1763, 영조39), 기묘(1759, 영조35), 계사(1773, 영조49), 정해(1767, 영조43)이후, 경신(1740, 영조16), 무진(1748, 영조24), 신유(1741, 영조17), 병자, 계미(1763, 영조39), 병오(1786, 정조10), 무오(1738, 영조14), 정축(1757, 영조33), 병자(1756, 영조32), 계유(1753, 영조29), 기해(1779, 정조3), 계미(1763, 영조39) 등은 각 저술이 편찬된 시기를 말하고, '함창'이나 '공주', '문의' 등은 경상도 상주 함창에 사는 홍여하의 후손인 홍 아무개가 대출해간 것, 공주에 사는 종인, 문의 현감을 하는 이기경 등이 빌려간 것이라고 쓴 것으로 생각된다. '안좌랑安佐郞', '사중思仲', '종백宗伯'이나 '보여輔汝', '이사해李士楷' 등은 좌랑 벼슬을 한 안 아무개, 사중이나 종백, 보여, 사해라는 자를 가진 누군가를 말하는 것으로 보이고 각각 그들이 대출하였다는 것을 표시해 두었다고 생각된다. 안좌랑은 밀양 출신 종인인 안경점安景漸(字 正進)을 말하고 사중은 다산의 재종조부인 정지영丁志英이다. 종백은 대산大山 이상정李象靖(1711~1781)의 제자인 종백 남한조南漢朝(1744~1809)를 말한다. 이를 통해서도 근기 남인의 교류 범위를 짐작할 수 있다. 각각 그들이 대출하였다는 것을 표시해두었다.

이 목록을 유형별로 분류하면 다음과 같다.

역사류 : (1) 帝王圖一 丁巳 (10) 讀史詳節十七 丁巳以後 (11) 史鑑八 癸未 輔汝 (13) 東史綱目二十 己卯 本草十八〈李士楷 安佐郞〉密陽 (14) 東史外傳一 己卯 咸昌 (15) 明史末卷一 癸巳 咸昌 (23) 列朝通紀卅 丁亥以後

도학류 : (2) 聖賢圖一 (4) 下學指南二 庚申 (8) 李子粹語二 癸酉 (1753) (12) 語類節要八 乙未 密陽 (16) 洪範衍義二 戊辰 咸昌 (17) 內範一 辛酉 思仲 (28) 希賢錄〈三聖傳 希顔錄顔周伯程 葛陶兩賢傳 丙子(1756)〉

예학류 : (21) 家禮集註七 莘叟 (22) 家禮翼五

경학류 : (31) 四書疑問 (32) 三經疑問 (33) 禮經辨論

문학류 : (24) 百選詩七 癸未 公州 (25) 八家百選二 丙午 輔汝冊也 (26) 文章發揮十卷

실용류 : (3) 日用須知一 丁巳(1737)

행정·자치류 : (5) 治縣譜一 戊午 (6) 政要二 丁丑 文義 (9) 洞約一 丙子

지리류 : (7) 廣州志二 癸酉 (19) 木州志一 己亥

편집류 : (18) 韻解上卷 思仲 本草一 (20) 僿說類編十一 癸未 (29) (僿說類編)續編一 (30) (僿說類編)別集三 尙州 宗伯 (27) 詩經名物考一 丙午(1786)

역사 관련 저술로 동사강목, 열조통기를 비롯하여 『독사상절』, 『사감』, 『동사외전』, 『명사말권』, 『제왕도』 등이 있다. 이외에 『하학지남』 권미의 저술목록에는 『동사보궐』, 『삼성전』, 『삼현전』, 『영남선현전』, 『기자통기』, 『동국열녀전』, 『동국고사전』, 『남사』 등이 나오고 있는데, 이는 순암 자신의 저술목록에 빠져 있을 뿐 아니라 현재 전해지고 있는 것도 아니어서 순암의 저술이라고 하기는 어렵다. 이어서 『성현도聖賢圖』, 『하학지남下學指南』, 『이자수어李子粹語』, 『어류절요語類節要』, 『홍범연의洪範衍義』, 『내범內範』, 『희현록希賢錄』 등 도학류의 편저류가 있는데, 『이자수어』나 『(주자)어류절요』는 주자-퇴계-성호로 이어지는 주자학적 정통을 잇는 편저로 『성현도』에 거론된 도통의 연원을 명시하는 저술이라고 하겠다. 이를 실천하는 저술로 『하학지남』과 『내범』 등의 저술이 있다. 예서류로는 『가례집주』와 『가례익』이 있으나 모두 미완의 저술이고 경학류인 『사서의문』이나 『삼경의문』, 『예경변론』 등도 미처 착수도 하지 못한 저술이 아닌가 생각한다. 문학류로서는 『백선시』와 『팔가백선』이 있고 『문장발휘』라고 하는 10권의 책이 있으나 현재는 찾아볼 수가 없다. 지리지로서는 자신이 살고 있던 『광주지』, 자신이 현감으로 재임했던 『목천지』 등의 지리지를 편찬하였다. 강화유수로 재임 중인 정지검에게는 『강화부지』를 재편찬할 것을 권하기도 하였다. 이외에도 지리지류로는 『하학지남』 권미에 『동국지리지』와 『산거록』을 게재하고 있으나 순암 자신은 그러한 저술을 한 적이 없는 것 같다. 이외에도 『하학지남』에는 『동국문헌통고』나 『동국사문유취』, 『새설유편』 등 백과사전류의 편찬도 거론하고 있고 『소학강의』, 『정변통도』, 『맹자의문』, 『대학경설』 등의 목록을 게재하고 있다. 다음은 「하학지남」과 「일성록」 권미의 저술목록이다.

〈「下學指南」 卷尾 저술목록〉(국중 소장본, 黃泌秀 刊記)

(1) 擬問, (2) 內範 2책, (3) 聖賢圖 1장, (4) 正變統圖 1장, (5) 擬行家禮 3책, (6) 下學指南 2책, (7) 讀史詳節 24책, (8) 東國地理志 6책, (9) 洪範衍義 60책, (10) 四時養性書 1책, (11) 東史綱目 10책, (12) 東史補闕 3책, (13) 東國文獻通考, (14) 嶺南先賢傳, (15) 廣陵志 2책, (16) 山

居錄, (17) 東國事文類聚, (18) 東國逸史外記, (19) 三聖傳(伊尹伯夷柳下惠), (20) 東國近思傳, (21) 箕子通紀, (22) 三賢傳(諸葛留邵), (23) 東國烈女傳, (24) 東國高士傳, (25) 南史, (26) 西陽記, (27) 臨官政要, (28) 名物考辨, (29) 卦說, (30) 家禮集解, (31) 希賢錄, (32) 八家百選, (33) 井田說, (34) 道統圖, (35) 治統圖, (36) 學約, (37) 洞約, (38) 論孟擬問, (39) 大學經說, (40) 語類節要, (41) 兵鑑, (42) 儳說類編纂, (43) 小學講義, (44) 史鑑, (45) 列朝通紀, (46) 木川志, (47) 百詩選, (48) 文章發揮, (49) 天學考

〈「日省錄」卷尾 저술목록〉

(1) 日用須知一卷　丁巳(1737, 영조13)

(2) 下學指南二卷　庚申(1740, 영조16)　就須知中添削

(3) 讀史詳節十七卷　丁巳(1737)始

(4) 史鑑八篇四卷　癸未癸未(1763, 영조39) 就詳節中 綱目以上刪定 餘未及焉

(5) 東史綱目二十卷　丙子(1756, 영조32)始 己卯(1759, 영조35)畢

(6) 希賢錄　乙亥(1755, 영조31)冬　三聖兩賢 希顏

(7) 洪範集解衍義二卷　丁卯(1747, 영조23)

(8) 政要二卷　戊午(1738, 영조14)　○本名治縣譜　後改正

(9) 內範一卷　辛酉(1741, 영조17)

(10) 列朝統記三十卷　癸未(1763, 영조39)

(11) 千首唐絶　己丑(1769, 영조45)

(12) 文章發揮十卷　乙亥(1755, 영조31)始 只正月錄而未及謄出

(13) 家禮集註五卷　未畢功

(14) 家禮翼六卷　未畢功

(15) 語類節要八卷　乙未(1775, 영조51)

(16) 帝王圖 丁巳(1737, 영조13)作

(17) 道統圖 丁巳(1737, 영조13)作

위와 같이 순암이 친필로 정리한 저술목록 외에 「일성록」과 「하학지남」의 권미에도 각각 저술목록이 정리되어 있다. 그러나 가장 신뢰할 수 있는 저술목록은 77세 때에 직접 완성된 저술과 미완성된 저술목록을 정리한 책력일기 본의 저술목록이라고 할 수 있다. 이 저술목록들을 중심으로 정리하면 아래 표와 같다.

〈표 1〉 순암 저술목록 종합

	책력일기목록	책수	연보	일성록	하학지남	이택재	비고
1	帝王圖	1	-				
2	聖賢圖	1	-		聖賢圖		
3	日用須知√	1	-				
4	下學指南	2	下學指南(29)	下學指南	下學指南	在箱中 / 在黃筐中 2질	국중-전집2
5	治縣譜√	1				(在案上)제4행	
6	政要	2	政要(27~46)	政要	政要	(在案上)제4행/在黃筐中 2질	국중전집3*1)
7	廣州志	2	廣州志(42)		廣陵志		
8	李子粹語	2	李子粹語(42)			(在案上)제4행/在箱中 2질	
9	洞約	1	洞約(45)		洞約	(在案上)제2행	
10	讀史詳節√	17		讀史詳節	讀史詳節	在案上第1行	국중
11	史鑑√	8	史鑑(52)	史鑑	史鑑	在案下第1行 / 在黃筐中 2질	국중
12	語類節要	8	語類節要(64)	語類節要	語類節要	제3행 / 제7행 / 在黃筐中 3질	국중
13	東史綱目	20	東史綱目(48)	東史綱目	東史綱目	제4행 / 제6행 / 在黃筐中 3질	국중
14	東史外傳√	1	-			-	
15	明史末卷	1	-			제4행-明史綱目	
16	洪範衍義√	2	洪範衍義(37)				
17	內範	1	內範(30)	內範	內範	在箱中/在黃筐中 2질	
18	韻解上卷√		-				
19	木州志	1	大麓志(68)		木川志		규장각-전집3
20	僿說類編	11	僿說類編(51)		僿說類編纂		
21	家禮集註√	7	家禮集解(70)		家禮集解	제5행-家禮考證	
22	家禮翼√	5					

23	列朝通紀√	30	列朝通紀(56~			(在案上)제2행/在黃筐中 2질	규장각/장서각-총서
24	百選詩	7	百選詩(52)		百選詩	(在案下)제4행(當在下)	
25	八家百選	2	-	八家百選	八家百選		
26	文章發揮√	10			文章發揮		
27	詩經名物考√	1	詩經名物考(74)		名物考辨		
28	希賢錄	(1)	希賢錄(46)	希賢錄	希賢錄	在箱中/在黃筐中 2질	장서각-전집2
29	(僿說類編)續編	1	-				
30	(僿說類編)別集	3	-				
31	四書疑問√	-	-		四書琢玉?		
32	三經疑問√	-	-				
33	禮經辨論√	-	-				
34		(1)	天學考(74)		在箱中		
35		(1)	天學問答(74)				
36		(1)	德社學約(75)		學約	在案上第1行	
37		(1)	東銘圖(75)				
38		(2)	-	兵鑑	兵鑑	在箱中/在黃筐中 2질	
39		(1)	-	家禮附贅		(在案上)제4행	
40		(1)	-	千首唐絶		(在案下)제3행(當在上)	국중
41		(1)			箕子通記	箕子志=(在案上)제4행	
42		(1)	-		大學經說	東儒經說=(在案下)제3행(當在上)	
43		(1)	-		東國逸史外紀	逸史搜奇=在案上第1行	
44			-		擬問		국중-전집2
45			-		正變統圖		
46			-		東國文獻通考		
47			-		東國事文類聚		전집4-만물유취*2)
48			-		南史		
49			雜卦說(30)/後說(31)		卦說		
50			井田說(29)		井田說		
51			-		擬行家禮		
52			-		四時養性書		
53			-		嶺南先賢傳		
54			-		三賢傳(諸葛邵)		

55		-	西陽記	
56		道統圖(26)	道統圖	
57		-	論孟擬問	
58			三聖傳	
59		-	東國烈女傳	
60		治統圖(26)	治統圖	
61		-	小學講義	
62		-	東國地理志	
63		-	東史補闕	
64		-	山居錄	
65		-	東國近思傳	
66		-	東國高士傳	

*1) 전집3=정요-국중본(製錦編) + 牧民心鑑
*2) 전집4=萬物類聚(乾卷: 영남대 東濱文庫本, 坤卷: 이대 소장본=栖碧外史 碧梧桐亭館本)

　　순암 저술의 정리와 공간公刊 상황을 살펴보면 먼저 순암의 제자인 하여 황
덕길에 의하여 『순암집』이 정리된다. 이후 이를 토대로 하여 안경의와 후손
안종엽에 의하여 목판본으로 간행되었다. 또한 『동사강목』은 우리나라의 통사
로서 1915년에 조선고서간행회본 활판본으로 간행되었다. 그 후 1970년에 이
우성 교수가 『순암총서』 2책(『순암총서順菴叢書』(상)(하) 2책, 1970년, 성대 대동문화연구
원.)으로 여러 저술들을 간행하였다. 상책에는 『순암집』(퇴로리본退老里本), 『계갑
일록癸甲日錄』(국중본 정서, 『일성록』), 『하학지남』(규장각본), 『임관정요』(윤남한본), 『만
물유취』 건책(동빈본) 곤책(이대도서관본) 등이 수록되었고 하책에는 『열조통기』
(장서각본, 규장각본으로 보완)가 수록되었다. 『동사강목』은 경인문화사에서 영인본
으로도 간행되었다.
　　1980년에는 순암의 저술로 알려진 『잡동산이雜同散異』(규장각본: 총독부취조국본,
[안정복인印]본) 4책, 1981년, 아세아문화사.)가 영인 간행되었으며 1984년에는 다시
이우성 교수에 의하여 여강출판사본 『순암전집』 4책(1984년, 여강출판사)이 간행
되었다. 전집 1책에는 『순암집』(퇴로리본), 2책에는 『하학지남』(국중본), 『희현록

希賢錄』(구 장서각 소장본), 『의문擬問』(국중본 정서), 3책에는 『일성록日省錄』(국중본), 『임관정요』(국중본 제금편製錦篇=『임관정요』+ 윤남한본의 『목민심감』), 『목주정사木州政事』(안병선 소장본), 『목천현지木川縣誌』(규장각본)가, 4책에는 『만물유취』 건책(영남대 동빈문고본) 곤책(이대도서관본)가 수록되었다. 순암의 저술로 알려진 것으로는 가장 많은 저술을 수록한 셈이다.

순암 저술을 번역하는 일도 진행되었는데, 1974년에 『임관정요』, 1977년에는 『동사강목』, 1991년에는 『하학지남』, 1997년에는 『순암집』이 간행되었다.

『(국역)임관정요』, 을유문화사, 1974년.
『(국역)동사강목』, 민족문화추진회, 1977년.
『(국역)하학지남』, 신성문화사, 1991년.
『(국역)순암집』, 민족문화추진회, 1997년.
『(영인표점)순암집』, 한국문집총간, 민족문화추진회, 1999년.

5. 순암 이택재 장서의 산일과 현황

순암 이택재 장서는 이미 1927년 이전에 산일되었던 것으로 보인다. 국립중앙도서관에 소장된 조선총독부 도서관 『고서부 등록원부』에 의하면 순암 장서는 모두 3차례에 걸쳐서 구입되었다. 장서의 1차 구입은 1927년 5월 17일 이성의李聖儀로부터 『광피보유光被補遺』 등 97종 174책을 모두 477원圓에, 2차 구입은 1927년 8월 11일 내등정일랑內藤定一郎으로부터 『안정복일기』 1종 64책을 160원圓에 구입하였다. 이후 1928년 6월 12일에 다시 이성의로부터 순암의 장서 『방정학문초方正學文抄』 1종 3책을 5원圓에 구입하였다. 순암의 이택재 장서를 총 99종 241책을 모두 642원에 구입한 셈이다.[8] 순암의 이택재 장서는 1927년 이전에 종손에 의하여 대판옥서점大阪屋書店, 화산서림華山書林 등에 매각되어 총독부 도서관뿐만 아니라 경성제대 도서관, 이왕직 도서관, 개인 등에

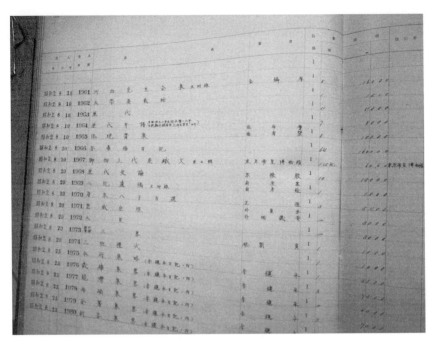

국립중앙도서관 도서수입대장-『안정복일기』 64책

들어간 것으로 추정된다. 그것은 조선사편수회의 사료채방복명서史料採訪復命書
에 의하여 방증할 수 있다.

『경기도사료채방복명서京畿道史料採訪復命書』에 의하면 1927년 3월 29일과 30
일에 조선사편수회에서는 경기도 광주 지역의 사료 조사를 실시하였는데, 3월
29일에 광주군廣州郡 경안면慶安面 중대리中堂里에 살고 있는 순암 후손댁을 방문
하여 안씨 후손 안학수安學洙 씨를 만나 순암 장서를 열람하고 또 순암의 일화
등을 들었고 그 다음날에 종손 안붕수安朋洙를 만나서 "집안의 가계 사정 때문
에 선조의 유고를 거의 매도하였다는 사실을 들었다"는 것이다. 구체적으로는

---

8 순암 이택재 장서의 총독부 도서관으로의 매도 과정에 대해서는 본서의 이혜은·김효경 논
  문 참조.

살펴보면 다음과 같다.

조선사편수회의 촉탁囑託인 삽강계장澁江桂藏과 고원雇員 김중협金重協이 1927년 3월 23일에서 30일까지 경기도 일대의 사료조사를 하였다. 주로 수원, 여주, 이천과 광주 등 근기 지역을 방문하였는데, 마지막 29일에는 경기도 광주 중대리의 순암 구택舊宅을 방문하였다. 아래는 사료조사복명서의 동일자 기사이다.

1927년 3월 29일 화요일 구름 조금 비

오전 9시 반 여주를 출발하여 이천을 경유하여 오후 0시 20분에 광주 경안면에 도착(군청 소재지). 이곳은 조선 태종 헌릉獻陵 신도비神道碑, 청 태종太宗 공덕비功德碑의 소재지로서 또 유자儒者 안정복安鼎福(호 순암順菴) 및 정약용丁若鏞(호 다산茶山) 출생지로서 널리 세상에 알려져 있는 곳으로 먼저 가장 근거리에 있는 안정복의 자손을 동면同面 중대리中垈里로 방문하여 공립보통학교 훈도訓導 임씨林氏의 안내를 받아 안씨의 자손 안학수安學洙 씨를 면회하고 그 장서를 열람하고 또 고故 순암順菴 선생의 일화 등을 듣고 물러나옴. 안씨의 종손 안붕수安朋洙 씨 댁에는 고인故人의 유고遺稿가 다수 있다고 하는데 동씨同氏가 부재不在이므로 내일로 약속하고 돌아옴.

30일 수요일 구름

임 훈도와 함께 중대리에 안붕수 씨를 방문함. 동씨同氏는 재택在宅 중이었는데 가계家計 때문에 선조先祖의 유고는 거의 매도하였고 지금은 겨우 별기別記 수 책이 있다고 함. 동면 장지리墻枝里에 순암 선생의 문제門弟 정현동鄭顯東(호 만오晩悟)의 종손 정운기鄭雲紀라는 사람이 있어서 『열조통기列朝通紀』(사본) 14책을 소장함. 이 사본은 뒤에 만오晩悟의 손이 가해진 부분이 있어서 순암 선생의 원고와는 조금 다른 곳이 있다고 함.

정약용 선생의 종손은 현재 양주군楊州郡 와부면瓦阜面에 거주하는데 전

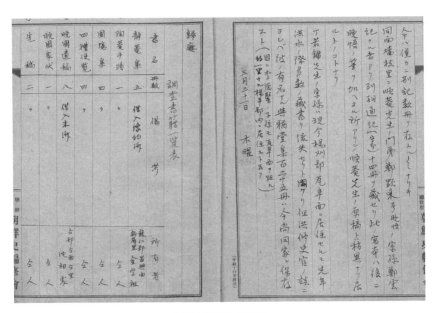

사료채방복명서 1(1927)

사료채방복명서 2(1927)

년의 홍수 때에 다수의 장서를 유실流失하였다고 들음. 다만 홍洪 수사관修

史官(홍희洪熹)의 얘기에 의하면 저 유명한 『여유당집與猶堂集』 125책은 지금 아직 동가同家에 보존되었다고 함(또 이덕형李德馨의 자손도 와부면에서 약 1리 되는 양평군楊平郡에 거주다고 함)

위에서 보는 것처럼 순암의 이택재 장서는 종손의 가계 사정에 의하여 거의 매도되었고 당시 남아 있던 자료는 『관례의문冠禮擬問』, 『장천서長川書』 등 몇 종에 불과하였다. 그들은 후손인 안학수安學洙, 안붕수安朋洙에게서 『순암문답順菴問答』, 『열조통기列朝通紀』 등 수 책을 차람하였고 순암의 제자인 정현동鄭顯東의 후손가에서 『열조통기列朝通紀』를 차람하였다. 그런데 이후 조선사편수회에서는 다시 또 다른 후손인 안명수安明洙에게서 자료를 차람하고 반납하고 있다.[9]

1923년부터 1928년까지의 총독부 도서관에 고서를 납품한 주요 인물은, 일본인 납품자로는 내등정일랑內藤定一郎, 염빈하주塩濱霞舟, 산본상태랑山本常太郎, 삼전구삼랑森田久三郎, 공등중웅工藤重雄, 삼기원장三崎源藏, 길전구병위吉田久兵衛 등이 있고 한국인 납품자로는 이성의李聖儀, 김명균金明均, 김상준金相濬, 김병주金秉胄, 박봉수朴鳳秀, 박성렬朴性烈, 김화진金華鎭 등이라고 한다.[10]

총독부 도서관에 순암 장서를 매도한 사람은 이성의와 내등정일랑內藤定一郎 두 사람이다. 이성의(1902~1965)는 1922년부터 1965년에 이르기까지 40여 년간 서울 와룡동臥龍洞에서 화산서림華山書林을 경영한 유명한 고서상이었다. 내등정일랑內藤定一郎(1882~?)은 일본에서 1906년 대판옥호서점大坂屋號書店에 입사하여

---

9 장서각 아카이브즈의 목록에는 제목이 永借證으로 되어 있으나 이는 내용을 誤讀한 것으로 다음 내용으로 보아서 返納證이라고 해야 맞는다. 반납증의 내용은 다음과 같다. "貴家 소장인 左記의 문서는 本會에서 目下 편수 중인 조선사 참고용으로 오래 차람하였기에 깊이 감사드립니다. 이번에 사용을 마쳤기에 별지 회장의 감사장을 첨부하여 반납하니 檢收하시고 이에 인사를 드립니다. 1928년 9월 4일 조선총독부 조선사편수회 安明洙 귀하"

10 본서의 이혜은 · 김효경 논문 참조. 조선총독부 도서관, 『조선총독부 도서관 고서부 등록원부(1923~1928)』

1914년에 대판옥호서점 경성지점장으로 취임하여 한국에 건너왔다. 당시 대판
옥호서점은 충무로 입구에 위치해 있었으며, 서적, 잡지, 문구류, 운동구 등을
도·소매하던 곳이었다. 그는 일본이 패망하기 전에 그가 가지고 있던 골동품
들을 대부분 처분하고 일본으로 귀국했다고 한다. 이 두 사람은 고서부 등록원
부를 보면 비단 순암 장서뿐만 아니라 다른 고서와 고문서도 조선총독부도서
관에 여러 차례에 걸쳐서 다량 매도하였다.[11]

　　순암 이택재 장서는 총독부 도서관에만 매각된 것은 아니었다. 경성제대 도
서관, 이왕직 도서관, 기타 개인(금서룡今西龍)에게도 매각된 것으로 보인다. 그것

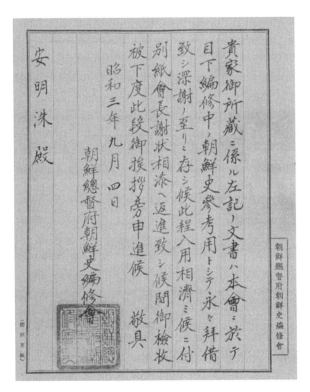

차람증

---

11 조선총독부도서관 고서부 도서관자료등록원부(1923~1945)

은 순암의 장서인이 찍힌 도서가 규장각 도서나 장서각 등에서 발견되기 때문
이다.

필자가 조사한 바에 의하면 규장각奎章閣에는 「안정복인安鼎福印」이라는 소장
인이 찍힌 책이 139권 50책본의 『고려사高麗史』를 비롯해서 『만전선생문집晚全先
生文集』(홍가신洪可臣, 6권 3책, 목판본), 『가례부췌家禮附贅』(안신安玑 편編, 8권 4책), 『양
촌선생문집』(권근, 목판본 1책 영본零本), 『간송선생문집澗松先生文集』(조임도趙任道, 목판
본 5권 별집 2권 합 4책) 등이 있다. 이중 『양촌선생문집』은 안정복인이 있긴 하지
만 일사문고一簑文庫이기 때문에 경성제대 도서관에서 구입한 것이 아니고 방종
현이 구입하여 서울대 도서관에 편입된 것이다. 서울대 규장각에는 이외에도
판심에 「조선총독부취조국朝鮮總督府取調局」 용지로 기록되어 총독부 초기에 등
사된 것으로 생각되는 『잡동산이』(필사본) 53책이 있고, 인기印記는 없지만 순암
의 편찬물로 순암 이택재 장서에서 유출되었다고 생각되는 것으로는 『열조통
기』가 17책(권18, 19, 23缺 결락), 『하학지남』(필사본) 2책, 『이자수어』(필사본, 2권 2
책), 『임관정요』(필사본 1책 77장) 등을 찾아볼 수가 있다. 이외에도 현재 규장각
에 있는 장서 중에서 『응골방鷹鶻方』, 『한정록閒情錄』 등이 이택재 장서와 관련
이 있을 것으로 보인다.

규장각에 소장된 순암 수택본手澤本 『고려사高麗史』는 순암이 『동사강목』을
편찬하면서 참고하였을 기본 자료로서 책의 외곽에 쓰여진 순암의 차기箚記는
순암 『동사강목』의 이해를 높이는데 중요한 역할을 한다.[12]

장서각藏書閣에는 순암 이택재와 그 주변에 소장되어 있던 서책들이 이왕직
도서관에서 수집하여 소장하게 된 자료가 몇 점 눈에 띤다. 즉 순암의 저술인
『희현록』과 『임관정요』, 『열조통기』 그리고 『동사례東史例』가 그것이다. 『희현
록』은 순암이 1755년(영조31) 겨울에 기초起草하여 2년 뒤인 1757년에 완성한

---

12 순암의 수택본 고려사의 내용과 流轉 과정에 대해서는 박종기 교수의 진지한 추적 연구가
   있다.(박종기, 『안정복, 고려사를 공부하다』, 2006년, 고즈윈)

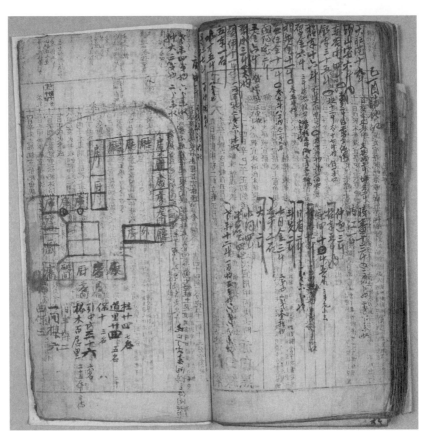

『안정복일기』 56책(그해의 도지기와 집설계도가 그려져 있다)

것으로서 이윤伊尹과 백이伯夷, 유하혜柳下惠, 제갈공명諸葛孔明, 도연명陶淵明, 안연顔淵, 주돈이周敦頤, 정호程顥 등에 관한 자료를 발췌하여 엮은 서책이다. 상권의 권수제卷首題 아래에 '영장산객분의당장靈長山客分宜堂藏 순암집順菴輯'이라 씌어 있다. 그리고 하권의 권말에는 '세을해동집찬歲乙亥冬輯撰'이라는 필사기가 보인다. 또한 상권의 첫째 면의 우측 하단에는 '안정복인'이라 새겨진 소장인이 찍혀 있고 우측 상단에는 '이왕가도서지장李王家圖書之章'이 날인되어 있다. 영장산은 잘 알다시피 순암이 칩거한 광주 중대리의 뒷산이고 그곳에 안정복은 순암이라는 소옥小屋을 짓고 분의당分宜堂이라는 당실을 마련한 바 있다. 또한 안정복 자신이 지은 자전自傳인「영장산객전」(『순암집』권19)을 지어 스스로를 영장산객으로 자처하고 있다. 『희현록』은 그가 친필로 찬집한 후에 자신의 서재인 '분의당'에 소장하다가 이왕가의 도서로 편입된 서적이다. 권말에는 '해동亥冬'년 즉 1755년에 찬집했다는 기록이 보이고「순암선생연보」에는 정축년(1757년, 영조33)에『희현록』완성. '을해 겨울에 처음 시작함(希賢錄成, 自乙亥冬始草)'이라 기록되어 있으므로 1755년 겨울에『희현록』의 초고를 작성하기 시작해서 1757년에 완성되었다는 것을 알 수 있다. 장서각에는 이외에도『임관정요』,『열조통기』,『동사례』등 순암의 저술류에 속하는 서책들이 '이왕가도서지장李王家圖書之章'인印이 찍혀 있어서 이왕직 도서관 시절에 편입된 도서라는 것을 알 수 있다. 그중에서『임관정요』는 '동래인정경조숙경인東萊人鄭敬朝肅卿印'이 있어서 같은 경안면 장지리에 살던 순암의 제자 동래정씨가에서 나온 자료라는 것을 알 수 있다. 한편 근년에는 순암가에 남아 있던 고문서와 고기록류 37종 272점이 종손에 의하여 한국학중앙연구원 장서각에 기증되어 정리되었으며『고문서집성』8로 간행되었다.

이외에도 순암 이택재 장서는 일본이나 미국 등 해외에도 산일되어 있으리라고 추측한다. 그것은 순암이 필사하여 소장하였던『동사잡록東事雜錄』과 같은 자료가 천리대학天理大學의 금서문고今西文庫에서 찾아지는 것에서도 알 수 있다. 『동사잡록』은 금서룡今西龍이 소장하였다가 천리대학의 금서문고에 소장되어 있다.[13]

---

13 천리대학에 소장된『東事雜錄』은 순암 이택재 장서본이 유출된 것으로 보인다. 그것은 '이 책자는 문자, 모양으로 살펴보면 안정복 家藏本으로 생각함. 1931년 5월 29일 今西龍'이라는 내표지에 붙여진 금서룡의 籤紙를 통해 알 수가 있다. 그리고「今西龍藏書印」「今西龍」인이 있고 현재 소장하고 있는「天理圖書館印」등 장서인이 있다.

6. 맺음말

순암은『동사강목』의 저술로 당대뿐만 아니라 일제 강점기에 전근대의 자료를 정리하려는 근대 역사학자들에 의하여 조선후기 최고의 역사가로 정평을 얻게 되었으므로 당시의 일본인 학자들이나 조선사편수회, 총독부 도서관, 이왕직 도서관, 경성제대 도서관 등에서 깊은 관심을 가지고 순암의 저술과 소장 자료를 수집하려고 하였을 것으로 생각된다. 조선사편수회는 당연히 고대사에서부터 근대까지 조선사를 편찬하여야 하므로 역사 자료를 수집하려 하였을 것이다. 경성제대 도서관에는 당시 말송보화末松保和나 등전양책藤田亮策 등 조선사 연구자들이 있어서 순암의 장서 수집을 추천하였을 것이고, 이왕직 도서관도 소전성오小田省吾라고 하는 조선사 연구자가 있어서 순암 장서를 적극 수집하였을 것이다.

종손에 의하여 산일된 순암 이택재 장서는 이러한 경위를 거쳐서 총독부의 각 도서관과 역사가들의 손에 들어가게 되었다고 생각된다. 충분히 조사되지 않아서 완벽한 산일 현황을 정리하지 못하였지만 순암에 의하여 형성된 이택재 장서의 상당한 부분이 확인될 수가 있었고 순암 사후에도 지속되어 충분한 장서와 장서 목록이 작성되었던 순암 이택재 장서의 모습은 그 목록으로 인하여 다시 복원될 수 있으리라고 생각한다.

본고에서는 아직 장서 목록에 대한 충분한 분석이 이루어지지 않아서 순암과 근기지역 지식인의 학지學知라고나 할까, 그들의 지식 체계나 학문 세계에 대해서는 논의되지 못하였다. 후속 논문에 미루어둔다.

표 〈순암 이택재 장서목록〉

제목	책수	비고	위치	1785년 장서목록과 비교
書傳			제1행	
書傳正義	10		제1행	
詩傳	10	3권락	제1행	유
范經	4	2권락	제1행	
詩序全	1		제1행	
詩傳正文	1		제1행	
書傳正文			제1행	
詩經			제1행	
孟子	20		제1행	
孟子全			제1행	
□經			제1행	
孟子			제1행	
周易			제1행	
周易□□			제1행	
周易全			제1행	
易經章句	2		제1행	
易經	2		제1행	
孝經大義全	1		제1행	유
楚辭	3	2권락	제1행	
古文眞寶	4		제1행	유
學庸章句指南全	1		제1행	유(학용지남1권)
中庸或問	1		제1행	유
中庸章句大全	1		제1행	
大學	1		제1행	유
中庸章句	1		제1행	
大學正文	1		제1행	
大學疾書	1		제1행	
楚辭抄	1		제1행	유(초사1)
論語學庸正文	1		제1행	유(논어정문)
論語	7		제1행	유
小學大文	1		제1행	유(소학대문2권)
小學	5		제1행	
小學解	5		제1행	
馬史	1		제1행	
儀禮經傳	36	4권락	제2행	

周禮	7		제2행	유
朱子語類	49	1권락	제2행	유
李漢	18	1권락	제2행	
易學啓蒙	2		제2행	유
東萊博儀	2		제2행	
典錄通考	5		제2행	
心經	2		제2행	유
近思錄	2		제2행	유
吾學編	12	2권락	제2행	유
易學圖說	9		제3행	
通鑑纂要	50		제3행	
韋蘇州集	4		제3행	
昌黎集	19		제3행	유
柳文	15		제3행	
五禮儀	8	2권락	제3행	유
寒齋隨筆	14		제3행	
語類節要	8		제3행	
理學通錄	6		제4행	
啓蒙集錄	2		제4행	
輿地勝覽	21		제4행	유
宋元綱目	25		제4행	유
明史綱目	25		제4행	
儀節家禮	8		제4행	유(4권)
宋元鑑	16		제4행	유(唐板宋元鑑)
韻學大成	5		제4행	
東史綱目	20	在鄭參奉家	제4행	
韻補	3		제5행	
疑禮問答	4		제5행	유
家禮考證	3		제5행	유
伊洛淵源	5		제5행	유
高麗史	50		제5행	유
日躔表	2		제5행	유
唐類?	40		제5행	유(唐類函40권)
居家必用	10		제5행	유(居家必備10권)
管窺輯要	47	23권락	제5행	유
杜工部集	17	1권락	제6행	유
東史纂要	8		제6행	유

大學衍義	11		제6행	유
聖學輯要	7		제6행	유
傳燈錄	10		제6행	유
李忠定奏議	8		제6행	유
戰國策	8		제6행	유
家禮	2		제6행	유
東醫寶錄	25	3권락	제6행	유(東醫寶鑑25권)
杜氏通典	40	1권락	제6행	유
東史綱目	18		제6행	
左傳	15		제7행	유
類纂	30	3권 借去 鄭承旨(駿時)家	제7행	
史漢一統	16		제7행	유
朱書節要	10		제7행	
陸宣公集	3		제7행	유(陸宣公奏議)
東坡	5		제7행	유(東坡詩)
法華經	2		제7행	유
語類節要	8		제7행	
斯文精萃	12		제7행	
前漢書			제7행	유(漢書抄)
禮記	15		제7행＝제8행	유
家禮	4		제7행＝제8행	
明義錄	3		제7행＝제8행	유
朱文酌海	8		제7행＝제8행	유
自警編	10		제7행＝제8행	유
二程全書	20		제7행＝제8행	유
南軒	9		제7행＝제8행	유(南軒集)
玉纂	7		제7행＝제8행	유
人易	3		제7행＝제8행	
十七史	240	208권락	제7행＝제8행	
袁天綱	3		제7행＝제8행	유
範學全編	3		제7행＝제8행	유(範學全書1)
家語	2		제7행＝제8행	유
楚辭	3	1권재1행	제7행＝제8행	
大學或問	2		제7행＝제8행	유
選文綴英	3		제7행＝제8행	유
損齋集	8		제9행	

敬亭集	1		제9행	有(敬亭集6)
退溪集	20		제9행	有
困齋集	4		제9행	
靑泉集	3		제9행	有
月川集	2		제9행	有
忘憂集	3		제9행	有
南坡集	7		제9행	有
晚全集	3		제9행	有
栗谷集	12		제9행	
左傳鈔評	6		제9행	有
東人詩話	1		제9행	
牧隱集	2		제9행	
洪武正韻	4		제9행	
晚翠集	2	1권락	제9행	有
於于集	2	1권락	제9행	
西厓集	10		제9행	有
花潭集	1		제9행	
圃隱集	2		제9행	有
寒崗集	1		제9행	
保閑齋集	1		제9행	
無住先生集	2		제9행＝제10행	有(無住堂集2)
紫巖集	2		제9행＝제10행	有
??集	4		제9행＝제10행	
?窩遺稿	3		제9행＝제10행	
杅淺集	4		제9행＝제10행	
百弗菴集	1		제9행＝제10행	
農巖集	17		제9행＝제10행	
相溪集	5		제9행＝제10행	
南冥集	3		제9행＝제10행	有
農圃集	2		제9행＝제10행	有
大峰集	1		제9행＝제10행	
釣隱集	2		제9행＝제10행	有
靜菴集	4		제9행＝제10행	有
葵亭集	3		제9행＝제10행	
間松集	3		제9행＝제10행	
愚伏集	10		제9행＝제10행	有
陽村集	8		제9행＝제10행	有

陽村別集	1		제9행=제10행	유
澤堂集	17		제9행=제10행	유
晦齋集	4	1권락	제9행=제10행	유
忘憂集	1		제9행=제10행	유(1책)
儷文精選	3	1卷落 1卷 在案下1行	제9행=제10행	
順菴集	15		제9행=제10행	
順菴集 又	15		제9행=제10행	
雜同散異	45	在33卷	在案上第1行	
三禮考註	1		在案上第1行	
座目	1		在案上第1行	
儀禮喪服	1		在案上第1行	
周禮抄類	1		在案上第1行	
語錄解	1		在案上第1行	
經世宏辭	1		在案上第1行	
三加儀節	1		在案上第1行	
逸史搜奇	1		在案上第1行	
史雜鈔	1		在案上第1行	
德社學約	1		在案上第1行	
讀史詳節	24	재16권	在案上第1行	
親陰幷書	1		(在案上)제2행	
先賢格言	1		(在案上)제2행	
紅易	1		(在案上)제2행	
華山訣	1		(在案上)제2행	
古賦	1		(在案上)제2행	
列朝通記	25		(在案上)제2행	
새說類選	1		(在案上)제2행	
讀書錄	1		(在案上)제2행	유
洞約	1		(在案上)제2행	
太極問辨	1		(在案上)제2행	유
大麓	1		(在案上)제2행	
御製龜鑑	1		(在案上)제2행	유
名臣言行錄	1		(在案上)제2행	
元史	1	부지기권	(在案上)제2행	
太極經	4		(在案上)제2행	
西湖	1		(在案上)제2행	
古文淵鑑	4		(在案上)제2행	

隋書文抄	1		(在案上)제2행	
郡縣制	1		(在案上)제2행	
靈墅소聞	1		(在案上)제2행	
文粹	2		(在案上)제2행	
牧齋集	12	1권재	(在案上)제2행	
盛京通志	1		(在案上)제2행	
泰西水法	1		(在案上)제2행	유(水法1)
眉叟年譜	1		(在案上)제2행	
正氣錄	1		(在案上)제2행	유
考正學	3		(在案上)제2행	
文抄略	6		(在案上)제2행	
政事	1		(在案上)제3행	
庸學直解	1		(在案上)제3행	유(唐庸學直解1)
日知錄抄	1		(在案上)제3행	
古禮抄	1		(在案上)제3행	
祝穆編	3		(在案上)제3행	
旬五志	1		(在案上)제3행	유
入學圖說	1		(在案上)제3행	유
晉書文抄	1		(在案上)제3행	
結訟指南	1		(在案上)제3행	
歷代制度	1		(在案上)제3행	
漆齒圖	1		(在案上)제3행	
客談	1		(在案上)제3행	
大麓誌上下卷		또1권	(在案上)제3행	
參同契	1		(在案上)제3행	유
南氏家藏	1		(在案上)제3행	
鄉約通變	3		(在案上)제3행	
龍湖書牘	1		(在案上)제3행	
二垂課	1		(在案上)제3행	
雜禮說	1		(在案上)제3행	
東儒性理說	3		(在案上)제3행	
陽明詩抄	1		(在案上)제3행	
六先生詩抄	1		(在案上)제3행	
水鏡集	1		(在案上)제3행	
右參贊李公年譜	1		(在案上)제3행	
遣閒雜錄	1		(在案上)제3행	유
卓氏世稿	1		(在案上)제3행	

瞿仙妙訣	1		(在案上)제3행	
異傳奇論	1		(在案上)제3행	有(外傳奇論1권)
海東諸國記	1		(在案上)제3행	
琉球志	1		(在案上)제3행	
御製自省編	1		(在案上)제3행	有
新刻爵秩全覽	1		(在案上)제3행	
漢魏六朝文抄	1		(在案上)제3행	
破閑集	1		(在案上)제3행	有
隨記	1		(在案上)제3행	
寶鑑	1		(在案上)제3행	
三魚堂集	1		(在案上)제3행	
儷文	1		(在案上)제3행	
荷潭雜記	2		(在案上)제3행	有(荷潭雜錄2)
海東野言	2		(在案上)제3행	有(海東野言1)
覆瓿稿			(在案上)제3행	
一元圖	2		(在案上)제4행	有
星湖書牒	2		(在案上)제4행	
喪禮備要	1		(在案上)제4행	有
聖東疆域	1		(在案上)제4행	
通鑑	3		(在案上)제4행	有(通鑑前篇-10)
均役事目	1		(在案上)제4행	
田制遵守	1		(在案上)제4행	
字訓諺解	1		(在案上)제4행	有(字訓1)
歷代惣目	1		(在案上)제4행	
星湖書牘上下	2		(在案上)제4행	
星湖雜著上下	2		(在案上)제4행	
啓蒙傳疑上下	2		(在案上)제4행	有(1권)
過危橋	1		(在案上)제4행	
保邦要務	1		(在案上)제4행	
柳文抄	1		(在案上)제4행	
奉先雜儀	1		(在案上)제4행	有(奉先執儀1)
宋楊輝算法	1		(在案上)제4행	有(楊輝算法1권)
呂氏鄕約	1		(在案上)제4행	有
讀易講義	2		(在案上)제4행	
德谷書塾講義	1		(在案上)제4행	
麻衣書抄	1		(在案上)제4행	
方正直言	1		(在案上)제4행	

群書弁文	1		(在案上)제4행	
退溪四書釋	1		(在案上)제4행	
尋摘	1		(在案上)제4행	
閑汨董	1		(在案上)제4행	
靑雲大肆	1		(在案上)제4행	
家禮附贅	1		(在案上)제4행	
李子粹語	1		(在案上)제4행	
土亭集	1		(在案上)제4행	유
晦齋先生疏箚	1		(在案上)제4행	
忠烈錄	1		(在案上)제4행	
退溪論語釋	1		(在案上)제4행	
箕子志	1		(在案上)제4행	
桐巢南公墓碣文	1		(在案上)제4행	
經濟文	1		(在案上)제4행	
列國志	1		(在案上)제4행	
江華府志	1		(在案上)제4행	
艮溪易說	1		(在案上)제4행	
天命圖說	1		(在案上)제4행	유
觀物篇	1		(在案上)제4행	
治縣譜	1		(在案上)제4행	
貞山稿	2		(在案上)제4행	
性理總要	1		(在案上)제4행	
疑學啓蒙	1		(在案上)제4행	
日省錄	1		(在案上)제4행	
政要	2		(在案上)제4행	
延平答問鈔	1		(在案上)제4행	
世務	2		(在案上)제4행	
緇門警訓	2	1권재	在案下第1行	유(緇門2권)
皇明二家文抄	2	1권재	在案下第1行	
昌黎文抄	2	1권재	在案下第1行	
隨得錄	1		在案下第1行	
性理字義	1		在案下第1行	
乾坤	2	黑紙爲表	在案下第1行	
殿對	1		在案下第1行	
明義錄解	1		在案下第1行	유(明義錄續集1)
東閣雜記	1		在案下第1行	유
函丈下篇	1		在案下第1行	

四書琢玉	5		在案下第1行	
武侯新書	1		在案下第1行	
朱文抄	2		在案下第1行	
名賢彙語	10	3권재	在案下第1行	
隨手雜錄	1		在案下第1行	
隨手記	1		在案下第1行	
橡軒隨筆	1		在案下第1行	
笑噴局	2		在案下第1行	
修養叢書	1		在案下第1行	
通鑑節要	2		在案下第1行	
光被補遺	2		在案下第1行	
儷文精選	1		在案下第1行	
史鑑	7		在案下第1行	
師友問答	1		在案下第1行	
疑私	1		在案下第1行	
滄海集	1		在案下第1行	
壯元策	4		在案下第1行	유
璿源寶系	1		在案下第1行	
東儷	1		在案下第1行	
元策	1		在案下第1行	
陽明文抄	1		在案下第1行	
治縣雜錄	1		在案下第1行	
補註蒙求	1		在案下第1行	유(蒙求3)
源流至論	1		在案下第1行	
唐板通鑑	1		在案下第1行	
諸子品節	2		在案下第1行	
小微	1		在案下第1行	
綱鑑抄	4	1권재	在案下第1行	
三國史	2		(在案下)제2행	
詩話	1		(在案下)제2행	
恩重經	1		(在案下)제2행	
稗官雜記續	1		(在案下)제2행	유(贍 稗官雜記1)
耽羅志	1		(在案下)제2행	유
十九功臣會盟錄	1		(在案下)제2행	
扈聖原從錄	1		(在案下)제2행	
十七功臣會盟	1		(在案下)제2행	
皇明諸子文	1		(在案下)제2행	

禊案	1		(在案下)제2행	
性理群書	1		(在案下)제2행	
雜記	1		(在案下)제2행	
大家文會	2		(在案下)제2행	유
攷事撮要	1		(在案下)제2행	유
皇明綱目	1		(在案下)제2행	
曉諭綸音	1		(在案下)제2행	유(綸音合附1)
史略	1		(在案下)제2행	유(史略7권)
三國遺事	2		(在案下)제2행	
誣書辨破錄	1		(在案下)제2행	
疑耀	4		(在案下)제2행	
隨筆	1		(在案下)제2행	
補閑集	1		(在案下)제2행	유
古執策	1		(在案下)제2행	
東儒錄	1		(在案下)제2행	
釣龍餌	1		(在案下)제2행	
大策正宗	1		(在案下)제2행	
洞庭瀾	2		(在案下)제2행	
經綸策	1		(在案下)제2행	
靑丘八路歌	1		(在案下)제2행	
杠筆	1		(在案下)제2행	
太極圖	1		(在案下)제2행	유
艮錄	1		(在案下)제2행	유(艮錄4권)
滄溟集	1		(在案下)제2행	
律呂新書	1		(在案下)제2행	
勝覽詩	8	3권재	(在案下)제2행	
皇明通記	3		(在案下)제2행	유(皇明統紀6권)
唐詩鼓吹	2	在鄭參奉家	(在案下)제4행(當題下)	유
詩人玉屑	5		(在案下)제4행(當題下)	유
李翰長編	1		(在案下)제4행(當題下)	
歷代律	1		(在案下)제4행(當題下)	
古樂府抄	1		(在案下)제4행(當題下)	
陶詩	1		(在案下)제4행(當題下)	
蘇黃全律	1		(在案下)제4행(當題下)	
唐音長編	2		(在案下)제4행(當題下)	유(唐音10卷 6卷落 存4권)
百選詩	7		(在案下)제4행(當題下)	
選賦	2		(在案下)제4행(當題下)	

李白長篇	1		(在案下)제4행(當題下)	
杜詩	1		(在案下)제4행(當題下)	
玉屑詩	1		(在案下)제4행(當題下)	
詩選	4		(在案下)제4행(當題下)	
律髓律藪合	11	2卷在3行	(在案下)제4행(當題下)	유(律髓-輿地勝覽詩也)
選詩	4		(在案下)제4행(當題下)	유
白律	2		(在案下)제4행(當題下)	유
五七絶句	1		(在案下)제3행(當在上)	
唐音絶句	2		(在案下)제3행(當在上)	
李白	1		(在案下)제3행(當在上)	
長篇	1		(在案下)제3행(當在上)	
韓詩	1		(在案下)제3행(當在上)	
詠史詩	1		(在案下)제3행(當在上)	
千首唐絶	1		(在案下)제3행(當在上)	
東人雜彙	1		(在案下)제3행(當在上)	
左詩	2		(在案下)제3행(當在上)	
杜律一律			(在案下)제3행(當在上)	유(杜律1권)
東詩文	1		(在案下)제3행(當在上)	
香山詩	1		(在案下)제3행(當在上)	
唐音	1		(在案下)제3행(當在上)	
古詩孔雀	1		(在案下)제3행(當在上)	
長恨	1		(在案下)제3행(當在上)	
放翁	1		(在案下)제3행(當在上)	유(放翁草1권)
斯文精華	1		(在案下)제3행(當在上)	
玉堂詩選	3	1권락	(在案下)제3행(當在上)	유
古賦	1		(在案下)제3행(當在上)	
孟子疾書	2		(在案下)제3행(當在上)	
山谷集	5		(在案下)제3행(當在上)	유(山谷詩)
靑蓮集	1		(在案下)제3행(當在上)	
東人登科目	1		(在案下)제3행(當在上)	
東表策	1		(在案下)제3행(當在上)	
東儒經說	1		(在案下)제3행(當在上)	
在筒	1		(在案下)제3행(當在上)	
海東樂府	1		(在案下)제3행(當在上)	유
陶精集	1		(在案下)제3행(當在上)	
東儒說	1		(在案下)제3행(當在上)	
古賦東	1		(在案下)제3행(當在上)	

記聞	1		(在案下)제3행(當在上)	
靈棋經	1		(在案下)제3행(當在上)	
十箴頌	1		(在案下)제3행(當在上)	
萬竹山房			在箱中	유
仰觀棲法	1		在箱中	
兩棄齋集	3		在箱中	
德谷格言	2		在箱中	
德谷禮說	2		在箱中	
李子粹語	2		在箱中	
通川誌	1		在箱中	
家乘	1		在箱中	
進士公遺稿	1		在箱中	
廣平君遺稿	1		在箱中	
順菴問答	1		在箱中	
兩世桂房日記	2	順菴翊贊公	在箱中	
兩世墓文	1	兩棄齋廣平君	在箱中	
祭文	1	順菴知舊門弟所作	在箱中	
兩棄齋行狀	1		在箱中	
廣陽君謚狀	1	丁範祖所作	在箱中	
順菴行狀	1	翊贊公所作	在箱中	
契案	1		在箱中	
乙酉甲契帖	1		在箱中	
契案題名帖	1		在箱中	
窮源圖	1		在箱中	
楡院十二曲	1		在箱中	
內範	1		在箱中	
希賢錄	1		在箱中	
翊贊公私稿	1		在箱中	
下學指南	2		在箱中	
律私	1		在箱中	
策問錄	3		在箱中	
兵鑑	2		在箱中	
自詩	1	弼善公所作	在箱中	
長川書	1		在箱中	
天學考	1		在箱中	
金吾契帖	2		在箱中	

廣陵安氏世譜抄	8		漆函中	
道內官案	1		漆函中	
北關圖	1		漆函中	
醉翁亭記	1		漆函中	
順天曆	1		漆函中	
大對	1		漆函中	
海東理氣書畵	1		漆函中	
杜詩	1		漆函中	
萬寧殿騰記	1		漆函中	
奇語	1		漆函中	
吳右議政行狀	1		漆函中	
聖東圖	1		漆函中	
乘門衍會	1		漆函中	
七世司馬榜目	7		漆函中	유(司馬榜3)
別試榜目	1		漆函中	유(甲戌別試榜1)
連句題絲	1		漆函中	
觀風占	1		漆函中	
順菴集	15		梧匣中	
孟子	3		在笑中	
詩傳	4		在笑中	
書傳	4		在笑中	
周易	2		在笑中	
禮記	10		在笑中	
春秋	6		在笑中	
學庸	1		在笑中	
論語	2	1권재	在笑中	유
廣選	3	在鄭參奉家	常在案上	유(唐律廣選)
韻?	1		常在案上	
燕珍	1		常在案上	
律藪抄選	1		常在案上	
筆帖	1		常在案上	
年譜	1		常在案上	
十五功臣會盟錄	1		常在案上	
連句題錄			常在案上	
內賜奎章全韻	1		在黃筐中	
名臣錄	2		在黃筐中	
周禮			在黃筐中	

詩傳			在黃筐中	
周易			在黃筐中	
書傳			在黃筐中	
禮記			在黃筐中	
春秋			在黃筐中	
詩私			在黃筐中	
賦私			在黃筐中	
表私			在黃筐中	
義私			在黃筐中	
策私			在黃筐中	
古賦			在黃筐中	
疑私			在黃筐中	
下學指南	2		在黃筐中	
內範	1		在黃筐中	
希賢錄	1		在黃筐中	
東史綱目	20		在黃筐中	
天學問答	1		在黃筐中	
政要	2		在黃筐中	
列朝通記	25		在黃筐中	
兵鑑	2		在黃筐中	
語類節要	8		在黃筐中	
大麓誌	3		在黃筐中	
史鑑	7		在黃筐中	
政(?)事上下			在黃筐中	
德谷格言	2		在黃筐中	
德谷禮說	2		在黃筐中	
雜同散異	42		在黃筐中	
			大箱中有雜冊書簡簿帖	
			漆函中有書簡	
			黃箱中有書簡	
			小箱有戶籍	
			小箱有祭文雜文籍	
			其餘並不錄	
萬類聚				
左集抄				
下學指南	2			
內範	1			

希賢錄	1			
東史綱目	20			
政要	2			
列朝通記	23			
天學問答	1			
兵鑑	2			
?類箚要	8			
史鑑	7	상1권락		
大麓誌	3			
文集	15			

순암 안정복 장서의 수집과 그 특징

국립중앙도서관 소장본을 중심으로

1. 들어가는 말

순암 안정복(1712~1791)은 조선 후기의 대표적 실학자 가운데 한 명이다. 그에 대한 연구는 이미 여러 연구자들에 의해 이루어졌고 그 분야도 역사, 문학, 사상, 교육, 서학, 지방행정 등 다양한 분야에 걸쳐서 진행되었다. 그런데 그 연구의 바탕이 되었던 순암의 여러 문헌들은 일제강점기 조선총독부도서관에서 수집한 자료를 중심으로 현재 국립중앙도서관에 가장 많이 소장되어 있다.

본 연구는 그동안 순암 장서가 각 주제별 연구 분야의 대상으로 이용되었던 것에서 더 나아가 순암 소장본이 국립중앙도서관에 들어간 역사적 배경으로부터 정리 활용되는 과정을 심도 있게 접근해 보고자 한다. 또한 순암 장서의 규모를 살피고 자료의 서지적 특징과 장서의 성격을 조사 연구하는 것에 목적을 두었다.

2. 조선총독부도서관의 설립목적과 고서 수집정책

국립중앙도서관에 소장된 순암 장서는 일제 치하 조선총독부도서관에서 수집한 것이다. 조선총독부도서관에서 한국 고서에 대하여 관심을 가지고 수집하게 된 경위를 파악하기 위하여 그 배경으로 조선총독부도서관의 설립과 장서 수집정책을 특히 고서를 중심으로 살펴보도록 하겠다.

일제는 1920년 11월 윤익선尹益善과 이범승李範昇이 경성도서관을 설립하여 운영한 것에 자극을 받고[1] 다른 한편으로는 소위 '조선신교육령발포기념사업'으로 1922년 2월 도서관 설립을 계획하고 1923년 11월 30일 조선총독부도서관을 개관하였다.[2] 이후 조선총독부도서관은 1945년 일본패망시까지 운영되었으며 개관초기부터 그 후 22년간 관장은 일본인 적산수웅荻山秀雄이었다.

표면적으로는 총독부도서관을 '문화시설의 일단一端[3]', '학술의 민중적 연구기관[4]'으로 그 설립 목적을 표방하였으나 일제가 1924년도에 발표한 조선총독부도서관의 사명을 보면 조선 통치의 주요 방침에 기초한 사상의 선도, 교육의 보급, 산업의 진흥에 관한 신고新古 도서를 모을 것, 조선 민족의 문헌을 수집할 것, 광의에 있어서의 조선 연구에 관한 화한양서和漢洋書를 수집할 것, 전선全鮮에 대한 도서관 보급과 발달을 도모하고 지도자가 될 것 내용으로 이루어져 있다.[5] 결국 일제는 조선총독부도서관을 통해 일본의 식민지 정책에 필요한 자료를 수집하고 이를 위하여 특히 고서 수집에 역점을 둔 것으로 보인다.

---

1 국립중앙도서관(1973), 『國立中央圖書館史』, 서울 : 국립중앙도서관, 147~149면.
2 조선총독부도서관(1935), 조선총독부도서관약사, 『文獻報國』 1(1), iv, 경성 : 조선총독부도서관, 그러나 11월 30일은 실제로는 '朝鮮總督府圖書館假事務室'을 開所한 것이고 도서관이 일반대중에 공개된 것은 1925년 4월 3일이다. (동아일보 1925년 4월 1일자, 2면)
3 동아일보, 1922년 6월 27일자, 2면.
4 동아일보, 1924년 1월 5일자, 1면.
5 국립중앙도서관(1973), 『국립중앙도서관사』, p.151.

조선총독부도서관 개관 후 22년간 수집한 장서수를 보면 당시 자료의 구분에 따라 신서新書 138,441책, 고서古書 129,353책, 양서洋書 16,679책으로 모두 284,443책이었다.[6] 신서 13만여 책은 대부분 일본어 도서였고 한국 관련자료는 특히 '조선문朝鮮門'이라는 항목으로 구분하였으나 신서내에 조선문에 속한 자료 11,768책도 상당수는 일본어 자료였다.[7]

반면, 고서의 수집은 전체수집 장서의 45%를 차지할 만큼 집중되었다. 이는 도서관의 장서수집 정책이 지식을 수집하고 보존, 이용하는 일반적인 도서관의 기능이 아니라 식민지 통치를 위하여 우리나라의 역사와 문화를 파악하기 위한 정책적인 면이 작용했음을 쉽게 짐작할 수 있는 부분이다. 〈표 1〉에서 보는 바와 같이 고서는 조선총독부도서관 초기부터 꾸준히 수집되었고 특히 개관 초 1924년부터 1930년까지 증가된 장서 수는 주목할 만한 부분이다.

〈표 1〉 조선총독부도서관 장서수집 현황

연도	신서	고서	양서	합계
1923	2,013	6	3	2,022
1924	10,238	11,369	2,298	23,905
1925	2,536	183	84	2,803
1926	8,219	1,933	100	10,252
1927	4,590	5,065	176	9,831
1928	4,725	9,280	52	14,057
1929	6,639	11,799	308	18,746
1930	6,794	2,954	314	10,062
소계	45,754	42,589	3,335	91,678
1931	6,009	2,356	292	8,657

---

6 국립중앙도서관(1973), 『국립중앙도서관사』, 201면. 수록된 장서통계를 참고하였고 일부 수치의 오류를 수정하였다. 총 장서 수는 284,467책으로 기록되었으나 확인 결과 284,443책이다.
7 국립중앙도서관(2006), 『국립중앙도서관 60년사』, 서울 : 국립중앙도서관, 77면.

1932	4,311	2,728	150	7,189
1933	4,962	3,846	130	8,938
1934	5,306	3,075	259	8,640
1935	6,780	2,850	211	9,841
1931~1935	27,368	14,855	1,042	43,265
1936	6,809	6,708	552	14,069
1937	7,512	4,204	1,062	12,778
1938	6,752	9,536	1,997	18,285
1939	6,939	5,575	722	13,236
1940	6,000	5,859	1,416	13,275
1936~1940	34,012	31,882	5,749	71,643
1941	8,110	11,315	1,973	21,398
1942	8,146	11,927	1,402	21,475
1943	8,081	8,106	1,975	18,162
1944	5,867	7,076	727	13,670
1945	1,103	1,573	476	3,152
1941~1945	31,307	39,997	6,553	77,857
합계	138,441	129,353	16,679	284,443

고서 수집 방식은 크게 구입, 기증, 보관전환保管轉換 등이 있었다.

당시 고서적상들은 '전국을 다니며 서책을 구해 와 총독부 도서관이나 특정 연구자에게 단골거래를 하며 이윤을 남겨 되파는 식으로 영업활동을 해왔다[8]'고 하며 일부 고서적상은 '고서를 수집하여 조선총독부도서관에 수시로 드나들며 수레로 실어다 납품하였다[9]'고 하는 것으로 보아 서적중개상들이 가져온 책들 중에서 도서관에서 필요한 것들을 선정하여 구입한 것으로 보인다.

1923년부터 1928년까지의 조선총독부도서관 고서부 등록원부 제1권에 수록

---

8 이민희(2007), 『16~19세기 서적중개상과 소설 · 서적 유통 관계 연구』, 서울 : 역락, 63면.
9 이민희(2011), 『책쾌 송신용 : 평생을 책과 함께한 마지막 서적 중개상』, 고양 : 위즈덤하우스, 85면.

된 등록번호 1번부터 4,000번까지의 자료에 대한 주요 납품자들을 보면 일본인 납품자로는 내등정일랑內藤定一郎, 염빈하주塩濱霞舟, 산본상태랑山本常太郎, 삼전구삼랑森田久三郎, 공등중웅工藤重雄, 삼기원장三崎源藏, 길전구병위吉田久兵衛 등이 있고 한국인 납품자로는 이성의李聖儀, 김명균金明均, 김상준金相濬, 김병주金秉胄, 박봉수朴鳳秀, 박성열朴性烈, 김화진金華鎭 등이 있었다[10]. 고서의 구입은 '도서수입급공용명령圖書受入及供用命令'에 따라 이루어졌다. 여기에는 도서수입번호圖書受入番號, 서명書名, 부수部數, 책수册數, 단가單價, 대가代價, 적요摘要, 현품영수월일現品領收月日, 명령집행급기장일命令執行及記帳日과 청구일請求日을 적고, 청구자請求者, 납입자물품취급주임納入者物品取扱主任, 물품회계관리物品會計官吏, 도서관장圖書館長이 날인하도록 하였다.

또한 기증도 장려한 것으로 보인다. 조선총독부 관보에 실린 '조선총독부도서관월보'[11]에는 신서 몇 책, 고서 몇 책, 양서 몇 책 등의 형식으로 매달 기증받은 사항을 기록하였다. 조선총독부도서관 기관지였던 『문헌보국文獻報國』은 '휘보彙報'에 '도서기증방명록圖書寄贈芳名錄'을 수록하였다. 조선총독부도서관 개관 초기의 고서의 기증은 대부분 기관 이름으로 이루어졌다. 1923년부터 1928년까지의 주요 고서 기증처는 조선교육회朝鮮敎育會, 조선총독부, 동양문고東洋文庫, 조선총독부 경무국警務局 등이었다.

도서등록원부상의 입수 구분에 보관전환保管轉換을 줄인 '보전保轉'은 다른 기관에서 소장하던 것을 조선총독부도서관 장서로 등록한 것을 의미하는데 조선총독부도서관 관장 적산수웅荻山秀雄이 '개관당시 총독부도서관 장서 12,000권 중 10,000권이 총독부 안에 있던 도서실로부터 보관전환 받은 도서[12]'라고 말한 것처럼 개관이후에도 각 기관으로부터의 보관전환이 지속적으로 이루어진

---

10 조선총독부도서관(1923~1928), 『조선총독부도서관 고서부 등록원부』 1.
11 조선총독부관보활용시스템 http://gb.nl.go.kr/
12 국립중앙도서관(1973), 『국립중앙도서관사』, 189면.

것으로 보인다. 1923년부터 1928년까지의 보관전환된 고서의 주요 원소장처는
조선총독부, 조선총독부 학무국學務局 등이었다.

3. 안정복 장서의 소장 경위와 정리

1) 안정복 장서의 소장 경위

국립중앙도서관에는 조선총독부도서관 시기인 1927년과 1928년에 수집한
순암 장서 99종 235책이 소장되어 있다.[13]

조선총독부도서관 시기에 순암의 장서 구입과 관련하여 흥미로운 기사가 조
선사편수회에서 편찬한 『경기도사료채방복명서京畿道史料採訪復命書』[14]에 기록되
어 있다. 이 기록에 따르면 1927년 3월 29일과 30일에 조선사편수회에서는 경
기도 광주 지역의 사료 조사를 실시하였다. 조선사편수회에서 '3월 29일에 광
주 경안면慶安面 중대리中垈里에 살고 있는 순암 후손댁을 방문하여 안씨 자손
안학수安學洙를 만나 순암 장서를 열람하고 또 순암의 일화 등을 들었고[15] 그

---

13 본 논고에서 말하는 순암 장서는 일제강점기 조선총독부도서관의 고서부 등록원부에 표기된
소위 '안정복 수택본'을 지칭한다. 그러나 현재 국립중앙도서관에는 조선총독부도서관에서
수집한 자료이외에 순암 관련 자료가 소장되어 있으나 이 논고에서는 조선총독부도서관 수
집분만을 대상으로 한다.

14 국사편찬위원회 소장된 자료로 총 5책이며, 크기는 28 × 20cm, 청구기호는 KO B17B이다.

15 29일 화요일 구름 조금 비. 오전 9시 반 여주 출발 이천에 가서 오후 0시 20분에 광주 경안
면 (군청 소재지) 도착. 이곳은 조선 태종 헌릉, 청 태종 공덕비의 소재지로서 또 儒者 (安
鼎福, 호 順菴 및 丁若鏞, 호 茶山) 출생지로서 널리 세상에 알려져 있는 곳으로 먼저 가장
근거리에 있는 안정복의 자손을 同面 중대리로 방문하여 공립보통학교 훈도 林氏의 안내를
받아 안씨 자손 安學洙 씨를 면회하고 그 장서를 열람하고 또 故 순암 일화 등을 듣고 물러
나옴. 안씨의 종손 安朋洙는 고인의 유고 다수 있다고 하지만 同氏가 내일을 약속하고 돌아
옴.

다음날에 종손 안붕수安朋洙를 만나서 집안의 가계사정 때문에 선조의 유고를 거의 매도하였다는 사실을 들었다'는 것이다.[16] 이 기록은 시기적으로 조선총독부도서관에서 순암 장서를 구입한 지 불과 2달 전이며 자료가 외부에 매도된 배경을 알려준다.

1927년과 1928년은 조선총독부도서관 개관초기로 개관당시 빈약했던 장서를 늘리기 위하여 활발하게 자료를 수집하던 시기이다. 따라서 적극적인 수집정책에 의거하여 순암 장서도 구입되었음을 추측할 수 있다.[17]

현재 국립중앙도서관에 보관되어 있는 조선총독부도서관 고서부 등록원부에는 자료 수집과 관련하여 시기별, 매도자, 구입 금액 등의 내용이 자세하게 기록되어 있다. 순암 장서 역시 고서부 등록원부를 통해서 조선총독부도서관이 입수하게 된 사실을 자세하게 살펴볼 수 있다.

순암 장서는 총 3차례에 걸쳐서 구입되었다. 장서의 1차 구입은 1927년 5월 17일 이성의로부터 『광피보유光被補遺』 등 97종 174책을 모두 477원圓에, 2차 구입은 1927년 8월 11일 나이토 사다이치로(內藤定一郎)로부터 『안정복일기』 1종 64책을 160원圓에 구입하였다. 이후 1928년 6월 12일에 다시 이성의로부터 순암의 장서 『방정학문초方正學文抄』 1종 3책을 5원圓에 구입하였다. 고서부 등록원부의 내용을 정리해 보면 순암의 장서 중 총 99종 241책을 모두 642원圓에 구입한 셈이다. 1927년 당시 경성지역 조선 백미 1되의 가격이 0.36원圓인 것을 보면[18] 장서 한 책의 값은 평균적으로 2.7원, 백미 7~8되에 해당되는 금액이다. 당시 명품 도자기 2점을 기와집 15채 값으로 구입했다는 기사[19]와 비교

---

16 30일 수요일 구름. 임 훈도와 함께 중대리에 안붕수를 방문하였는데, 家計 때문에 선조의 유고는 거의 매도하였고 지금은 겨우 別記 몇 책이 있다고 함. 동면 장지리에 순암의 제자 鄭顯東(호 晚悟)의 종손 鄭雲紀라는 사람이 있는데 『列朝通紀』, 사본 14책을 소장하고 있음. 이 사본은 뒤에 만오의 순암 원고와는 조금 다른 곳이 있다고 함.

17 〈표 1〉 참조

18 『조선총독부 통계연보』, 한국은행 국가통계포털 광복이전통계(1908~1943) http://kosis.kr/

해보면, 상대적으로 고서에 대한 구입 금액은 많이 저렴했음을 짐작할 수 있다.

아래 그림은 고서부 등록원부 내 순암 장서의 구입 내역이 기록된 모습이다.

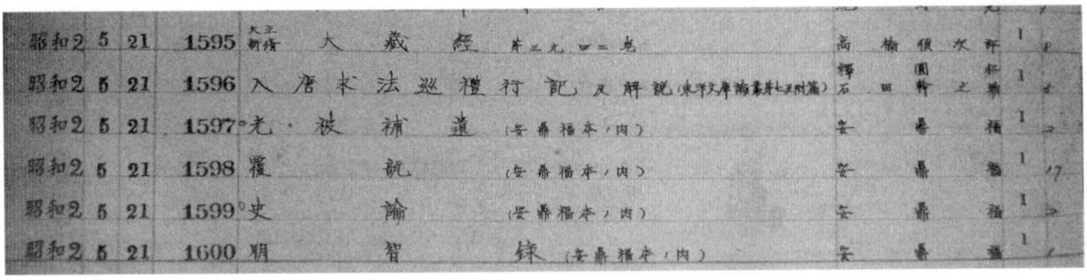

〈그림 1〉 1927년 5월 21일 『광피보유』 등의 구입기록

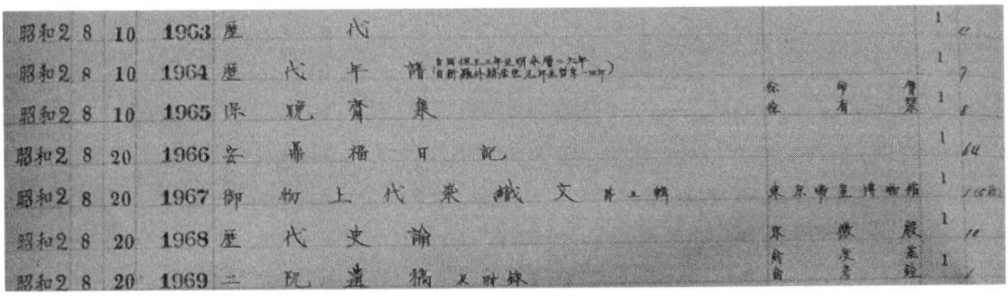

〈그림 2〉 1927년 8월 20일 『안정복일기』의 구입기록

앞에서도 언급되었듯이, 조선총독부도서관에 순암 장서를 매도한 사람은 이성의[20]와 나이토 사다이치로 두 사람이다.

먼저 이성의(1902~1965)는 잘 알려진 바와 같이 1922년부터 1965년에 이르기까지 40여 년간 서울 익선동益善洞과 와룡동臥龍洞에서 화산서림華山書林을 경영하였다. 당시 이성의가 소장하고 있었던 자료 중에는 『홍무정운역훈洪武正韻譯

---

19 정규홍(2009), 『유랑의 문화재』, 서울 : 학연문화사, 121~122면.
20 경향신문, 1966년 8월 22일, 5면, 〈그림 3〉.

訓』·『조천기朝天記』 등 선본善本만도 424종 724책에 달하였으며, 내용으로는 의서, 술서에 이르기까지 다양했고 특히 기호문집畿湖文集이 다량 포함되어 있었다고 한다.[21] 그가 화산서림을 운영할 당시 작성했던 고서적 판매목록 장부가 남아 있는데, 약 1,000여 권의 서적에 대한 정보가 기록되어 있다.[22]

나이토 사다이치로(1882~?)는 일본에서 1906년 대판옥호서점大坂屋號書店에 입사하여 1914년에 대판옥호서점 경성지점장으로 취임하여 한국에 건너왔다.[23] 당시 대판옥호서점

〈그림 3〉 화산서림 고 이성의 모습

은 충무로 입구에 위치해 있었으며, 서적, 잡지, 문구류, 운동구 등을 도·소매하던 곳이었다. 그는 일본이 패망하기 전에 그가 가지고 있던 골동품들을 대부분 처분하고 일본으로 귀국했다고 한다.[24] 한편, 그는 대판옥호서점에 근무하면서 1928년에 『최신조선서식대전最新朝鮮書式大全』 등을 출간하기도 하였다.

이 두 사람은 고서부 등록원부를 보면 비단 순암 장서뿐만 아니라 다른 고서와 고문서도 조선총독부도서관에 여러 차례에 걸쳐서 다량 매도한 것으로 나타난다.[25]

---

21 선생이 소장하고 있던 화산문고 자료는 1965년에 일부가 미국으로 넘어가서 컬럼비아 대학교 동아시아도서관에 소장되어 있고, 나머지는 1972년 6월에 미망인 申英姬 여사에 의해서 고려대학교에 기증되었다.(성택경(1972), 「華山文庫에 대하여」, 『書誌學』 5, 27~28면).

22 이민희(2007), 앞의 책, 96면.

23 조선신문사(1922), 『朝鮮人事興信錄』, 경성 : 조선신문사, 363면.

24 정규홍(2009), 앞의 책, 121면.

25 조선총독부도서관 고서부 도서관자료등록원부(1923~1945).

2) 안정복 장서의 정리

조선총독부도서관은 일제가 한국 통치에 필요했던 조선인에 대한 사상의 선도라는 지상 목표에 입각해서 만들어 낸 분류표와 목록법에 의하여 도서를 정리하였다. 따라서 모든 목록은 일본어순에 따라 배열되었다[26]. 당시 입수되었. 당시는 정본正本과 별본別本으로 나누고 이 중 정본은 신서新書 · 고서古書 · 양서洋書[27]3개 부문으로 나누어 각각 독립된 분류표를 적용하였다.

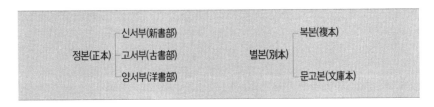

〈그림 4〉 조선총독부도서관 자료등록구분

순암 장서는 조선총독부도서관의 '고서부급 양서부분류표古書部級 洋書部分類表'에 의해 정리되었다. 고서부 분류표는 제1문門 철학, 종교에서 제10문 전서全書, 잡찬雜纂으로 구성되어 있었는데 특히 제10문門이 끝나고 마지막에 조선문朝鮮門이라는 항목을 별도로 만들어 '고조古朝'라는 별치기호를 사용하고 여기에 00-99의 숫자를 이용한 한국고서의 분류표를 사용하였다.

---

26 국립중앙도서관(2009), 『국립중앙도서관60년사』, 141~145면
27 당시엔 西書라고 부름

고서부 분류표		고서부 중 조선문 분류표	
第 1 門	哲學 宗教	古朝-00	哲學 經學 總記
第 2 門	教育 社會	古朝-10	諸子
第 3 門	法律 政治	古朝-20	宗教 總記
第 4 門	經濟 統計	古朝-30	政治 法律 總記
第 5 門	語學 文學	古朝-40	語學 總記
第 6 門	歷史 地理	古朝-50	歷史 總記
第 7 門	理學 醫學	古朝-60	地理 風俗 總記
第 8 門	工學 軍事	古朝-70	土木 水利
第 9 門	産業 藝術	古朝-80	農家 總記
第 10 門	全書 雜纂	古朝-90	全書 叢書
朝鮮門			

목록의 편성이나 카드목록 작성에 있어서도 분류 구분과 같이 신서, 고서, 양서로 나누었다. 목록에는 사무용 목록과 열람용 목록이 있었는데, 사무용 목록에는 기본 목록과 함가 목록函架目錄이 있었고, 도서관 이용자들이 사용하는 열람용 목록에는 각각 분류·서명·저자명 목록이 있었으나 이중 저자명 목록은 양서에만 사용하였다.

사무용 목록의 기술 사항을 보면 제1행에 자료명을 표목標目으로 내준 다음 제2행에 편저자編著者 표시, 제3행에는 발행연도와 판종版種, 제4행에는 권책수, 장정裝幀, 크기, 제5행에는 발행지와 발행소, 제6행에는 가격과 수입 연월일을 각각 기재하였다. 하단에는 도서관에 자료를 납품한 납품자 이름을 쓰거나 날인하였다. 열람용 카드목록은 사무용 카드목록보다는 소략하였고 자료명, 편저자, 발행년, 판종, 권책수를 기록하였고 오른편에는 세로로 5칸을 만들어 한자 자료명의 일본어 발음을 기록하였다.

〈그림 5〉 사무용 카드목록

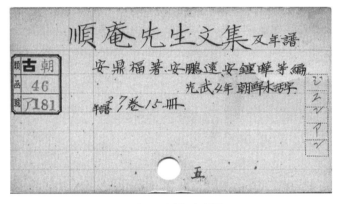

〈그림 6〉 열람용 카드목록

4. 안정복 장서의 특징

1927년 5월 17일과 8월 11일, 1928년 6월 12일에 조선총독부도서관에서 구입한 순암 장서는 모두 99종 235책이다.[28] 이 목록에 대해서는 첨부한 부록을

---

28 초기 원부에 기록된 안정복 장서의 수량은 99종 241책이다. 그러나 현재 확인되는 자료는 99종 235책이다. 장서 수량에 있어서 6책이 차이를 보이고 있는데, 이것은 『안정복일기』(한貴古朝93-44)에서 책 수의 차이가 발생하기 때문이다. 『안정복일기』의 경우 "도서자료원부"

참조하기 바란다. 주요 자료로는 『동사강목東史綱目』・『임관정요속편臨官政要續編』・『독사상절讀史詳節』・『안정복일기』 등이 있다.

순암 장서의 특징은 우선 외형적인 측면에서 다책본多冊本의 경우 책의 크기가 매우 다양하다는 점을 들 수 있다. 일반적으로 필사본이 판본에 비해 형태 면에서 다소 자유롭지만, 순암 장서 중 다책본의 경우는 형태가 특히 다양하다. 5책으로 이루어진 『백시선』, 『문초략』의 경우는 책의 크기가 다르게 제책되어 있으며, 특히 58책으로 이루어진 『안정복일기』는 이러한 모습을 뚜렷이 보여주고 있다. 예를 들면 세로로 길게 제책이 되어있는가 하면, 어떤 책은 가로로 길게 제책이 되어 있고, 또 정사각형 형태로 제책이 되어있기도 하고, 제책의 모습이 비슷하다고 해도 크기가 매우 다양하다.

〈그림 7〉 『안정복일기』 제책모습

에는 전체 64책으로 입수되었고, 같은 시기의 "고서부공용명령서(古書部供用命令書) 2"를 보면, 나이토 사다이치로가 『안정복일기』 64책을 1927년 8월 11일에 매도를 요청하여 그달 20일에 최종 매도 신청이 접수되었고, 이때 등록된 책 수 역시 64책으로 기록되어 있다. 해방 이후 작성한 "고서함가목록"에 『안정복일기』를 보면 함가번호 44번, 수입번호 1966, 등록된 책 수는 여전히 64책으로 되어 있다. 그런데 1973년에 정리된 귀중본 관련 서류철을 보면 『안정복일기』의 책 수가 64책이 아닌 58책으로 기록되어 있다.

다음은 한 책 속에 성격이 다른 2종 또는 3~4종 이상의 내용이 필사되어있다는 점을 들 수 있다. 주로 초록류 계열에 자료들이 여기에 속하는데, 『동유사우록』을 보면 첫 면에는 중국 송대宋代 형거실邢居實[29]의 「명비인明妃引」을 비롯하여 중국 역대 문인들의 시가 필사되어 있고, 그 배면에는 본 책의 서명에 해당하는 「동유사우록범례東儒師友錄凡例」를 비롯해서 「해동도학연원록海東道學淵源錄」 등이 기록되어 있다. 『전한초』의 경우는 앞부분에는 전한서가 초록되어 있는 반면 뒷부분에는 당, 송, 명대의 명문장이 초록되어 있다. 『안정복일기』에 포함되어 있는 책들이 이러한 성향을 많이 보이는데, 그 가운데 32책을 예로 들면 표지는 『동평위공사견문록략東平尉公私見聞錄略』이라고 적혀 있는데 표지대로 첫면에는 「동평위공사견문록략」이 필사되어 있지만 그 배면에는 「광주안씨세계」가 필사되어 있다. 그런데 20여 장 넘어가면 「동평위공사견문록략」의 내용은 끝나고 스승인 성호의 「이선생예설유편李先生禮說類編」, 「병자일기잡초丙子日記雜抄」, 「동인별호록東人別號錄」이 차례로 필사되어 있고, 또 그 뒷부분에는 다른 종이 크기에 우리나라 문인들의 행장, 묘갈문 등이 필사되어 있다. 즉 32책에는 「동평위공사견문록략」을 표제로 내세우기에는 무색할 정도로 전혀 표제와 다른 내용이 다수 필사되어 있어서, 전체적인 구성상 일관성을 찾기가 어렵다.

순암 장서에 찍혀있는 장서인은 대체적으로 3가지 유형이다. 「안정복인安鼎福印」·「광주안정복백순순암廣州安鼎福百順順庵」·「백순씨百順氏」가 그것이다. 99종 모두가 앞의 장서인이 찍혀 있는 것은 아니고, 장서인이 찍혀 있는 자료는 다음 〈표 3〉에 제시된 24종이다. 따라서 99종의 순암 장서 가운데 적어도 〈표 3〉에 제시된 자료는 순암의 수택본으로 판단된다.

---

29 형거실(1068~1087)은 北宋 때 시인으로, 鄭州 陽武 사람이다. 자는 惇夫. 恕의 아들. 8세에 명비인을 지어 일찍부터 문장으로 이름을 떨쳤다.[단국대학교 동양학연구소(2009), 『漢韓大辭典』 13, 1309면]

〈표 3〉 장서인이 있는 자료

장서인	수록 자료
안정복인	勝覽詩彙, 北溪先生性理字義, 列傳七十家, 新編算學啓蒙摠括, 雜書抄, 朱子語類節要, 前漢書抄, 春秋列國圖說, 祝穆編, 先賢格言, 選賦, 方正學文抄
백순씨	禮記疑, 儀禮喪服篇註疏疑義, 勝覽詩彙, 雜書抄, 群書弁文
광주안정복백순순암	百選詩, 西催集, 楚辭, 東詩雜彙, 復謌十一書, 玄藪, 皇明綱目
기타	陶山六曲, 科儷

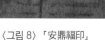

〈그림 8〉 「安鼎福印」

〈그림 9〉 「廣州安鼎福百順順庵」

〈그림 10〉 「百順氏」

우선 〈그림 8〉의 「안정복인」이 찍힌 자료는 『승람시휘』 등 12종이며, 장서 인의 크기는 가로 2.5㎝, 세로 2.5㎝이다. 〈그림 9〉의 「광주안정복백순순암」 이 찍힌 자료는 『백선시』 등 7종이며, 크기는 가로 3.6㎝, 세로 3.6㎝이다. 〈그림 10〉의 「백순씨」가 찍힌 자료는 『예기의』 등 5종이며, 크기는 가로 2.5 ㎝, 세로 2.5㎝이다. 『승람시휘』와 『잡서초』에는 「안정복인」과 「백순씨」가 상 하로 나란히 찍혀 있고, 그 밖에 『도산육곡』과 『과려』에는 앞에서 언급한 3종 의 인장과는 다른 인장이 찍혀있는 경우도 있었다.

다음은 내용적인 측면에서 검토해 보도록 하겠다. 1970년에 이우성 교수가 『순암집』의 해제에서 순암의 저술목록 49종[30]을 소개하면서 "이 목록은 언제 작성된 것인지 알 수는 없으나 순암 저술의 전부가 망라된 것은 아닌 것 같으며, 또 그 속에는 순전한 저술이 아닌 것도 들어있다. 지금 그 소재가 확실한 것은 불과 10여 종뿐이다"라고 하였다.[31] 이채구 선생은 『순암 안정복의 교육사상 연구』에서 "안정복의 저술은 그 저술형식을 불문하고 수효를 통틀어 볼 때, 50여 종[32]에 이른다. 그러나 그것이 얼마나 신빙성이 있는 것인지의 여부에 대해서는 아직까지 확실한 고증이 없다"[33]고 하였다.

이우성 교수는 자신이 제시한 순암 저술목록 49종은 순암 저술의 전부라고 단정하기 어렵고, 이채구 선생 역시 50여 종의 순암 저술에 대해서 확신하기 어렵다고 밝혔다. 이 말은 현재 밝혀진 순암의 저술 목록에는 순전히 저술이라고 판단하기 어려운 책도 있을 수 있고, 또 기존에 알려지지 않았지만 새롭게 저술로 판정되는 책도 있을 수 있다는 가능성을 말해준다. 이러한 가능성은 부록의 목록에서 제시한 99종의 장서에서 찾을 수 있을 것으로 생각된다. 순암 장서의 전모를 아직 파악하지는 않았지만, 사서 중에서 대학과 중용의 내용 중에서 의심나는 부분을 문답 형식으로 기록한 『의사疑私』와 『의례儀禮』「상복喪服」의 주소 중에서 의심나는 부분에 대한 의미를 밝힌 『의례상복편주소의의』 자료는 순암의 저술로 볼 수 있는 자료이다.

그러면 이처럼 순암의 저술목록을 명확하게 단정할 수 없는 이유는 무엇인가? 그것은 초록에서 찾을 수 있다. 순암이 동생 정록鼎祿과 아들 경증景曾에게

30 擬問, 內範, 正變統圖, 讀史詳節, 擬行家禮, 聖賢圖, 下學指南, 東國地理志, 洪範衍義, 東史綱目, 東國文獻通考, 廣陵志, 東國事文類聚, 三聖傳, 箕子通紀, 東國烈女傳, 南史, 臨官政要, 封說, 希賢錄, 井田說, 治統圖, 洞約, 大學經說, 兵鑑, 小學講義, 列朝通紀, 百詩選, 四時養性書, 東史補闕, 嶺南先賢傳, 山居錄, 東國逸史外記, 東國近思傳, 三賢傳, 東國高士傳, 西陽記, 名物考辨, 家禮集解, 八家百選, 道統圖, 學約, 論孟疑問, 語類節要, 僿說類編纂, 史鑑, 木川志, 文章發揮, 天學考.

31 민족문화추진회(2008), 『국역순암집』, 서울 : 민족문화추진회, 7~9면.

32 이채구 선생은 「순암선생연보」와 『하학지남』 권말에 부재되어 있는 저술목록에 기록된 내용을 근거로 해서 순암의 저술목록을 파악하였다.

33 이채구(2007), 『순암 안정복의 교육사상 연구』, 서울 : 문음사, 34면.

보낸 편지를 보면 순암 자신은 어려서부터 중요하다고 생각되는 내용은 항상 초록하여 잊어버리는 것에 대비하였다고 하고[34] 심지어 자신이 피곤하면 남의 손까지 빌어 그 책이 끝나야만 그만두었다.[35] 그리고 26세에 『성리대전』을 얻어 읽고서 비로소 학문의 중요함을 깨닫고서 손수 베껴서 외우기도 하였다.[36] 순암의 장서 중에서 『안정복일기』에 포함되어 있는 자료를 비롯해서 많은 초록이 들어 있는데, 그가 얼마만큼 초록을 많이 했는가를 잘 나타내 준다. 물론, 99종의 순암 장서가 순암 당대에 모두 이루어진 자료라고 보기는 어렵지만, 초록을 한 자료는 먼저 자료의 서명에 '鈔' 또는 '抄'라고 명명되어 있어서 쉽게 추측할 수 있다.

예를 들면 『문초략』·『양명문초』·『경세굉사초』·『고례초』·『남화초』·『전한서초』·『진서문초』·『방정학문초』·『기려초선』 등이며, 그 밖에 초록한 자료는 『이한서』·『열전칠십가』·『고문연감』·『의학입문』·『복습십일서』·『득수록』·『축목편』·『연기신편』·『군서변문』·『선부』·『과위교』 등이 있다. 이렇게 초록한 자료들은 중국 또는 조선시대 문인들의 문장과 한시, 경서, 역사서, 의례서, 의서, 군서, 점성술 등 다양한데, 특히 역사에 관한 많은 초록은 뒷날 『동사강목』, 『사감』, 『열조통기』와 같은 역사서를 저술하는 데에 큰 도움을 준 자료가 되었을 것으로 여겨진다.[37]

그런데 문제는 저서와 초록의 경계를 구분 짓기가 모호한 자료가 의외로 많다는 것이다. 소위 초록이라고 하는 것이 원문의 일정한 부분을 그대로 옮겨서 기록한 것만이 아니라, 필요한 부분을 요약해서 쓰기고 하였으며, 자신의 의견을 함께 기록한 사례도 있기 때문이다. 특히 자신의 견해와 함께 기록한 경우

---

34 『順庵集』 권14 「示弟鼎祿子景曾遺書」"余家貧無儲書 自少好鈔錄 以備遺忘"

35 『順庵集』 권1 「題鈔書籠」"力疲倩人手 卷終斯置已"

36 『順庵集』 권19 「靈長山客傳」"年二十六 得性理大全而讀之 始知此學之貴(中略) 遂手鈔而口誦之"

37 강세구(1994), 『동사강목연구』, 서울 : 민족문화사, 39면.

는 저서와 초록의 경계를 구분 짓기가 모호하다.

초록의 시기는 앞서 언급한 동생 정록과 아들 경증에게 보낸 편지에도 나와 있듯이 어릴 때부터 몸에 밴 습관이기에 평생에 걸쳐 지속적으로 해 왔을 것으로 여겨진다. 많은 초록에 비해 구체적으로 초록의 시기를 밝혀놓은 자료가 많지는 않지만, 그 중에서 다행히도 몇 몇의 자료를 통해서 초록의 시기를 알 수 있다.

『선부選賦』는 중국 양梁나라 소통蕭統이 지은 『문선文選』중에서 '부賦'를 골라 필사해 놓은 책이다. 순암은 이 책의 배지에 목차를 기록하고, 이어 하단에 초록의 시종始終을 기록하였는데, "신해년(1731) 가을에 시작해서 병진년(1736) 여름에 끝마쳤고, 하동부河東賦 이하는 기미년(1739) 여름부터 필사하였다"[38]고 하였다. 즉 순암은 20세에 이 책을 초록하기 시작해서 28세에 마쳤다. 물론 짧은 시기에 초록을 마친 자료도 있지만 이 책처럼 오랜 시간이 걸린 것도 있음을 알 수 있다. 그리고 『기려초선』에는 책 말미에 "계미등출癸未謄出"이라고 적어두었는데, 이때 계미는 1763년으로 순암이 52세 때이다.

순암 장서의 또 다른 특징은 유독 과거 관련 초록 자료가 많다는 점을 들 수 있다. 과거와 관련된 자료는 『동표』·『과려』·『책고』·『소책』·『동표책』·『용제』·『대대』·『과표』·『선부』·『고부동』·『부동』·『광피보유』·『동방등과목』 등이다. 『동방등과목』와 『광피보유』를 제외하고 서명에서도 알 수 있듯이, 대부분 대책對策, 표表, 부賦를 초록한 것이다.

『경국대전』「예전」 제과조諸科條를 보면 조선시대 문과 초시에 초장은 오경과 사서의 의의疑義, 혹은 논論 중에서 2편을, 중장은 부賦·송頌·명銘·잠箴·기記 중에서 1편과 표表와 전箋 중에서 1편을, 종장은 대책對策 1편을 시험 보았고, 조선 후기에 들어 『속대전』에서는 초장에서는 사서 의의 1편과 논 1편, 중장에서는 부 1편과 표·전 중에서 1편, 종장에서는 대책 1편을 시험 보았고,

---

38 『選賦』 "始重光大淵獻秋 終柔兆執徐夏 河東賦以下 自屠維協洽夏始 隨手錄之"

조선전기에 시험 과목으로 들어갔던 오경의와 송·명·잠·기는 폐지되었다.

조선전기부터 후기에 이르기까지 식년 문과에 시험과목으로 늘 들어간 것은 사서, 논, 부, 표, 전, 책문이며, 이 중에서 조선왕조 일대에 걸쳐 종장에서 시험보는 과목이 책문이었다. 원칙적으로 대책, 표, 부 등 10과목 가운데 한 편을 출제하게 되어 있었지만, 실제로는 대책이 가장 많이 출제되었다고 한다. 대책은 다른 과목과 달리 무엇보다도 현실을 직시하고, 그 시대에 가장 중요한 일인 시무時務를 제시하는 것이 핵심이다.[39] 순암이 초록한 대책은 선대의 것을 수록하거나 중국의 유명한 문인들이 남긴 책문 또는 당대 문인들 중 과거에 합격한 사람들이 작성한 책문 중에 선별하여 필사한 것이다.

따라서 조선시대 중요 과거 시험과목인 책문과 표, 부들 중에서 순암 또는 그 후손이 취사선택하여 책을 엮은 것을 통해서, 현실적인 정치에서 어떤 부분에 관심을 가지고 있었으며 그 대답으로 눈여겨 본 대책이 무엇이었는지, 누가 지은 표와 부를 좋아하였는지 미루어 짐작할 수 있게 한다.

5. 나오는 말

이상으로 국립중앙도서관에 소장된 순암의 장서의 수집과 특징을 살펴보았다.

국립중앙도서관에 소장된 순암 안정복 장서는 조선총독부도서관에서 수집된 자료들이 전래된 것으로 조선총독부도서관은 1923년 개관이래 1945년 일본패망시까지 식민지 정책의 하나로 고서를 수집하였다. 특히 개관 초 1924년부터 1930년까지는 수집된 장서의 수가 가장 많았던 시기로 순암 장서도 이 기간

---

39 김태완(2004), 『책문 시대의 물음에 답하다』, 서울 : 소나무, 14면.

중 입수된 것으로 조사되었다. 수집된 자료는 일제가 한국 고서를 분류하고자 만들어진 '조선문 고서분류표'에 따라 정리되었다.

조선총독부도서관 시기에 구입되었던 순암 장서는 모두 99종 235책이며, 외형적인 측면에서 다책본의 경우 크기가 다양하다는 점, 한 책 속에 성격이 다른 2~3종의 이상의 내용이 필사되어 있다는 점, 장서인은 '안정복인', '광주안정복백순순암', '백순씨'가 찍혀있다는 점을 특징으로 들 수 있다. 그리고 내용적인 측면에서는 저술과 초록을 구분하기 어려운 자료가 많으며, 『선부』 등의 자료를 통해서 필사시기를 알 수 있었고, 유독 과거 관련 초록이 많다는 점을 특징으로 들 수 있다.

1927년에 순암의 장서가 조선총독부도서관에 입수된 이래 순암을 연구하는 연구자들이 이 자료를 바탕으로 많은 연구를 진행해 왔으나 순암 장서가 수집된 배경과 장서 전체의 특징에 대해서는 연구가 이루어지지 못했다.

이 연구를 통하여 정리된 국립중앙도서관 소장 순암 장서에 대하여 기존에 알려지지 않았지만 새롭게 저술로 판정되는 자료도 많을 것으로 추정된다. 따라서 앞으로 기존에 밝히지 못했던 내용이 새롭게 규명될 수 있기를 기대해 본다.

순암 안정복의 생애와 저술

안병걸

1. 서론

안정복安鼎福은 18세기 조선의 저명한 실학자이다. 그는 경세치용학파의 학자로서, 특히 우리 역사와 지리에 해박한 역사학자로서 널리 알려져 있다. 그런데 그는 글하는 선비의 수신서인 『하학지남下學指南』, 경세서인 『임관정요臨官政要』, 『홍범연의洪範衍義』 및 『잡동산이雜同散異』와 『만물류취萬物類聚』 같은 박물학, 주자학 분야의 『어류절요語類節要』, 『가례집해家禮集解』와 『광주지廣州志』, 『대록지大麓志』 등의 지방지 및 「천학고天學考」, 「천학문답天學問答」 같은 천주학

---

* 이 글은 2012년 10월 8일, 국립중앙도서관의 '순암 안정복 탄생 300주년기념 학술대회'에서
「순암 안정복의 생애와 학문적 성과」라는 제목으로 발표한 것인데, 내용의 일부를 보완하면서
제목을 바꾸었다.

비판서 등 다방면에 걸친 저작을 남겼다. 학문적 스펙트럼이 매우 넓은 학자이다.[1]

안정복의 일생을 기술한 행장과 연보, 특히 그의 유작들이 담긴 『순암집』을 보면 그의 학문이 특정 분야에 머물지 않았음을 바로 확인할 수 있다. 그러므로 관점에 따라서 안정복의 학문적 특색을 달리 말할 수 있다. 필자의 관심은 그 사상적 토대인 유학정신을 기반으로 한 경학經學과 예학禮學 관련 학문적 업적을 확인하는 것이다. 이것은 그의 유작을 총합한 『순암집』의 검토를 통하여 집중적으로 확인할 수 있다.[2]

필자가 검토한 자료는 『순암집』이다.[3] 이 글은 그의 일생을 정리한 연보와 행장을 통하여 안정복 생애 중의 주요 행적을 추적하고, 『순암집』에 실린 각종 시문들, 특히 그의 학문 이력에 적지 않은 영향을 끼친 스승 성호星湖 이익李瀷, 그리고 동문인 윤동규尹東奎, 이병휴李秉休, 권철신權哲身 등과의 서간문에 보이는 토론 주제를 정리하므로써 안정복이 이룩하였던 학문의 성격과 사상의 지향을 살피고자 한다.

---

1 안정복이 가장 심혈을 기울였던 저작은 『동사강목』이다. 이와 함께 『열조통기』 등 우리나라 역사에 더욱 집중적이고 지속적인 성과를 내었으므로, 그를 조선후기를 대표하는 역사학자로 보는 것에 대하여는 조금도 이의가 없다.

2 『순암집』 수록 저작들 중에 「동사문답」과 함께, 「경서의의」 및 관례, 혼례, 묘제, 복제 등 예설 관련 여러 논설이 넉넉한 것을 주목할 필요가 있다.

3 『순암집』 간행을 위한 편집은 오랜 시간을 두고 진행되었다. 1820년경 안정복의 손자 安喆重의 위촉을 받은 黃德吉이 30권으로 편찬하였고, 1843년에 증손 安孝根의 위촉을 받은 安景禕가 27권으로 재편집하였다. 그러나 재력의 한계 때문에 1900년이 되어서야 5대손 安鍾曄이 안경의의 재편집본을 저본으로 하여 목활자로 간행하였다. 연보를 포함하여 모두 15책이다. 황덕길의 문인 안경의의 본관은 順興, 별호는 順窩이다. 廣州 退村에 살면서 안정복의 학문을 현창하기에 힘쓴 선비이다. 『순암집』 뒤에는 안경의와 안종엽의 발문이 실려 있다. 이 책의 간행에 대한 자세한 조사는 『한국문집총간 해제 5』 298면~303면에 있다.

2. 출생과 가계, 성장 및 수학

1) 출생과 가계

안정복은 1712년(숙종 38년) 12월 25일(음력)에 태어났다. 출생지는 충청도 제천현 유원(楡院, 현 충북 제천시 대랑동 느르본)인데, 이곳은 안정복의 조부 안서우安瑞羽의 외가 쪽 친척인 칠원윤씨 마을이다.[4]

잠시 안정복의 가계를 살핀다. 안정복의 본관은 광주廣州이다. 그의 가문은 여말선초를 살았던 12대조 안성安省 이후, 안정복의 조부 안서우安瑞羽에 이르기까지 대대로 벼슬을 하였던 사환가였다. 안성은 태조~세종 때에 의정부 좌참찬을 지냈고, 안성의 증손이며 안정복의 9대조인 안윤덕安潤德은 성종~중종 때에 병조 및 호조판서를 지냈다. 또 안윤덕의 증손이고 안정복의 6대조인 안황安滉은 선조宣祖의 생가 부친 덕흥대원군德興大院君의 사위인데, 임진왜란을 만나 임금을 호종하였고, 이 공으로 인하여 왜란 뒤에 호성공신扈聖功臣 광양군廣陽君을 추봉 받았다. 이후 안황의 종가는 안응원安應元(문과, 정언) ─ 안시성安時聖(진사, 현감) ─ 안신행安信行(생원, 별검) ─ 안서규安瑞奎로 이어졌는데, 안서규의 후사가 끊어지자, 안신행의 아우 안건행安健行(생원, 동지)의 4자인 안서우(문과, 울산부사)가 1722년경에 안신행의 후사가 되면서 안서우 ─ 안극安極(증 참관) ─ 안정복의 가계가 호성공신 안황의 봉사손奉祀孫이 된 것이다.[5]

안정복의 조부 안서우는 선대부터 가문의 당색이 남인南人인데다가, 성균관 유생 시절 성혼成渾과 이이李珥의 문묘종사文廟從祀를 적극적으로 반대하였다. 이

---

4 안정복이 제천에서 출생하였던 것을 근거로 하여, 그를 충청도 제천 출신이라고 소개한 사전과 책자가 적지 않다. 그러나 안정복이 그곳에서 지낸 기간은 유아기인 4세까지이므로, 이 같은 오류는 바로잡아야 한다.

5 『古文書集成』 8(한국정신문화원, 1990), 42면에 수록된 安瑞熙의 「所志」 및 廣州安氏監察公派譜(1922년 등사본) 참조.

때문에 1694년 갑술환국 이후 정권을 장악하였던 서인들에게 심한 배척을 받았다. 이 때문에 당하관과 고을 수령을 전전하다가 일생을 마쳤고, 그 아들 안극은 음관蔭官조차 받지 못하고 일생을 마쳤다.

2) 성장과 수학

안정복이 제천 느르본[檽院]에서 지내기는 출생 뒤 3년간이다. 4세에 모친 전주이씨를 따라 상경하여 서울 건천동 외가에서 살았고, 6세에는 모친과 함께 전라도 영광에 있는 외가 농장으로 내려갔다. 9세에 다시 서울로 돌아와 남대문 밖 남정동에서 몇 해를 지내다가[6] 14세에 울산부사로 부임하는 조부를 따라서 내려갔다. 그 다음해에 조부가 관직에서 물러나 전라도 무주의 적상산赤裳山 아래 주계朱溪에서 은거하자, 온 가족이 그곳에서 살았다. 이렇듯이 청소년기에 이르기까지 안정복은 경향 각지를 떠돌면서 살았는데, 14세 이후에는 조부 안서우의 슬하에서 지냈던 것이 주목된다.

안정복이 광주부 경안면 덕곡德谷(현 경기도 광주시 중대동 텃골)으로 이주한 것은 조부 안서우가 무주에서 세상을 떠나고 이곳 선영에 그 묘소를 모신 1735년의 일이다.[7] 그런데 안정복의 연보와 행장에는 그의 수학 이력에 대한 기사가 아주 제한적이다. 즉 경종대왕景宗大王 원년元年 신축辛丑(1721년) 10세의 연보 기사 "처음으로 입학하여 소학小學을 읽었다." 아래에,

---

6 『고문서집성 8 - 광주안씨편』에는 안서우의 태안군수(1717년), 통례원 상례(1723년) 임명 교지가 수록되어 있다. 두 장의 교지 중간인 1720년에 9세의 안정복이 서울로 올라온 것은 조부가 경관직을 받았기 때문이었던 것으로 짐작한다.

7 텃골은 안정복의 12대조인 安省 이후 누대의 선영이 있는 곳이다. 안정복 일가는 廣陽君 安混의 不遷位 奉祀를 위하여 이 마을에 정착하였는데, 당시 안정복은 24세의 청년이었다. 이후 안정복은 이곳에서 80세로 세상을 떠나는 1791년까지 定居하였으며, 그의 별세 이후에도 오늘에 이르기까지 자손들이 宗家를 유지하면서 살고 있다.

서울과 시골을 옮겨 다니면서 살았으므로 이때에 비로소 입학하였는데,
　　구두가 분명하고 견해가 정밀하여 몇 년이 지나지 않아서 문리가 통달하
　　였다.

는 기록이 있다. 그러나 어디서 누구에게 배웠는지에 대한 자세한 정보가 없
다. 그렇다면 소싯적 안정복의 수학은 가정에서 이루어졌다고 말할 수밖에 없
다. 14세 이후 조부 안서우를 따라서 울산과 무주에서 살았는데, 안서우는 숙
종 중기 1689년 기사환국 이후의 남인 조정에서 대제학을 지낸 권유權愈의 문
인이었다. 권유는 고문古文에 능한 문장가로서 당대에 이름이 났었다. 이러한
정황으로 보면, 소년 시절 안정복의 수학에 영향을 줄 위치에 있던 것은 그의
조부 안서우 이외에는 달리 찾을 길이 없다.

　　텃골에 정착한 다음 해인 1737년 봄, 26세의 안정복은 『성리대전性理大全』을
읽고, 5월에 『심경心經』을 읽는다. 『성리대전』은 송나라의 주돈이周敦頤, 장재張
載, 소옹邵雍, 이정자二程子 등 소위 북송오현北宋五賢과 주자朱子의 주요 저작들을
모아 편집한 책으로서 이기심성학理氣心性學의 총합서이고, 『심경』은 남송 말기
의 주자학자 진덕수眞德秀가 유가의 고전에서 마음 관련 격언들을 모아 편찬한
책으로서, 특히 퇴계退溪 이후 조선시대 유학자들이 애독하였던 수신서이다. 위
연보 기사에 딸린 부주에 의하면, 이 보다 훨씬 앞선 15, 6세의 안정복은 "구해
볼 수 있는 문헌을 두루 보았고, 그리하여 이미 박학하다는 소문이 났다."고 한
다. 그러다가 텃골에 정착한 뒤인 28세가 되어서 성리학에 뜻을 두게 되었다는
것인데, 이 역시 어떤 계기가 있었는지 분명히 알려주는 자료가 없다. 『성리대
전』이나 『심경』에 담긴 사상 체계는 넓은 지식을 추구하기 보다는 우주만물의
이법과 인간심성의 본질에 대한 깊은 통찰과 이해를 요구한다. 따라서 넓은 지
식의 확장에 능하였던 안정복이 이 책을 접하고서는 그에 담긴 깊은 학문체계
에 대한 충격이 적지 않았을 것임은 분명하다. 『순암집』에는 정사년(1737) 당시
『심경』을 읽고서 지은 시 「독심경讀心經」이 실려 있다.[8] 이를 옮겨 당시 안정복
의 마음가짐을 확인한다.

구절마다 모름지기 마음 놓지 말라하신,	句句須要不放心
진서산은 멀리 주자 마음 읽었다네.	西山逈得考亭心
평소에 인심 도심 자세히 살펴야,	平居細討危微法
일 당해서 이 마음 징험할 수 있으리.	遇事方能驗此心

3) 초기의 저작들

연보에 의하면, 1737년에 안정복의 첫 저작이 보인다. 「치통도治統圖」와 「도통도道統圖」인데, 「치통도」는 상고시대부터 명청시대에 이르기까지 중국 역대 제왕의 계통을 도포로 만든 것이고, 「도통도」는 첫머리에 주렴계周濂溪의 역도易圖를 배치하고, 이어서 복희伏羲, 신농神農, 황제黃帝, 요순堯舜, 공맹孔孟 등과 염낙제현濂洛諸賢 및 원명제유元明諸儒에 이르기까지를 정통正統과 방통旁統으로 나누어 도표로 정리한 것이다. 「치통도」의 소재는 중국 역사이지만, 역사의 흐름에 대한 그의 관심이 일찍부터 성숙했었다는 방증이고, 「도통도」는 『성리대전』과 『심경』 등을 학습하면서 얻은 유학의 도통관을 표출한 것이라고 말할 수 있다. 이 두 저작은 청년기에 접어든 안정복의 학문적 관심이 역사학과 함께 도학적 유학道學的儒學으로 전환되었음을 알려준다.

안정복의 공부는 이후에도 평생 지속되었다. 그 첫 결실이 29세인 1740년에 찬술한 『하학지남下學指南』이다. 이해에 그는 또 「정전설井田說」을, 1741년에는 『내범內範』 6권을 지었다. 연보의 기사와 『순암집』에 수록된 글을 통하여 이 시기를 전후한 그의 공부와 저작에 대한 기록을 정리하면 아래와 같다.

---

8 『순암집』 권1, 「讀心經 丁巳」

1711년 (10세), 입학하여 『소학』을 읽다.

1737년 (26세), 『성리대전』『심경』을 읽다.

　　같은 해, 「치통도」와 「도통도」를 만들다.

1740년 (29세), 『하학지남』을 편찬하고, 「정전설」을 짓다.

1741년 (30세), 『내범』을 편찬하다.

3. 성호 이익의 문하에서

1) 스승 이익을 찾아가다

안정복이 텃골에 정착하여 학문 탐구에 열중하던 당시의 기내畿內, 즉 경기도 안산 첨성리(현 경기도 안산시 성포동)에는 성호星湖 이익李瀷(1681~1763)이 살고 있었다. 1746년 10월 17일, 35세의 안정복은 66세의 노학자 이익을 찾아가 하룻밤을 머물면서 가르침을 받는다. 그 날 사제 간의 대화는 안정복이 기록한 「함장록函丈錄」에서 볼 수 있다.[9] 이 날 성호선생의 교훈 중에 몇 가지를 간단히 요약하면 다음과 같다.

① 학문은 자기에게 달려 있다.

② 학문은 자득自得이 귀하다. 스스로 터득해야 진보할 수 있다.

③ 배우는 자가 밝힐 것은 마음일 뿐이다.

④ 선비는 실행에 힘쓰되 지식을 넓혀야 한다.

⑤ 성현이 후진에게 요구하는 것은 의리를 강명하는 것이다. 그대로 따르기만 하는 것은 정주程朱의 본뜻이 아니다.

---

9 『순암집』 권16, 「函丈錄」

이상의 교훈들은 다음처럼 이해할 수 있다. '학문이 자기를 위한 것이며, 자신 스스로의 사색과 체험에 의한 터득, —자득이 귀하며, 그러므로 그 주체인 마음을 밝혀야 하며, 이를 위해 지식이 넓어야 하며, 그를 통하여 새로운 의리를 밝히는 것이 중요하다.'

이후 이익이 세상을 떠나는 1763년까지 18년을 안정복은 그의 충실한 제자로서 살았다. 심지어 꿈속에서도 이 스승을 뵈었을 정도로 그는 이익에게 심복하였다.[10] 이익도 35세 장년의 나이에 입문한 그의 학구열을 인정하고 학문적 동지로 대우하였다. 그 6년 뒤인 1752년에 성호선생은 퇴계退溪의 언행을 정리한 『도동록道東錄』 초고를 안정복에게 내어주면서 윤동규尹東奎와 함께 이를 다듬어달라고 하였다. 안정복은 편차를 정하고 내용을 정리하는 한편, 책이름을 바꿀 것을 제안하여 스승의 허락을 받았다. 이것이 『이자수어李子粹語』인데,[11] 이자李子는 바로 퇴계를 높여 부른 것이다. 또 1762년에는 자신의 평생 독서노트를 모은 『성호사설』의 분류 정리를 맡기도 하였다. 이익의 주요 저작 중 두 가지가 안정복의 손을 거쳐 재정리된 것이다. 무엇보다도 안정복의 대표저작이라고 할 『동사강목』도 이익의 적극적인 지지와 절대적인 격려에 의하여 진행된 것이었다.[12]

이익을 스승으로 모신 18년 동안 안정복이 이 스승을 직접 뵌 것은 단 네 차례 뿐이었다. 사제 간에는 주로 편지를 통하여 질문과 답변, 토론을 주고받았는데, 『순암집』 권2의 서간문과 권10의 「동사문답」에는 이익에게 올린 편지 34편이 수록되어 있다.[13]

---

10 『순암집』 권2, 「上星湖李先生 戊寅」 : 今月旣望, 夢陪杖屨, 奉誨如常, 覺來悵慕, 曷勝形喩?

11 이 책의 정리 과정 중에 이익, 윤동규 등과 많은 토론을 하였다. 특히 책 내용의 오류를 지적하여 스승의 인가를 받은 부분도 있었다.

12 이익의 문하에 들어간 뒤인 1748년, 37세의 안정복은 『洪範衍義』를 초하였다. 그러나 이 책은 그의 생전에 완성된 것으로 보이지는 않는다.

성호 문하에서의 수학은 다른 의미가 더 있다. 윤동규, 이병휴 등 성호 문하의 큰 선비들과의 교유가 시작된 것이다. 성호의 큰 제자 중의 한 사람인 신후담愼後聃과는 그에 앞서부터 알고 있었고,[14] 윤동규와는 성호에게로의 입문 즈음에 사돈이 되었다. 안정복의 아들 안경증安景曾의 아내, 즉 안정복의 며느리가 윤동규의 가까운 집안(8촌)인 윤동열尹東說의 딸이다. 윤동규와 이병휴는 성호 문하의 고제로서, 안정복과 함께 성호 문하의 3고제高弟로 불리며, 이익의 별세 이후에 성호학파를 이끌어간 학자들이다.

2) 추천을 통해 나간 벼슬살이

1749년, 38세 장년의 안정복에게 비로소 벼슬자리가 주어졌다. 그 해 5월 후릉참봉에 임명된 것이다.[15] 그러나 안정복은 이 벼슬을 받지 않았다. 이즈음 스승 이익에게 올린 편지가 있다.

> 지난번 동몽교관으로 의망擬望되면서는 경학經學으로 현주懸註하였고, 참봉을 제수하면서는 문음門蔭으로 현주하여 의망하였답니다. 경학이 뛰어나다고 한 것은 사실이 아니고, 문음의 경우는 차서를 잃는 것이어서, 두 직책 모두 함부로 나아가지 못하겠습니다. 누구는 이조吏曹에 글을 올려서 차서를 잃어 부임하지 못하는 이유를 밝히라고도 하는데, 그렇게 하는 것

---

13 안정복을 중심으로 성호학파 연구에 집중한 강세구에 의하면, 성호선생이 안정복에게 보낸 편지는 모두 35편이 있다고 한다. 『순암 안정복의 학문과 사상 연구』 114면~117면. 참조.
14 「함장록」에는, 성호를 찾아뵙기에 앞서 안정복이 愼進士의 상가에 조문을 가서 본 일이 적혀 있다.
15 실상은 그에 앞서 3월 동몽교관의 末望에 들었는데, 이 벼슬을 추천하였던 관원이 경학에 뛰어나다는 부주를 달았다는 것이고, 참봉으로 추천받은 이유는 勳臣, 즉 그의 6대조 광양군 안황의 자손이기 때문이라는 것이었다.

이 도리어 혐의스러운 바, 기한이 차기를 기다려 스스로 그만두어야겠다고 생각하고 있을 뿐입니다.

윗글에서 '문음의 경우 차서를 잃은 것'이라는 것은 사정이 있다. 그의 부친 안극이 아직 벼슬을 하지 못하였던 것이다. 그러므로 자신이 먼저 벼슬을 받는 것은 순서가 아니라는 것이었다. 그러나 그 해 11월 만녕전 참봉을 받고 그 다음 달에 부임하면서 38세의 장년에 안정복의 벼슬살이는 시작되었다. 이를 전후하여 그의 벼슬을 정리하면, 1749년(영조 25년, 38세) 3월, 동몽교관의 말망에 올랐고, 같은 해 5월, 후릉참봉이 되었으나, 나가지 않다. 같은 해 11월, 만녕전 참봉으로 처음 벼슬길로 나간 그는, 다음 해 8월에는 종사랑을 받았고, 10월에는, 조봉대부로 승진하였다.[16] 다음 해 2월에는 의영고 봉사를 거쳐, 1752년 2월에는 통훈대부 정릉직장이 되었다. 1753년 10월에는 귀후서 별제가 되었고,[17] 1754년(영조 30년, 43세) 2월에는 사헌부 감찰이 되었다.

만녕전, 의영고, 귀후서 등은 주요 관청이 아니고, 참봉, 봉사, 직장, 별제, 감찰 등은 미관말직이다. 그러나 안정복은 보직에 관계없이 주어진 직무를 열심히 수행하였다. 연보에는,

> 선생은 미관말직이었으나, 직무에 열심히 하되 한결같이 염근으로 봉직하였다. 익년에 사관祠官으로 옮기자, 의영고의 관민이 의영사 문외에 거사비去思碑를 세웠다. 성호선생이 그 소식을 듣고 편지를 보내왔는데, "경아京衙의 낮은 관원으로서 고금에 없던 일이라, 벼슬과 배움을 함께 진력했음을 알 수 있고, 승전乘田과 위리委吏로서 진력하신 공자님의 자취를 징

---

16 이즈음에 「雜卦說」과 「後說」을 지었다. 당시 직책은 만녕전 참봉이었던 것으로 짐작된다. 「잡괘설」에 당시 강화부 경력으로 재직 중이던 林象德과의 토론이 있기 때문이다.

17 부친을 모시고 매서 吳錫信의 용산 집에서 우거하였다. 이즈음에 『이자수어』의 편차를 정하고 정리하기 시작하였다.

험할 수 있다"고 하였다.

는 기록이 있다. 이렇듯이 직분에 열중하였음에도 안정복의 저작 활동은 쉼이
없었다. 이 시기의 주요 저작을 정리하면 다음과 같다.

> 1748년, 37세, 『홍범연의』를 초하다.
> 1750년, 39세, 「잡괘설雜卦說」과 「후설說」을 짓다
> 1752년, 41세, 「이순수유사李醇叟遺事」를 찬하다.[18]
> 1753년, 43세, 여름 『광주지廣州志』를 찬하다.[19]
> 같은 해 10월, 『이자수어李子粹語』를 편차하다.

3) 다시 학자의 길을 가다

안정복이 사헌부 감찰을 지내던 1754년 6월, 부친이 별세하였다. 안정복은
이후 그의 나이 61세인 1772년에 익위사 익찬으로 다시 벼슬에 나가기까지 광
주 텃골에 거주하면서 학자의 길을 지속하였다.

1755년 5월, 『가례家禮』를 주로 하여 예서들을 읽었는데, 삼례三禮 및 『통전通
典』과 선유들의 학설을 두루 살폈다. 「함장록」에 의하면, 이는 1746년 10월 17
일 저녁에 일러준 성호선생의 말씀을 따른 것이다. 삼년상을 치르던 중이었으
므로 상례, 제례에 대하여 집중적으로 탐구하였던 것이다.[20] 1756년 8월, 부친

---

18 이즈음 세상을 떠난 李孟休의 행적을 적은 글이다. 순수는 이맹휴의 字. 그는 성호의 아들
    이다.
19 광주유수 李箕鎭의 요청을 받고 편찬하였다. 『순암집』 권18에 「廣州府志序」가 있다.
20 이즈음 조부 안서우의 행장을 지어 성호선생에게 조부의 묘지명을 지어달라고 청탁하였고,
    동문 선배인 윤동규와 편지를 통하여 학구적 토론을 지속하였다.

의 삼년상을 마쳤다. 그 해 겨울에 「광주부경안이리동약廣州府慶安二里洞約」을 만들었고,[21] 다음해에는 제례祭禮를 개정하였다. 가문의 종손으로 문중과 동리를 위한 적극적인 역할을 수행한 것이다.[22] 또 새 집을 옮겨 짓고 집 이름을 순암順菴이라고 지었으며, 스승 이익에게 요청하여 「순암기順菴記」를 지어 받았다.[23]

그의 생애에서 가장 저작이 활발하였던 때가 바로 이 시기였다. 1756년에 그의 대표저작 중에 하나인 『임관정요臨官政要』를 완성하였다.[24] 1758년 11월에는 『가례부췌家禮附贅』의 서문을 지었다.[25] 『동사강목』을 완성한 것은 1759년(영조 35), 48세의 일인데, 이보다 3년 전인 1756년부터 초고를 작성하여 4년 가까운 세월에 걸쳐 완성한 것이다.[26] 스승 이익 문하의 후진인 권철신權哲身과의 토론은 1760년에 처음 보인다. 그보다 앞선 1758년 안정복은 권일신權日身을 사위로 맞이하였다. 권일신은 바로 권철신의 형이다.[27] 1761년 4월, 서재 이택재麗澤齋를 세우고, 이웃의 후진들과 매달 『소학』을 강독하였다. 1762년 11월에는 성호선생의 부탁을 받고서 『성호사설』의 편차를 정하였는데, 이것이 『성호

---

21 『순암집』 권15, 잡저 「광주부경안면이리동약」

22 이즈음에도 이익에게 여러 차례 편지를 보내 상례, 제례에 대한 질의를 하고 西學에 대하여 문난하였다. 그의 만년에 천주교가 유행하면서 그의 지친들과 함께 그 역시 곤욕을 당하였는데, 서학에 대한 그의 비판적 인식은 이즈음에 이미 형성되었음을 알 수 있다. 이 해에는 또 『希賢錄』을 완성하였다.

23 순암을 별호로 사용한 것도 이 시기 이후로 짐작할 수 있다.

24 1748년부터 편술하였는데 처음에는 『治縣譜』라고 하였다.

25 이 책은 경상도 밀양의 宗人이며, 한강 정구의 문인이었던 五休子 安玑이 편찬한 책인데 그 후손의 부탁을 받고 안정복이 교정한 뒤에 서문을 지은 것이다.

26 연보는 『동사강목』의 편찬에 대하여 다음과 같이 설명한다. : 선생은 일찍이 우리나라 사람들이 우리 역사에 대해서는 깜깜한 것을 탄식하여 병자년부터 초고를 작성하기 시작하여 4년에 걸쳐서 책을 완성하였다. 위로는 箕子 元年부터 시작하여 아래로는 고려 말에 이르기까지의 사실을 綱과 目을 세워 기술하였는데, 모두 18권이며, 또 考異와 地理考 두 권이 있어서, 이를 합하여 총 20권이다.

27 권철신, 권일신 형제의 조부 權歆은 안정복의 조부와, 부친 權嚴은 안정복과 교유하였던 世交家였다.

사설유편星湖僿說類編』 12권이다. 1763년 3월에는 『백선시百選詩』 7권을 완성하였고, 또 『사감史鑑』 8권을 완성하였다. 『백선시』는 역대의 시를 각 문체별로 모은 것이고, 『사감』은 상고시대로부터 『자치통감강목資治通鑑綱目』 이전까지를 산삭한 편저이다. 이 시기(1754년~1763년)의 주요 저작 및 학술 관련 기록을 정리하면 아래와 같다.

> 1755년(44세) 5월, 『가례』를 위주로 삼례三禮 및 『통전通典』과 선유의
> 　　　　　　　 학설에서 상례喪禮를 살폈다.
> 1756년(45세) 겨울에 「광주부 경안면 2리 동약」을 만들다.
> 1757년 제례祭禮를 개정하다.
> 　　　　「희현록希賢錄」을 완성하다.
> 　　　　『임관정요臨官政要』를 완성하다.
> 1758년, 11월, 안신安玭의 『가례부췌家禮附贅』를 교정하고, 서문을 짓다.
> 1759년, 『동사강목』을 완성하다.
> 1761년, 이택재麗澤齋를 세우고, 후진들과 매달 『소학』을 강독하다.
> 1762년, 『성호사설유선星湖僿說類選』의 편차를 정하다.
> 1763년 3월, 『백선시百選詩』 7권을 완성하다.
> 　　　　『사감史鑑』 8권을 완성하다.

이상을 살피면, 가례를 중심으로 한 상, 제례 등 예서 연구 이외에도 문학과 역사, 정치행정 관련 분야까지 다채롭게 다루어졌음을 알 수 있는데, 가장 눈에 띄는 것은 『동사강목』과 『임관정요』의 저작, 그리고 스승 이익의 위촉을 받아 편찬한 『성호사설유선』의 편차가 바로 이 시기에 이루어졌다는 사실이다.

4. 성호학파의 장로

1) 스승의 별세, 동문들과의 토론

1763년 12월에 이익이 별세하였다. 부음을 받은 안정복은 심상心喪의 복服을 입었다.[28] 그리고 스승을 찾아뵙던 첫날의 가르침을 기록한 「함장록函丈錄」을 남겼다. 1765년(54세) 4월에는 「무명오현전無名五賢贊」을 지었다.[29] 1766년에는 봄여름 사이에는 「도정절찬陶靖節贊」을 지었고, 6월에는 「육잠六箴」을 지어 몸과 마음의 자세를 다졌다. 이상 세 편의 글은 그 앞선 해에 스승에 대한 심상복을 마친 전후의 글인데, 일생을 벼슬에 나가지 않고 재야에서 학문의 외길을 갔던 스승 이익을 이어 학문과 수양의 길로 가겠다는 안정복의 마음가짐을 읽을 수 있다.

앞장에서 소개하였던 것처럼 앞선 시기에 저작 활동이 가장 활발하였다면, 이 시기에는 동문들과 편지를 통한 학구적 토론이 자주 보인다. 스승의 별세 뒤에 동문들 간에 의논도 많았을 것인데, 특히 스승의 뒤를 이어 학문 탐구에 매진하겠다는 성호 문하 제현들의 열의를 이를 통해 볼 수 있는 것이다. 1765 년 10월에는 권철신과 왕양명王陽明 심학心學에 대한 토론이 있었다. 양명학설 에 대하여 호의적이었던 권철신에 대한 비판과 염려가 함께 담긴 글이다. 이 글에서 안정복과 권철신 간의 학문적 이견이 처음으로 확인된다. 1767년 1월

---

28 1764년(53세) 윤동규에게 편지를 보내 스승의 服制를 논하였다. : "스승의 복제 한 조항에 대해서는 檀弓에서 三年喪에 포함시켰으니, 이 이외에는 달리 찾을 것이 없습니다. ~퇴계 문인 趙穆이 1년 동안 素帶를 둘렀고 3년 동안 모임에도 가지 않고 음악도 듣지 않았습니 다. 이것을 옛날의 예에 맞추어 보면 어떠할지는 모르겠으나, 저의 마음에는 맞는 점이 있기 에, 감히 그대로 따를까 합니다."
29 다섯 현인은 魯나라 兩生, 齊나라 虞人, 魯나라 儒者, 塞上翁로서 덕행을 남겼으나 이름이 알려지지 않은 隱逸之士들이다.

에는 윤동규, 이병휴에게 각기 편지를 보내 공희로이발기발설公喜怒理發氣發說에 대한 토론을 벌였다. 이 주제는 성호의 제자들인 신후담과 윤동규, 이병휴 사이에 이미 진행되고 있었던 일대의 공안이었는데, 안정복은 이들보다 뒤늦게 참여한 것이다.

1767년 8월에 모친이 별세하였다. 고향에서 삼년상을 치루면서 안정복은 『열조통기列朝通紀』를 편찬하기 시작하였다. 고려 말까지를 다룬 『동사강목』을 이어서 조선 건국 초부터 영조 52년(1776년)까지를 연대순으로 기술한 편년체 저술로서 모두 25권의 방대한 분량이다.

1768년 5월에는 윤동규에게 편지를 보내 상례에 대한 의견을 보냈고, 11월에도 윤동규에게 『대학大學』 청송장聽訟章에 대한 의견을 보냈다. 12월에는 권철신에게 답서를 보냈는데, 학문관을 두고 권철신과의 이견 차이가 심각하게 보이는 글이다. 1769년에는 이기양李基讓과 답서를 통하여 『중용中庸』에 대하여 토론하였다.[30] 5월에는 이병휴의 청탁에 따라서 「성호예식서星湖禮式序」를 지었으며, 8월에도 이병휴의 편지에 답하여, 내외종 간에도 결혼하는 중국 혼례 풍습의 오류와 『가례』에 대한 의견을 적어 보냈다. 또한 윤동규에게 편지를 보내 『가례』가 주자의 만년 정론이 아니라고 주장하였다.

1770년 5월에는 이상정李象靖과 서신을 통하여 사단칠정설에 대한 토론을 주고받았다. 이상정은 당시 영남 퇴계학파를 이끌었던 큰 학자였다. 이후 이상정의 큰 제자들인 정종로鄭宗魯와 남한조南漢朝 같은 영남 선비들은 서울을 오갈 때마다 광주에 들러 안정복을 방문하였고, 편지를 통하여 경의經義와 예설禮說들을 질의하기도 하였다.[31] 윤5월에는 윤동규와 『가례』에 대해 재차 토론하면

---

30 李基讓은 안정복의 孫壻 李基誠의 兄이다. 선조 때의 명신 李德馨의 후손인 그는 정조 때에 李家煥과 함께 중용되었다. 안정복의 사위 권일신과 함께 천주교 신자가 되면서 안정복과 절교하였다. 그런데 아직 천주학의 문제가 노정이 되기 전인 이때에도 학문적 시각이 안정복과 크게 달랐던 것을 『중용』을 논한 이 글에서 확인할 수 있다.

31 정종로와 남한조는 모두 상주 출신 선비들이다. 『순암집』 권8에는 안정복이 그들에게 보낸

서 이 책이 주자의 만년 정론이 아니라고 주장하였다. 8월에는 권철신과 공희
로이발기발설公喜怒理發氣發設에 대하여 토론하였다.

1771년 3월에는 윤동규에게 답서를 보내 주자의 『주역본의周易本義』에 대한
의문과 『고려사』에 실린 묘제廟制와 『강목』에 대하여 변석하였다. 1772년 1월
에도 권철신에게 답서를 보냈는데, 『서경』의 홍범구주洪範九疇에 대한 학설이
보인다. 1763년에서 1772년 사이의 주요 저작과 학문 관련 행적을 정리하면
다음과 같다.

> 1763년(52세) 12월, 성호선생의 부음을 받고 심상복을 입다. 「함장록函丈
>   錄」을 찬하다.
> 1765년 4월, 「무명오현찬無名五賢贊」을 짓다.
> 1766년 봄여름 사이에 「도정절찬陶靖節贊」을 짓다.
>   6월, 「육잠六箴」을 짓다.
>   10월, 권철신에게 답서를 보내 왕양명王陽明의 심학心學을 비판하
>   다.
> 1767년 1월, 윤동규, 이병휴에게 각기 편지를 보내 사칠설에 대하여 토
>   론하다
>   이 해에 『열조통기列朝通紀』를 편찬하기 시작하다.
> 1768년 5월, 윤동규와 상례에 대하여 토론하다.
>   11월, 윤동규와 『대학』청송장聽訟章에 대하여 논하다.
> 1769년, 이기양의 편지에 답하여 『중용』에 대하여 토론하다.
>   5월, 이병휴의 요청을 따라 「성호예식서星湖禮式序」를 짓다.
>   8월, 이병휴의 편지에 답하여, 중국 혼례 풍습의 오류를 논하다.
>   윤동규에게 편지를 보내 『가례』가 주자의 만년 정론이 아

「答南宗伯書」와 「與鄭都事士仰書」가 있는데, 종백은 남한조, 사앙은 정종로의 字이다. 정
종로는 인조대의 儒賢 鄭經世의 종손이다.

니라고 주장하다.

1770년 5월, 이상정과 서신을 통하여 사칠설에 대한 토론을 하다.

윤5월, 윤동규와 『가례』에 대해 논하다.

8월에는 권철신과는 사칠설을 토론하다.

1771년 3월, 윤동규와 『주역본의周易本義』, 『고려사』, 『강목』 의문처에 대하여 변석하다.

1772년 1월, 권철신에게 보낸 답서에서 홍범구주를 논하다.

이상을 보면 『열조통기』의 편찬을 시작한 것 이외에, 윤동규, 이병휴, 이상정, 권철신과의 편지를 통한 토론이 끊임없이 이어졌는데, 경전과 성리설 관련 주제가 특별히 많은 것이 주목된다.

5. 익위사 벼슬, 그리고 목천 현감

1) 동궁과의 만남

『순암집』에서 눈에 띄는 글의 하나는 임진년(1772년, 61세)과 갑오년(1774년, 63세)에 쓴 두 편의 「계방일기桂坊日記」이다. 계방은 세자익위사世子翊衛司의 별칭인데, 익위, 익찬, 위수 등 그 관청의 관원을 지칭하는 용어로도 쓴다. 안정복은 1772년인 영조 48년 5월에 익찬이 되었다. 부친이 별세하면서 고향으로 돌아간 뒤 17년 만의 일이다.[32]

---

32 이익의 별세 2년 뒤인 1765년 7월, 濟用監 主簿에 제수되었으나 병을 이유로 부임하지 않았고, 그 다음 달인 8월, 義禁府 都事를 받았으나 부임하지 않았다. 심상복을 입고 있던 중인데다가, 이 해 여름에 왼쪽 팔뚝에 침을 맞느라 風이 들어 증세가 아주 심하였다. 종기를 쨴 뒤 아들 安景曾이 고름을 입으로 빨아내었고, 10월이 되어서야 비로소 차도가 있었다고 한

이 벼슬을 받은 그는 바로 서연書筵에 참여하였다. 동궁을 보위하는 관청은 시강원侍講院과 익위사翊衛司가 있다. 예조 예하의 동반직인 시강원은 서연의 강의를 담당하고, 익위사는 동궁을 시위하는 병조 관할의 서반직이다. 익찬은 익위사의 정6품 관직이다. 따라서 익찬 안정복은 실상 동궁의 서연 거동에 배행만 할 뿐, 강의를 담당하는 위치는 아니었다. 그런데 처음 서연에 배행하였던 5월 임신일, -그날의 교재는 『심경』이다. -시강원 빈객으로서 강의에 참예한 채제공蔡濟恭이, "계방이 박학하고 문견이 많으니 고문에 대비할 만합니다."라고 진언하자, 동궁이 안정복에게 글 뜻을 아뢰라고 명하였다. 그리하여 『심경』의 해당 진도인 '자절사子絶四'와 '시물四勿'의 의미를 강의한 뒤에, 동궁의 질의에 적극적으로 답변하였다. 이후 여덟 차례의 서연에 배행할 때마다 강의에 참여하였다.[33] 두 번째 강의가 있던 6월 을축일에는 강의를 파한 뒤에 동궁이 안정복에게 "옥당玉堂과 강원講院의 서적을 가져다 보아도 좋다."고 하였는데, 매우 이례적인 일이었다고 전한다. 또 기사일의 서연을 파한 뒤에는, 동궁이 안정복의 선대세계에 대하여 물은 일도 있었다. 그러나 그 해 7월, 병을 이유로 사직하고 집으로 돌아왔다.

그 다음 해인 1773년 12월에 익위사 위수가 되어[34] 1774년 정월, 서울에 올라갔다. 이후 4월까지 네 차례 서연에 참여하였고, 동궁과 『성학집요聖學輯要』를 강론하였다.[35] 첫 번째 서연이 있던 날 임신일의 강의를 마친 뒤에 동궁과 다음의 대화가 있었다.

　　임신일에 서연에 참가하다. … 동궁이 묻기를, "연전에는 어찌해서 그리

다.
33 『순암집』 권16 「壬辰桂坊日記」에 강의 내용이 있다.
34 이 해(1773년) 8월에 윤동규의 부음을 받고 제문을 지어 조문하였다. 뒷날 그의 일생을 담은 행장을 지었다.
35 이때의 강의 내용은 『순암집』 권16 「甲午桂坊日記」에 들어 있다.

급하게 돌아갔는가?"라고 하자, 선생이 대답하기를, "신에게 이상한 병이 있어서 벼슬에 종사할 수가 없다는 것은 이미 잘 알고 계신 바입니다. 그 때 더위를 견디지 못하여 병을 핑계로 사직하고 돌아갔었는데, 헤어진 데 대한 서운한 마음을 스스로 억제할 수가 없었습니다. 그런데 뜻밖에 이번에 또다시 제수하는 명이 내려졌는데, 병세가 여전하여서 실로 나와서 숙배하기가 어려웠습니다. 그러나 저하의 학문이 날로 진보한다는 말을 듣고는 사모하는 마음을 가눌 길 없어서 다시 한 번 맑고 훤한 모습을 우러러 뵙고자 하여 병을 무릅쓰고 올라온 것입니다. 그러나 실로 오랫동안 머물러 있으면서 벼슬에 종사할 수는 없습니다." 하니, 동궁이 이르기를, "지금 날씨가 차츰 따뜻해지고 있어서 지난번의 무덥던 때와는 다르니, 자주 입번入番하는 것이 좋겠다." 하면서, 매우 따뜻하게 위로하였다.

이즈음에 시강원 설서인 이상준李商駿에게 보낸 편지에 재차 출사한 안정복의 심회를 적은 것이 있다.[36]

계방의 자리에 다시 나아간 것은 참으로 저하를 그리는 마음이 간절하였기 때문입니다. 저하의 학문이 일취월장한다기에 맑으신 그 모습을 우러러 뵙고, 하찮은 정성이나마 다하려고 하여, 병든 몸을 이끌고 외람되이 나갔던 것입니다. 그런데 뜻밖에 늙고 병들고 어눌하여서 보통 사람보다 못한데도 여러 차례 칭찬하시니, 실상 시골구석의 소신으로서는 감당할 수 있는 바가 아니었습니다.

안정복은 드물게 학구적인 동궁에 대한 기대가 있었기에 건강치 않은 몸을 이끌고 익위사 벼슬을 받고 나갔던 것인데 동궁도 그러한 안정복을 기억하고

---

36 『순암집』 권9, 「答李說書仲明商駿書」甲午, 1

반겼다. 뒤에 집으로 돌아온 안정복은 이상준에게 재차 편지를 보내 제왕의 학문으로 세자를 성취시킬 방도를 적어 보내기도 하였다.[37]

세 번째 강의가 있었던 4월 을해일에는 강의를 마친 뒤에 동궁이 "『동사강목』을 볼 수 있겠는가?"라고 묻자, 아직 초고이므로 볼 것이 못 된다고 아뢰었다. 이날은 『성학집요』의 '수렴기신장收斂其身章'을 강하면서,

> 오만傲은 큰 흉덕凶德입니다. 그 때문에 네 가지 가운데 맨 먼저 언급한 것입니다. 진나라 이후로 임금은 날로 높아지고 신하는 날로 낮아진 탓에 상하 간의 길이 막혀 버렸습니다. 이에 임금으로 있는 자가 매번 스스로 성인인 체하는 병통을 가지게 되었으니, 이것은 모두가 오만한 데에서 나온 흉덕입니다.

라고 하자, 동궁이 자세를 바로잡으면서 그의 설명을 수긍하는 뜻을 보였다고 「갑오계방일기」는 전한다. 동궁이 강의를 통한 안정복의 진언을 의미 있게 받아들인 것이다.

4월 갑신일에는 같은 책의 '이기장理氣章'을 강의하였다. 동궁이, "퇴계와 율곡의 이기설이 각자 다른데, 그대는 누구의 설을 따르는가?" 라고 묻자, 그는

> 신은 늙고 어리석어서 성리의 근원을 감히 논하지 못하겠습니다만, 스스로 터득한 율곡의 견해가 좋기는 하지만, 퇴계의 설은 주자어류에서 보광輔廣이 기록한 '사단은 리가 발한 것이고, 칠정은 기가 발한 것이다.'라고 한 것에 근거를 두었습니다. 보광은 주자 문하의 큰 제자이니, 잘못 기록하지는 않았을 것입니다. 퇴계의 설은 그 내력과 연원이 있으므로 신은 일찍부터 퇴계의 설을 따랐습니다.

---

37 『순암집』 권9, 「答李설書仲明商駿書」 甲午, 2

라고 답변하였다. 앞서 스승 이익의 위촉을 받고 『이자수어』를 완성하였던 안정복이었으니, 그의 학문적 지향은 퇴계에게 있었던 것이다. 그 여름이 지난 7월에 벼슬을 그만 두고 집으로 돌아왔다.

1775년 가을에는 『주자어류절요朱子語類節要』 8권을 완성하였다.[38] 10월에 회인현감을 받았다가 바로 익찬에 제수되었으나 부임하지 않았다. 11월에 안정복을 계방에 오래 두라는 영조임금비망기備忘記가 있었다.[39] 12월에 동궁이 대리청정을 시작하면서 백관의 조참朝參을 받을 때 시위에 참여한 뒤에 병을 이유로 시골로 돌아왔다. 이 해에 「반계유선생연보磻溪柳先生年譜」를 지었다.

1776(영조 52년, 65세) 3월에 영조가 승하하고 정조가 즉위하였다. 안정복은 마을에 곡위를 설치하고 종족과 촌민들과 함께 곡하였다. 날마다 아침에 모여 망곡하였고, 인산 때에는 족인의 외사로 나가 며칠 동안 거처하였다. 이 해 8월에는 이병휴의 부음을 받고 애도하였다. 권철신이 초록한 이병휴의 문집 뒤에 「제정산고題貞山藁後」를 지어 붙여 절친한 벗을 잃은 아픔을 담았다.

2) 목천에서의 치적

정조의 즉위년(1776) 9월, 목천 현감木川縣監을 제수 받고 10월에 부임하였다. 많지 않은 관직 생활 중에서도 처음으로 받은 외직이었다. 일찍이 『치현보治縣譜』 즉 『임관정요臨官政要』를 지어 목민관의 직무와 도리를 천명하였던 바 있었

---

38 연보에 의하면, 그는 『주자어류』가 긴요한 책임에도 내용이 중첩되고 권질이 많아서 考閱하는 데 어려운 점이 있다고 여겨, 번잡한 것을 잘라내고 요점만을 추렸는데 책은 총 8권이며, 이름을 『朱子語類節要』라고 하였다.

39 11월 13일의 영조임금은 비망기에서 "桂坊의 座目을 가져다 보니,~安鼎福, 李謙鎭에 대해서는 영상이 칭찬하였다.~이번 계방은 이조에서 매우 잘 뽑았다." 하였다. 14일, 임금이 "계방은 어떤 사람인가?" 하자, 대답하기를, "익찬 안정복인데 경학에 뛰어나고, 또 듣건대 그의 사람됨이 아주 단정하다고 합니다."라고 하였다.

다. 이후 현감으로서 그의 행정조치를 요약하면 아래와 같다.

부임하자 바로 "孝順父母, 尊敬長上, 和睦隣里, 敎訓子孫, 各安生理, 無作非違" 6조를 반포하여, 고을 백성의 교화에 힘썼다. 12월, 민정을 고용하여 노임을 지불하고 벌빙작업을 하였다. 다음 해 정월, 방역소防役所를 설치하였다.[40] 소년 이인갑李仁甲의 효행을 감사에게 보고하였고, 관내를 두루 돌며 권농하였다.[41] 1778년 2월, 말미를 받아 집으로 돌아갔다가 7월에 귀임하였다.[42] 12월에 봉급을 줄여서 당해 연도의 결전結錢을 반으로 감하였다. 1779년 2월부터 4월까지 고을의 굶주린 자 2천여 명을 구휼하였다. 봄에 목천의 읍지인『대록지大麓志』를 편찬하였다. 민간에 향약의 시행을 권장하였고, 고을 선비들의 집합처인 사마소司馬所를 복설하였다.

그 해 4월, 관직에서 물러나 고향으로 돌아갔으므로 목천 현감 재직기간은 모두 2년 8개월이었다. 그가 고향으로 돌아간 뒤에 목천 백성들은 그의 치적을 기리는 공덕비를 세웠다.[43] 이상에서 살핀 바, 익위사 익찬과 목천 현감으로 재임 중이던 시기(1772년~1779년)의 학구적인 활동과 저작을 정리하면 아래와 같다.

---

40 『순암집』 연보 正宗大王 元年 丁酉 先生 六十六歲 ○ 正月 設防役之所 아래 기사 : "신임 수령과 전임 수령이 교대할 즈음에 매번 民結에서 收納하는 탓에 백성들의 고질적인 폐단이 되었으므로, 선생이 그 폐단을 바로잡고자 하였다. 마침 戸籍 정리하는 式年이었으므로, 아전의 무리들로 하여금 호적을 나누어서 베끼게 하여 書寫租 1백여 석을 얻고, 별도로 쌀 3백여 말斗을 얻어서, 이를 돈으로 바꾸어 수백 금을 마련하였다. 그런 다음 이를 각 洞에 나누어 주어 해마다 이자를 받아들여 불리게 하였다. 관가에서는 그 돈의 용처에 대해서 관여하지 않으면서, 관원이 교체할 때의 刷馬價와 각종 進上에 따른 백성들의 부담금 등 일체의 부역을 이것으로 辦出하게 하였는데, 節目을 상세히 정하여 백성들로 하여금 폐기하지 말고 영구히 준행하게 하였다. 또 洞會儀를 만들어서 백성들로 하여금 봄가을로 서로 모여 約條를 읽으면서 이를 준행하게 하였다." 그 뒤에 백성이 感頌의 뜻을 담은 木碑를 세우려 하였으나, 금지하였다.

41 이 해 3월, 아들 安景曾이 세상을 떠났다.

42 벼슬을 그만두려고 일곱 차례나 감사에게 辭狀을 올렸으나, 감사가 끝내 체직을 허락하지 않았으므로 다시 歸任한 것이라고 한다.

43 이 비석은 현재 독립기념관 경내로 옮겨져 있다.

1772년(61세) 5월, 익위사 익찬으로 서연에 참여, 이후 8차에 걸쳐 『심
　　　경』을 강의하다.
1774년 정월 이후 4월까지, 네 차례 서연에 참여하여, 『성학집요』를 강
　　　론하다.
1775년 가을, 『주자어류절요朱子語類節要』 8권을 완성하다.
　　　이 해에 「반계유선생연보磻溪柳先生年譜」를 편찬하다.
1778년, 『대록지大鹿志』를 편찬하다.[44]

　이 기간은 두 차례의 익위사 관원, 한 차례의 고을 수령으로 관직에 재임하
던 때였다. 공직자로서 공무 수행에 열중하였으므로 다른 시기에 비하여 저작
이 적었던 것을 이상의 기록에서 볼 수 있다.

6. 만년의 삶과 저술

　목천 현감을 그만두고 고향으로 돌아온 1778년 4월의 안정복은 68세의 노인
이 되어 있었다. 다음해인 1780년 4월, 안정복은 「향사홀기鄕射笏記」를 짓고 마
을의 후진들과 향사례鄕射禮를 거행하였다. 70세인 1781년에는 『가례집해家禮集
解』를 완성하였다.[45]

---

44 1776년 10월에서 1779년 4월까지, 목천에서 조치한 문서들은 모두 『순암집』 권16 「木州政事」
　에 수록되어 있다. 제목만을 소개하면 아래와 같다. 鄕廳下帖 到任招諭各面文 諭作廳文 諭
　各面結洞文 傳令邑內風約諸里任 創設防役所傳令 論報童蒙李仁甲孝行狀 各面都允禮吏告
　目 防役所節目 洞會儀 勸行鄕約八面下帖 勸農文
45 연보에 따르면, 학자들이 家禮에 대해서 뜻을 杜撰하여 오류가 많은 것을 걱정스럽게 여겼
　다. 이에 註釋을 달고 先儒의 학설을 덧붙여 『가례집해』라고 하였다. 1755(영조 31)부터 草
　稿를 작성하기 시작하여 미처 수정하지 못하고 있다가 이때에야 黃德壹과 함께 교정한 다
　음 정서한 것이다.

그 해 6월에는 임금으로부터 『동사강목』을 납입하라는 교지가 내려 왔으므로, 한 질을 정서하여 승지 정지검鄭志儉을 통하여 바쳤다. 이 책에 대한 정조의 관심은 이미 동궁시절부터 갖고 있었다. 12월, 돈녕부 주부에 제수되었으나 부임하지 않았다. 연보에 의하면 "돈령의 대가 다하였다는 이유로 정장하여 체차된 것이다."라고 한다.[46] 1783년 7월 재차 돈녕부 주부를 받았다가, 8월에 임금의 특지에 따라서 장릉령으로 바뀌었고, 곧바로 헌릉령으로 바뀌었다.[47] 헌릉은 그의 마을인 텃골과 가까운 광주 대왕면(현 서울 서초구 내곡동)에 있으므로 안정복이 오가기가 편리하였다. 이즈음 안정복이 힘을 기울인 것은 『동사강목』의 교정이었다. 앞서 왕명으로 전주 감영에서 펴낸 이 책에 오자가 많아 명을 받아 그가 직접 교정해 들인 것이다. 이 책의 교정을 마치자, 그 해 11월 벼슬을 사퇴하였다.

1784년 2월, 또 계방의 추천에 들었으나 5월에 거듭 사퇴하였으나, 임금의 특지에 따라서 의빈부 도사가 되었다가, 7월에 다시 익위사 익찬을 받았다. 이 역시 여러 차례 사퇴하였으나 허가 받지 못하였고, 8월에 세자의 책례습의冊禮習儀에 참여하고, 9월이 되자 병 때문에 집으로 돌아왔다.

이 때 73세의 안정복을 10년 만에 접견한 정조임금이 "그대는 노쇠하지 않았구나.[君不衰矣]"라 하자, 이에 감격하여 '불쇠不衰' 두 글자를 편액으로 써서 집

---

46 돈녕부는 왕실과 혼인이 있는 가문 출신 관원이 맡는 관직인데, 안정복에게 이 벼슬을 준 것은 그의 조상 안황이 선조의 생부 덕흥대원군의 사위로서 돈녕부 도정을 지낸 일이 있었기 때문이다. 그러나 안정복은, 안황이 그의 6대조로서 이미 여러 대가 지났으니 자신은 왕가의 지친일 수 없다는 이유로 벼슬을 사양하였던 것이다.

47 8월에 임금이 特旨를 내렸다. "지난번에 이 자리에 낙점하였을 때 곧바로 呈狀하여 체차되었던 것은 신병이 있어서 그러하였던 것으로 생각하였다. 그런데 어제 승지의 말을 들으니, 敦寧의 자격이 없어서였다고 하는바, 지금 다시 그 자리에 제수하더라도 역시 응당 체차되어야할 것이다. 이 사람[안정복]에 대해서는 이미 桂坊에 있을 적부터 잘 알고 있으며, 또 서책을 편찬한 것도 있으니, 한 번 불러 보고 싶다. 돈녕부 주부 안정복을 다른 관사의 한가한 자리와 서로 바꾸라."하였다. 그 결과 장릉령이 된 것인데, 곧바로 헌릉령으로 바꾸었다. 파주에 있는 장릉은 거리가 멀어 다니기에 불편한 점을 고려한 것이다.

에 걸었다. 그러나 실상 당시의 안정복은 건강이 좋지 않았다. 고향에 돌아온 안정복은 맏손자 철중喆重에게 명하여 유계遺戒와 송종록送終錄을 쓰게 하였다.[48] 이보다 훨씬 앞선 1754년에 부친상을 당한 이후로 자주 피를 토하는 증세가 있어서 여러 차례 위독하였던 것이다. 1759년에 아들 안경중에게 유계를 쓰게 하였으며, 1766년에 심하게 종기를 앓을 때에도 유계를 썼었다. 이때에 나이가 칠순이 넘었고, 건강도 나빴으므로 기묘년과 병술년의 유계를 수정하게 한 것이다.[49]

1785년 2월, 앞서 세상을 떠난 윤동규의 행장을 지었다. 3월에는 「천학고天學考」와 「천학문답天學問答」을 지었다. 그 즈음 민간은 물론 재야의 선비들 사이에 널리 천주교가 퍼져 이에 대한 시비가 끊이지 않았다. 안정복의 사위 권일신을 포함하여, 가까운 후진들 중에 천주교 신자가 많았다. 그들은 천주학을 비판하는 안정복에게 출입을 끊기까지 하였다. 사위 권일신과도 이즈음에 절연하였다. 안정복은 천주학이 특히 남인들에게 큰 재앙이 될 것이라고 전망하였다. 이에 천주학이 정학正學이 아님을 논증하기 위하여 이 글을 지은 것이다.

안정복은 타고난 유학자였다. 「천학고」 등을 지은 직후인 그 해 6월, 「위학잠爲學箴」 2수를 지어 벽에 붙여 두고 성찰의 자료로 삼았다. 그 일부를 소개하면 아래와 같다.

배움을 위한 공부는	爲學之工
오직 집중과 근면이니.	惟敬惟勤
게으름과 나태함 이기고 깨쳐서	勝怠警惰
아침저녁으로 가다듬으리.	惕厲朝曛

---

48 『순암집』 권14에 수록된 「示弟鼎祿子景曾遺書」와 「送終錄」, 「追錄」이다.
49 이즈음에 전라도 나주의 眉泉書院 유생들로부터 요청을 받고 부원장을 맡았다. 미수 허목을 모신 서원이다.

한 번이라도 살피지 못하면	一或不省
성인과 광인이 여기에서 나뉘나니.	聖狂斯分
늙어서는 더욱더 돈독히 믿어	老更篤信
나의 천군 섬기리.	事我天君

말구에 말한 천군天君은 자신을 주재하는 마음心의 별칭이다. 경敬과 근勤으로써 이 마음을 섬기는 것이 진정한 학문이라는 뜻을 담은 잠언인 것이다. 12월에는 「좌우명座右銘」을 지었다. 아침, 낮, 저녁, 밤 네 부분으로 구성된 이 글은 이른 아침부터 늦은 밤까지 마음 속 주체를 부단히 지켜 잠시도 거짓 없는 충실한 삶을 이루고자 하는 굳은 각오가 담긴 글이다. 이 중 야명夜銘을 옮긴다.

날이 어두워지는데	日將昏矣
네 마음 점점 게을러지리.	爾心漸怠
어두운 방에서도 속이지 않음을	不欺暗室
옛 사람이 귀하게 여겼나니.	古人所貴
경은 동정을 관통하는 것이라	敬貫動靜
성실하면 전일하게 되니.	誠則能一
곧으면 본원을 회복하여	貞則復元
다시 밝은 해가 뜨는 법이네.	又有明日

같은 해의 저작으로는 『시경명물고詩經名物考』가 있다. 이것은 『시경』의 조수鳥獸, 초목草木, 물명物品의 이름 중 착오가 난 것을 바로잡고 의심스러운 부분을 변석한 저작이다. 1786년 5월에 텃골에 재사를 세우고[50] 「덕사학약德社學約」을

---

50 연보에 의하면, "이 때 祭田을 마련하고 祭式을 정하였는데, 祧位는 10월 초하룻날 아침에,

지었다. 이 달에 왕세자가 세상을 떠나자, 동리에서 예를 행하였으며, 「세자복
사의世子服私議」를 지었다.

이 달에는 또 채제공에게 편지를 보내어 천주교를 논박하였다.[51] 채제공은
당시 남인의 영수로서 후진들을 영도하고 있었다. 그는 실상 천주학에 대하여
크게 비판적이지는 않았으나, 남인의 원로로서 그 역시 후진들이 천주교에 경
도되는 것에 대한 우려가 없지 않았다. 그러므로 안정복이 높은 나이에도 불구
하고 후진들의 비방을 무릅쓰고 천주학을 적극 비판하는 것에 대하여 호의적
인 발언을 자주하였다.[52] 아래 각주의 아래 부분에 인용한 것처럼 그와 절교하
는 이가 있을 정도로 천주학에 대한 남인 출신 젊은 후진들의 경도는 심각하였
다.

이 해 7월에는 「동명도東銘圖」를 지었다.[53] 1788년 6월에는 황덕일黃德壹에게

奉祀位는 寒食과 秋夕에 제사를 지내되, 墓域을 청소한 뒤 神位를 설치하고 재실 안에서
제사 지냈으며, 後嗣가 없는 신위까지도 모두 祝文이 있다. 평상시에는 이곳을 講學하는 장
소로 사용하였으므로 이름을 麗澤齋라고 하였으며, 이를 인해서 月講에 대한 규정을 정하였
다."고 한다. 즉 그의 서재 이택재를 재실로 겸용한 것이다.

51 『순암집』 권5, 「與樊巖蔡伯規 丙午」
52 『순암집』 연보에는 다음 기록이 있다. : 채번암은 선생(안정복)이 천주학을 배척하는 것이
늙을수록 더욱 장하다고 자주 칭찬하며 친구들에게 말하기를, "내가 찬한 不衰軒記에서 吾
道가 쇠해지지 않았다는 뜻을 밝혔는데, 연소배들의 지목을 받을까 염려스럽다."고 하였는
데, 선생이 그에게 보낸 편지는 다음과 같다. "근래에 와서 평소에 才氣를 자부하는 우리 당
젊은이들이 새로운 학문으로 쏠려 너도나도 휩쓸리고 있으니, 어찌 한심한 일이 아니겠습니
까. 그들이 빠져드는 꼴을 차마 눈 뜨고는 보지 못하겠기에 대충 경계를 하였습니다. 이것
은 저의 진심에서 나온 말이었는데도 도리어 화를 일으키려는 마음에서 그랬다고들 하면서,
심지어는 저와는 절교하지 못할 사이인데도 절교하는 자까지 있습니다.~지금처럼 黨議가
횡행하는 때에 곁에서 엿보고 있다가 돌을 던지는 자가 없을 줄 어찌 알겠습니까. 그 형
세가 반드시 망한 뒤에야 그칠 것입니다.~대감이 지은 불쇠헌기 가운데 천주학을 배척한 말
이 있어서 연소배들의 지목을 받을까 염려된다고 하는데, 그것이 사실입니까? 우리 두 사람
이 천주학을 배척하지 않으면 그 누가 배척하겠습니까. 풍상을 모질게 겪은 나머지 또 하나
의 적이 생길까 염려해서 그런 것입니까? 절대 그럴 리는 없을 것입니다."
53 제자 丁志永과 『심경』을 읽던 중 東銘에 대한 토론을 하고 지은 것이다. 정지영은 丁若鏞

답서를 보내 『성호사설』에 대한 세간의 비방에 대하여 문제 삼지 말라고 일렀다. 천주학에 대한 반대당의 비판이 성호의 학문에 대한 트집으로 확장될 우려가 있었기 때문이다.[54]

1789년(정조 13, 78세) 1월, 통정대부에 올랐다. 벼슬살이한 지 40년이 되었다는 이유로 가자된 것이다. 9월에는 정뇌경鄭雷卿의 행장을 지었다. 인조 때에 청에 끌려가 심양에서 순절한 충신이다. 1790년에 가선대부에 오르고, 7월에 동지중추부사에 제수되고 광성군廣成君에 습봉되었다. 그의 6대조 안황이 광양군廣陽君이었으므로, 2품직에 오르자 습봉한 것이다.

같은 시기에 이룬 그의 저작은 아래와 같다.

1780년 4월, 「향사홀기鄕射笏記」를 짓고 향사례를 시행하다.
1781년, 『가례집해家禮集解』를 완성하다.
    6월, 『동사강목』을 납입하라는 교지를 받았다.

의 부친, 丁載遠의 당숙으로서, 당숙질이 함께 안정복의 문하에 출입하였다.

54 『순암집』 권8, 「答黃莘叟 戊申」: 이 때 徐祖修가 「反僬說」을 지어 성호선생을 헐뜯자, 황덕일이 이 사실을 고하였다. 안정복이 답한 편지를 요약하면 다음과 같다. "보내 준 편지에서 말한 것은 스승을 높이고 우리 도를 지키려는 성대한 뜻에서 나온 것이기에 몹시 반갑게 읽었네. 그러나 해를 가리는 무지개나 하늘을 가리는 안개가 있다한들 해의 밝음과 하늘의 큼에 무슨 손상이 있겠는가. 孔北海가 말하기를, '지금의 나이 어린 자들은 선배들을 비방하기를 좋아한다.'고 하였으니, 이러한 나쁜 습관은 예전에도 그러하였네. 論語와 雜記에 보이는 성인의 언행은 지극히 정밀하고도 간략한데, 말 잘하는 자로 하여금 말하게 하면 반드시 함부로 뜯어고치는 곳이 없지 않을 것이네. 아무개가 헐뜯는 것이 오로지 僬說에 있다고 하는데, 이 설 하나를 가지고 다른 사람의 평생을 단정하면서 함부로 욕하고 헐뜯는다면, 이는 잘못이네. 선생님께서는 밝고 뛰어난 자품을 타고 나신데다 부지런하고 독실한 공부를 더하셨으며, 높인 바는 공자, 맹자, 정자, 주자이고 배척한 것은 異端과 雜學이었네. 그리하여 經典의 뜻에 있어서는 미처 발현하지 못하였던 뜻을 많이 발현하였으며, 이단의 학문에 대해서는 반드시 그들의 속셈을 지적하여 드러내 도망칠 수 없게 하였네. 그런데 아무개가 이를 西學이라고 배척하였다 하니, 나도 모르는 사이에 웃음이 나네. 이에 대해서는 내가 天學考에서 이미 변석하였으므로 다시 말하지 않겠네."

1785년 2월, 윤동규의 행장을 짓다.

　　3월, 「천학고天學考」 「천학문답天學問答」을 짓다.

　　6월, 「위학잠爲學箴」 2수를 짓다.

　　12월, 「좌우명座右銘」을 짓다.

　　이 해에 『시경명물고詩經名物考』를 완성하다.

1786년 5월, 재사를 세우고, 「덕사학약德社學約」을 짓다.

　　같은 달 채제공에게 편지를 보내어 천주교를 논박하다.

　　7월, 「동명도東銘圖」를 짓다.

1788년 6월, 『성호사설』에 대한 반대당인들의 비판에 대하여 황덕일에
　　　　게 대응하지 말라고 답변하다.

1789년 9월, 정뇌경의 행장을 짓다.

1791년 최흥원崔興遠의 묘지명과 아들 경증景曾의 묘지명墓誌銘, 단종 충
　　　　신 권산해權山海의 「정충각기旌忠閣記」를 짓다.

이 중에는 뒷날 우리나라 천주교 유입 초기에 그에 대한 비판서로 주목받고
있는 「천학고」, 「천학문답」이 가장 유명하다. 이밖에 『가례집해』의 저술을 주
목하고자 한다. 이것은 그가 늘 후진들에게 강학하였던 『주자가례』에 대하여
탐구한 성과이고, 『시경명물고』와 「향사홀기」, 「위학잠」, 「좌우명」, 「덕사학약」,
「동명도」 등의 글 또한 그의 유학적 정신세계가 담긴 글이다.

1791년 6월부터 신병身病이 있었다. 세상을 떠나기 이틀 전에 경의패敬義牌를
가져 오라고 하여 벽에 걸도록 명하고 오랫동안 쳐다보았다.[55] 7월 계사일, 침
실에서 일생을 마쳤다. 향년은 80세이다.

---

55 그 몇 해 전부터 목패에 敬義直方 네 글자를 새겨 자리의 오른쪽에 걸어 두었는데, 그 즈음
에는 바깥채 대청 벽에 걸어 두었으므로 가지고 오라고 한 것이다. 네 글자는 『주역』의 敬
以直內, 義以方外를 축약한 경구로서, '경으로써 마음을 곧게 하고, 의로써 몸가짐을 반듯하
게 한다.'는 뜻이다.

병신일에 부음을 정조임금께 아뢰자, 해당 고을에 명하여 별치부別致賻를 내리게 하였다. 임금의 전교는 다음과 같다.

옛날에 서연에 있을 적에 그 사람에 대해 잘 알았다. 옛 사실을 상고하는 데 많은 힘을 입었기에 근래에는 매번 불러들여 만나 보려 하였으나 그의 병이 날로 심해진다는 말을 듣고 그렇게 하지 못하였다. 지금 그가 졸서하였다는 소식을 들으니 몹시 애석하다. 해당 고을로 하여금 전례대로 별치부別致賻를 내리는 이외에, 각별히 물품을 지급하도록 묘당廟堂에서 공문을 보내 알리라.

7. 저술로 본 안정복의 학문

이상 『순암집』을 중심으로 하여 안정복의 생애의 중요 행적과 학문적 업적을 확인하였다. 현금의 학계에 잘 알려진 것처럼 안정복의 대표 저작은 『임관정요』와 함께 『동사강목』과 『열조통기』가 있고, 스승 이익의 위촉을 받아 편찬한 『성호사설유편』이 있으며, 『광주지』와 『대록지』와 「경안이리동약」이 있다. 그리고 천주교에 대한 비판서인 「천학고」와 「천학문답」이 학계의 주목을 받아왔다. 이러한 저작이 있으므로 안정복은 우리 역사 연구에 큰 업적을 남긴 실학자로 알려진 것이다.

그런데 위에 살핀 바와 같이 그의 탐구는 우리 역사에 그치지 않았다. 26세에 성리서를 탐구한 이래로 유학 관련 저작을 재정리하면 다음과 같다.

26세, 「치통도」, 「도통도」
29세, 『하학지남』
30세, 『내범』
37세, 『홍범연의』

39세, 「잡괘설」, 「잡괘후설」

43세, 『이자수어』

46세, 「희현록」

52세, 『백선시』

54세, 「무명오현전」

55세, 「도정절찬」, 「육잠」

64세, 『주자어류절요』

69세, 「향사홀기」

70세, 『가례집해』

74세, 「위학잠」, 『시경명물고』

75세, 「덕사학약」, 「세자복사의」, 「동명도」

청년기로부터 만년에 이르기까지 유학, 특히 성리학적 주제를 담은 저작을 끊임없이 진행한 것이다. 또한 35세에 스승 이익의 문하에 들어간 이후, 특히 스승이 별세한 뒤인 1765년 이후에는 권철신과 왕양명 심학, 그리고 홍범구주 설에 대하여, 윤동규, 이병휴, 권철신 등과는 공희로이발기발에 대하여 토론하 였으며, 또 별도로 윤동규와는 『대학』 청송장과 『가례』, 『주역본의』, 『자치통 감강목』을, 이기양과는 『중용』을 두고 토론하였다. 당대 영남의 큰 학자 이상 정과는 사단칠정설을 토론하였다. 이 모두 유학의 텍스트이거나 관련 주제들 이었던 것이다. 청년기 이후 만년에 이르기까지 그가 한결같이 탐구한 것은 유 학적 주제와 관련 텍스트였던 것이다.

안정복은 소년시절부터 박학으로 소문이 났으나 가난하였기 때문에 서책을 넉넉히 구입할 수 없었다. 이웃에 좋은 책이 있다는 소문만 들으면 반드시 빌 려다가 손으로 베끼고 입으로 외웠다. 그렇게 베낀 책을 모아 둔 바구니가 초 서농鈔書籠이다. 『순암집』 첫 권에 실린 그의 시 「초서롱 앞에 적다. 제초서농題 鈔書籠」의 일부를 소개한다.

몸에 고질병 있는데도,	沈疾已在躬
책이라면 그리 좋아.	嗜書猶不廢
귀한 서적 있다고만 들으면,	每聞有奇籍
어떻게든 꼭 구해야 하나.	多方必圖致
책 살 돈 없으니,	旣無買書錢
그 책 베낄 수 밖에.	乃有鈔書意
종일 머리 수그리고 앉아 쓰고,	垂首坐終日
등불 아래서도 계속이라네.	復以燈火繼

위 시를 이어서 「저서농 앞에 쓰다. 제저서농題著書籠」이라는 표제의 시가 있으므로 그 일부를 소개한다.

책읽기 여러 해,	讀之積年歲,
백 권 천 권도 넘으니.	卷帙踰百千.
흉중에 있는 그 무엇이,	胸中如有物,
구불구불 저절로 나오려 하데.	輪囷欲自宣.
글 한번 쓸 생각이 일어,	遂起著書意,
엮어 보자니 밤도 잊었네.	編輯夜忘眠

이처럼 평생을 베껴 쓰고 외운 글이 자산이 되어, 흉중에서 웅어리졌다가 저절로 나온 것을 글로 엮은 저작들이 저서농著書籠을 채웠다. 29세에 집필한 『하학지남』 이하 평생토록 이룬 수많은 저작들이 바로 그것이었다.

밤낮으로 독서하고 사색한 것이 꿈속에서 주자를 만나 운자를 내고 시를 짓기도 하였다. 문집 권1 앞부분에 실린 「꿈에 짓다. 몽작夢作」이다. 짧지 않은 서문이 있으므로 함께 옮긴다.

을묘년[56]에 병으로 사위집에 눌러 있으면서 주서절요朱書節要를 보고 있었다. 6월 29일 꿈에 주자를 뵙고 강목綱目의 의심처와 미상처를 논하다가, 주자께서 운자를 부르면서 시를 지으라고 하시기에, 즉석에서 시를 읊고 꿈을 깨니, 기이한 생각이 들었다. 평소에 너무도 그리워하고 사모했기에 그런 것이리라. 주례周禮에 이른바 상몽想夢이라는 것이 아니겠는가. 그 때 마침 윤창희尹昌喜 기보起甫와 함께 잤었는데, 내가 그 꿈 얘기를 하고 이어서 운자로 밭 전田자가 말이 안 되는 것 같다고 했더니, 기보가 말하기를, "한유韓愈의 시에도, '경전의 가르침이 바로 묵정밭 일구는 일이라.[經訓乃菑畬]' 했는데, 밭이나 밭 일구는 것[菑畬]이나 다를 게 무언가."라고 한다.

이단은 나의 길 아니고	異端非我道
경전의 교훈이 바로 나의 밭이라.	經訓卽余田
격물치지 공부가 이루어져야	格致工成後
비로소 성현을 말할 수 있으리.	方能語聖賢

위의 시를 기묘년(1759)의 것으로 본다면, 안정복이 왕성한 저작 활동을 하던 때에 지은 시이다. 그러나 그가 정말로 꿈속에서 주자를 만났고 주자가 낸 운자에 맞추어 위 시를 지는 꿈을 꾸었는지의 여부는 실상 그다지 중요하지 않다. 위의 시에서 주목할 것은 시어 중에 보이는 경훈經訓, 즉 경전의 교훈과 격치공格致工, 즉 격물치지 공부이다. 이 둘은 유학에서 말하는 성현의 세계를 탐구하고자 하는 안정복의 정신적 지향인 것이다. 이것이 그가 평생토록 지녔던 탐구정신의 바탕이 아닌가 한다.

『순암집』은 안정복의 다채로운 저작들을 후학과 후손들이 매우 세심하고 솜씨 있게 편집한 문헌이다. 그렇다고 하여 전혀 아쉬움이 없는 것은 아니다. 안

---

56 안정복 일생 중의 을묘년은 1735년(24세)이다. '사위 집'이라고 하였으니까. 1735년은 아니겠고, 그는 1758년에 권일신을 사위로 보았으니까, 아마도 乙卯은 己卯(1759년)의 오자로 짐작된다.

정복의 학문을 고찰한 선학들에 의하여 이미 보고된 것이지만, 그에게는 이밖에도 많은 저작이 있으나 산일된 것이 적지 않은데[57], 이는 선학의 연구에 소개되었으므로 그 목록을 일일이 적지 않는다.[58] 그런가 하면, 이 글의 첫머리에서 언급한 『잡동산이雜同散異』와 『만물유취萬物類聚』는 아마도 초서농에 쌓인 안정복의 지식 정보가 저서가 되는 과정의 것이 아닌가 싶은데, 현행 『순암집』에서는 그에 대한 기록을 찾을 길이 없다. 또한 문집에서 여러 차례 언급된 『가례집해』, 『홍범연의』, 『시경명물고』 등은 산일이 되어 그 실물을 찾을 길이 없는 것은 매우 큰 유감이 아닐 수 없다.

---

57 국립중앙도서관에는 안정복 가문이 근대에까지 보관하였던 장서가 다수 소장되어 있다. 그에 대한 연구는, 이 책에 실린 김현영의 「순암 이택재 장서의 형성과 산일」(2012)과 이혜은, 김효경의 「순암 안정복 장서의 수집과 그 특징」(2012)가 있고, 『선본해제14 - 순암 안정복』 (국립중앙도서관, 2012)이 참고된다.
58 이우성, 「순암전집 해제」 『순암연구총서 - 3』 120면에 재수록. (서울, 성균관대 출판부, 2012년)

일기를 통해서 본 조선후기 근기지식인 생활상

전경목

1. 서론

국립중앙도서관에는 순암 안정복安鼎福(1712~1791)과 관련된 자료들이 상당히 많이 소장되어 있다. 그 중에는 『안정복일기』라는 것이 있는데 그 중 일부는 책명과는 달리 그의 손자인 안철중安喆重(1755~1820)이나 안필중安弼重 또는 증손 자인 안효근安孝根(1802~1855)이 작성한 것이다. 안철중은 1755년(영조 31)에 태어 나 1801년(순조 1)에 47세의 나이로 생원시에 합격하였으며 그 이듬해에 의릉참 봉懿陵參奉에 제수되어 관직생활을 시작하였다. 안필중에 대해서는 알려진 것이 별로 없으며 안효근은 1802년(순조 2)에 태어나 1834년(순조 34)에 생원시에 합 격하였으며 1844년(철종 10)에 진안현감에 제수되어 관직생활을 시작한 인물이 다.

본고는 안철중 등이 작성한 일기의 내용을 분석하여 조선후기 근기近畿 지식 인들의 생활상을 규명할 목적으로 작성되었다. 다만 위 일기의 내용은 아직 완전히 정서 작업이 끝나지 않았으며 또 다음에 살펴보는 바와 같이 이 일기를 연구자료로서 활용하려면 정서 작업 후에 밝히거나 보완할 부분들이 많기 때문에 본 발표는 이러한 연구의 중간보고에 해당한다고 할 수 있다.

2. 자료소개

앞에서도 잠깐 언급한 바와 같이 『안정복일기』의 권57 이하부터는 책명과는 달리 안정복이 작성한 것이 아니라 안철중이나 안필중 또는 안효근이 작성한 것이다. 일기의 내용이나 그 필체를 자세히 비교 분석해야 일기 작성자를 규명할 수 있는데 현재까지의 조사 결과에 의하면 권58은 안필중이 권60은 안철중이 그리고 권62 이하는 안효근이 작성한 것으로 추정된다. 권에 따라 작성자가 다르기 때문에 정확한 작성자는 추후에 일기의 내용을 더욱 치밀하게 조사한 후 최종적으로 판단해야 할 것으로 생각된다.

『안정복일기』처럼 조선시대인들이 작성한 일기가 현재 상당히 전해지고 있다. 그런데 일기의 대부분은 이『안정복일기』처럼 저자가 매일 보거나 들었거나 느낀 것들을 책력에 간략하게 기록한 것들이다. 일기를 본격적으로 작성하기도 하였지만 대부분은 이와 같이 책력에 간단하게 잊을 것을 대비해서 일종의 비망록備忘錄 형식으로 기록했기 때문에 저자만이 알 수 있는 내용들이 많다. 따라서 저자와 그의 주변 인물이나 그 시대의 사건 등에 대해 많은 지식을 갖고 있지 않으면 일기에 기록된 내용을 이해하지 못하는 경우가 많다.

또 빨리 기록하려고 했기 때문에 지명이나 인명 등을 축약해서 기록하여 얼핏 보아서는 알 수 없는 경우도 적지 않았다. 설령 축약해서 기록하지 않았다고 하더라도 인명의 경우 자字나 호號 또는 택호宅號를 쓰는 경우가 많았고 지명의 경우 토속 지명을 사용하였기 때문에 지금으로서는 확인이 매우 어려운 경우도 상당히 있다.

(1813년 6월 20일) 文翼及諸少輩往華谷白日場而退定日子□還

(1813년 7월 18일) 孝人往眞海卽還

"문익文翼과 여러 나이 어린 사람들이 화곡華谷의 백일장에 갔다가 날짜를 뒤로 물렀다고 해서 (그냥) 돌아왔다."는 1813년 6월 20일의 일기에서 우리는 '문익'이 누구인지 그리고 '화곡'이 어디인지 알 수 없다. 따라서 문익을 비롯한 나이 어린 사람들이 안철중과는 어떠한 관계인지 그리고 화곡이 얼마나 멀거나 가까운 곳인지 알 수 없기 때문에 이 기록의 의미를 제대로 파악하지 못하고 있다.

또 "효인孝人이 진해眞海를 갔다가 즉시 돌아왔다"는 7월 18일의 일기에서 우리는 '효인'이 누구인지 그리고 '진해'가 어느 곳인지를 알지 못한다. 따라서 그가 즉시 돌아온 이유가 무엇인지도 알 수 없다.

이처럼 일기를 읽고 제대로 이해하려면 저자나 저자 주변의 인물이나 사건뿐만 아니라 인명과 지명 등에 대해서 아주 해박한 지식을 갖추고 있지 않는 한 일기에 나오는 내용이 무엇인지조차 파악하기 어렵다. 현재로서는 일기 작성자를 중심으로 인적 관계망을 파악한 후 해당 성씨의 족보 등을 통하여 자나 호를 조사하고 그들의 세거지나 거주지 등을 하나씩 확인하는 방법 밖에는 없다.

따라서 『인정복일기』와 같이 책력에 덧쓰여진 일기에 대한 연구는 크게 두 가지 작업이 선행되어야 비로소 연구자료로 활용될 수 있다. 먼저 초서草書로 쓰여 있는 글씨를 일반 연구자들도 이해할 수 있도록 정서하는 것도 매우 시급하고 중요하다. 이어서 이러한 일기에 나오는 인명이나 지명 등을 연구하여 그에 대한 주석을 붙이는 일이 함께 이루어져야만 비로소 연구 자료로 활용될 수 있다. 누구나 이용할 수 있는 연구자료로 만들기까지에는 많은 시간과 노력 및 인내가 필요할 것이라 생각한다.

3. 근기 지식인의 생활상

이제 일기를 통해서 본 근기 지식인의 생활상을 살펴보기로 하자. 조선시대는 널리 알려진 바와 같이 중앙집권적인 국가체제를 유지하였다. 따라서 국왕이 살고 있던 한양과 그 인근지역인 근기는 매우 중요하였다. 조선시대는 모든 권력이 왕으로부터 나오는 전제국가였기 때문에 한양은 권력의 중심지요, 신구의 문화가 교류·소통하는 문화의 발상지였으며 경향의 문물이 생산되고 유통되는 물류의 시장이었다. 새로운 문화는 한양을 중심으로 태어나고 소비되었기 때문에 문화의 발원지이자 종착지이기도 하였다. 그래서 한양과 그 인근의 근기는 정치적으로나 경제적으로 또는 문화적으로 주목될 수밖에 없다.

1) 종인이나 지인의 경유처

안철중 등이 세거하던 광주 이리는 지방에서 서울로 올라오는 중요한 길목이었다. 따라서 이곳은 지방에 사는 광주안씨廣州安氏들이 서울을 출입할 때 항상 거치는 친척이나 종인宗人들의 회합처였으며 지인知人 그 중에서도 특히 남인南人들의 경유처였다. 안철중 등의 일기에 친척이나 종인 또는 지인의 왕래가 빈번하게 기록된 것은 바로 그러한 연유이다.

(1807년 정월 12일) 甲寅 荒山三宅叔主與吾汝來(58)
(1807년 정월 16일) 戊午 荒山叔主及吾汝還(58)

황산의 삼택숙주와 오여는 모두 종인으로 추정되는데 위 일기에 나타난 바와 같이 1807년 정월 12일에 안철중에게 왔다가 4일을 머문 후 떠났다. 그의 일기에는 이와 같이 종인들이 왕래한 기록이 많다. 1807년 2월과 3월에 각지에서 온 종인들의 기록을 발췌하면 다음과 같다.

시기	지역	종인명	비고
1807/02/10	安城	景□	58
1807/02/28	南陽	族兄	58
1807/03/17	藍浦	世重	58
1807/03/19	始興	景周	58
1807/03/23	胎藏	世重	58

지인들이 오고간 기록도 매우 많다. 우선 다음의 기록을 살펴보자.

(1813년 2월 10일) 龍仁李生(李永主石)二人過
(1813년 2월 14일) 美谷李生來留文成家

위 일기의 기록과 같이 1813년 2월 10일에는 용인에 사는 이계영과 이주석 두 사람이 이곳을 지나다 들렀으며 14일에는 미곡에 사는 이생이 와서 문성가에 머물렀다. 이와 같이 지인들이 오고간 기록들이 매우 많이 기록되어 있다. 조선시대는 농업을 근본으로 한 사회였기 때문에 정착생활을 하였다. 그러나 정착된 사회라고 해서 서로 왕래가 없었던 사회로 인식해서는 안 된다. 한양과 지방의 교류도 활발하고 또 지인이나 친지 사이의 왕래도 매우 빈번하였던 사회였다. 일기를 보면 가족이나 친지 및 지인이나 노비들의 왕래가 빈번하게 기록된 것은 바로 이러한 사실을 잘 보여준다고 할 수 있다.

2) 잇단 제사 일정

조선의 사대부들이 그러하였듯이 접빈객 다음으로는 봉제사에 대한 기록도 매우 많다. 특히 동성마을을 이루고 살면서 혈연적으로 가까운 당내堂內는 물론 이웃 친척의 제사까지도 참여하였기 때문에 제사에 대한 기록이 상당하였다. 정월에서 3월까지 일기에 기록된 제사를 옮겨보면 다음과 같다.

(1807년 1월 7일) 己酉 夜大風 寒 祖妣祀事 身病不得叅 痛迫痛迫(58)

(1818년 1월 25일) 室人宋氏忌事行過(60)

(1807년 1월 25일) 兄嫂祀事又不能叅(58)

(1818년 2월 1일) 朔茶禮 以村痘 闕不行(60)

(1818년 3월 4일) … 以村痘闕祀悲缺(60)

(1818년 3월 23일) … 忘室吳氏忌祀行之(60)

(1818년 3월 27일) … 先考祀事西行(60)

　안필중이 쓴 일기를 살펴보면 정월 7일은 그의 할머니 기일이었다. 안필중의 할아버지는 안정복이며 할머니는 창녕성씨昌寧成氏로 성순成純의 딸이었다. 그런데 안필중이 병이 나서 이날의 제사에 참여하지 못해 매우 안타까워하고 있다. 1월 25일은 안철중의 부인 송씨의 제사였다. 안철중의 부인은 셋이었다. 첫째 부인은 동복오씨同福吳氏로 오석리吳錫履의 딸이며 둘째 부인은 진천송씨鎭川宋氏로 송일제宋一濟의 딸이고 셋째 부인은 전주이씨全州李氏로 이혁李赫의 딸이었다. 따라서 이날은 둘째 부인의 기일이었다. 그런데 같은 날에 "형수의 제사에 또 (신병으로) 참여할 수가 없었다."고 기록한 점으로 미루어 권58의 작성자가 안필중임을 알 수 있다.

　2월 초하루에는 사당에 다례를 지내는 날이었는데 이때 온 마을에 돌림병이 돌아 다례 행사를 치르지 못했다. 여러 종인들이 다례를 지내려고 사당에 모였다가 돌림병에 감염되는 것을 막기 위해 취해진 조처였다. 3월 4일에는 누구의 제사인지는 밝혀있지 않으나 역시 마을에 돌림병이 돌아서 제사를 지내지 못하고 있다. 같은 달 23일은 안철중의 첫째 부인 동복오씨의 기일이었다. 이날 제사를 지낸 그는 몇일 후 아버지 기일이 되자 제사를 지내기 위해 한양으로 향했다.

　이처럼 매달 제사가 여러 차례 있었기 때문에 조선시대 사대부들의 일기를 살펴보면 친계와 방계 제사에 참여하는 기록들이 많이 나온다. 봉제사에 그만큼 커다란 관심을 기울였다는 증거이다.

3) 과거 시험 관련 기록

다음으로는 과거 시험과 관련된 기록도 적지 않게 나온다. 백일장에 참여하기 위해 화곡으로 갔다가 돌아온 일에 대해서는 이미 앞에서 살펴보았으므로 이제 과거 시험과 관련된 것들만 살펴보자.

(1813년 8월 24일) … 文成及小年輩作科行
(1813년 8월 27일) 增廣監試 初場設行云
(1813년 8월 29일) … 終陽

1813년 8월 24일에 문성과 나이 어린 애들은 과거 시험을 치르기 위해 갔는데 시소試所로 갔다. 이들은 시소로 미리 출발하였기 때문에 4일 후에 열리는 증광감시의 초장에 응시했을 것이다. 또 하루 쉬고 그 다음날인 29일에 열리는 종장도 역시 치렀을 것으로 판단된다.

조선시대에는 과거가 가문의 명예를 널리 알리고 또 자기 자신을 출세시키는 유일한 통로였기 때문에 대부분의 사대부들은 모두 이에 관심이 있었다. 그러나 조선후기에는 과거가 입신양명의 도구로만 인식되었기 때문에 성리학에 뜻을 둔 많은 학자들이 과거에 응시하지 않는 경향이 있었다. 그러나 성리학에 뜻을 둔 유학자들이라 하더라도 부모님을 기쁘게 해드리기 위해서 부모님 생전에 과거에 응시하는 자들도 많았으며 가문을 널리 알리는 수단이었기 때문에 과거 시험을 지원하기 위해 한양으로 가는 여비를 마을에서 지급하는 과계科契도 성행했는데 광주 덕곡德谷 이리二里에도 과계를 조직되어 있어서[1] 과거 응시자 지원을 위한 여러 가지 행사를 했던 것으로 알려져 있다.

---

1 (1813년 2월 18일) … 科契契會

4) 말단 관료의 생활

소과小科에 합격한 바 있는 안철중이나 안효근은 비록 미관말직이지만 음직으로 벼슬생활을 시작하였다. 안철중은 생원시에 합격한 이듬해 7월에 의릉참봉懿陵參奉으로 임명된다. 『승정원일기』에서 안철중이 임명된 바 있는 관직을 뽑아내어 소개하면 다음과 같다.

시기	관직과 품계	비고
1802년 7월 29일	懿陵參奉(종9)	『승정원일기』 1855
1804년 12월 21일	氷庫別檢(정8)	『승정원일기』 1888
1805년 12월 28일	司宰直長(종7)	『승정원일기』 1904
1807년 6월 22일	義盈主簿(종6)	『승정원일기』 1928
1807년 6월 26일	監察(정6)	『승정원일기』 1928
1807년 12월 30일	顯陵令(종5)	『승정원일기』 1938
1808년 6월 21일	禮山縣監(종6)	『승정원일기』 1950
1818년 4월 20일	翊贊(정6)	『승정원일기』 2095
1819년 10월 14일	江華經歷(종4)	『승정원일기』 2121

1802년 7월 29일의 일기에는 다음과 같이 기록되어 있다.

(1802년 7월 29일) 都政[吏判徐邁修參判尹光普參議任希存]余以首擬 除懿陵參奉 副望宋文海 末望洪宗九

이날 도정都政을 실시하였는데 자신이 의릉참봉에 수망首望으로 올라서 의릉참봉에 제수되었으며 부망은 송문해, 말말은 홍종구였다고 기록하였다. 또 이 도정에 참여한 주요 인물로는 이조판서 서매수와 참판 윤광보 및 참의 임희존 등이라고 소개하고 있다. 아마 조보朝報를 보고 베낀 듯이 정확하게 기록되어 있다. 이후에 왕에게 사은숙배를 하고 또 자신이 임지에 부임해서 헌관獻官 등 과 제사를 드리고 순산巡山을 하고 과정 등이 상세하게 기록되어 있어서 능참 봉의 일상을 살펴볼 수 있는 좋은 자료이다.

안철중이 익찬에 오르는 과정도 상세히 기록되어 있다. 1818년 3월 22일자 의 일기에는 다음과 같이 기록되어 있다.

> 18일의 정사政事에 내가 세자익위사世子翊衛司의 익찬 말망末望에 들었다
> 고 한다. 수망首望은 김기풍金基豊, 부망副望은 김지순金芝淳이라고 한다.[2]

수망과 부망으로 천거된 김기풍(1754~1827)과 김지순(1772~?)은 안철중과 같이 소과에 합격한 인물이었다. 김기풍은 1783년(정조 7)에 진사시에 합격하여 이미 영릉永陵과 명릉明陵의 참봉을 역임한 바 있으며 김지순은 1801년(순조 1)에 생 원시에 합격하였으며 아버지는 좌의정을 역임한 김이소金履素였다. 세 명 모두 소과 합격자였지만 여러 가지 요건에 따라 수망과 부망 및 말망이 결정되었던 것으로 짐작된다.

그러나 이때의 소문은 실제와는 달랐다. 다음달 21일 일기에는 다음과 같이 기록되어 있다.

> 어제 정사에서는 내가 익찬에 수망으로 천거되어 낙점을 받았다. 부망
> 은 김기상金基常이며 말망은 이병기李秉耆이다.[3]

부망으로 천거된 김기상(1770~?)은 소과에 합격한 적은 없으나 아버지가 승

---

2 十八日政 余入翊贊末擬 首望金基豊 副金芝淳
3 昨日政 余以翊贊首擬□□ 副金基常 末李秉耆

지를 역임한 김치묵金峙默이어서 유음자제有蔭子弟로서 천거된 것으로 추정된다. 말망으로 추천된 이병기는 소과에 합격하거나 혹은 부친이 고위관리가 아니기 때문에 누구에 의해 어떻게 추천되었는지는 알 수 없다.

아무튼 일기에는 안철중이 의릉참봉에 임명되었을 때와 마찬가지로 세자익위사 익찬으로서 행한 사은숙배 과정과 부서의 동료와 함께 입직入直하는 것, 그리고 아침 조회朝會나 서연書筵의 주강晝講 등에 참여한 일 등이 서술되어 있어 익위사의 관료들이 어떻게 근무를 했는지 파악할 수 있다.

한편 관리로 천거만 되었을 뿐 임명되지 못한 때도 있었다. 안철중은 1813년 4월에 형조좌랑으로 천거된 적이 있었다. 이에 대해서는 다음의 일기를 살펴보자.

(1813년 4월 17일) … 是日政入刑佐末擬云

조선시대는 요즈음처럼 교통이나 통신 수단이 발달하지 않았음에도 불구하고 조정에서 있었던 일이 바로 그날 당사자에게 어떻게 전달될 수 있는지 의아하기만 하다. 그렇지만 어찌되었든 그날 자신이 형조좌랑에 말망으로 천거되었다는 사실을 안철중이 전해듣고 이를 일기에 기록했던 것이다.

안철중의 아들인 안효근이 처음 입사했을 때의 이야기도 일기에 약간씩 기록되어 있다. 안효근이 이때 무슨 직에 있었는지는 분명하지 않다. 그는 1839년 6월에 익릉참봉翼陵參奉에 제수된 적이 있었던 것 같으나[4] 관련 자료가 충분치 못하여 확인할 방법이 없다. 그후 그는 어느 관직에 임명되고 진배관進排官으로 한강으로 출장을 가기도 하였다.[5] 아무튼 이때 여러 고관의 집을 방문했

---

4 己亥 六月二十九日 都政 翼陵參奉 首擬 安○○ 副擬 曹償圭 末擬 宋周純 銓長 趙寅永 參判 李景在 參議 金景善
5 (1842년 1월 8일) 以進排官 出漢江 乘昏入來

던 사실을 다음과 같이 기록하였다.

    (1842년 1월 26일) ⋯ 出直 授剌于貞洞徐判書俊補

    (1842년 2월 7일) ⋯ 投剌于小川洞趙判書秉鉉

  안효근은 정동의 판서 서준보徐俊輔(1770~1856)와 소천동의 조병현 집을 방문하여 명함을 전하고 있다. 서준보는 1790년(정조 14)에 진사시에 장원하고 1794년(정조 18)에 문과에 급제하여 이조판서와 병조판서 등을 두루 역임하고 1854년에 회방回榜을 맞이하여 철종으로부터 궤장几杖과 이등악二等樂을 하사받은 인물이다. 조병현趙秉鉉(1791~1849)은 1822년(순조 22)에 문과에 급제한 후 서준보와 같이 여러 판서를 역임한 인물이나 말년에는 전라도의 지도智島에 위리 안치되었다가 사사되었다. 어찌되었든 안효근은 위와 같이 당시의 실권자였던 두 명의 판서의 집에 가서 명함을 전달하고 있다.

  조선시대에는 초입사初入仕한 관리들이 고관의 집을 방문하여 자신이 누구이고 어느 지역 출신인지 등을 아뢰고 관리가 될 수 있도록 선발해 준 행위에 대한 보답으로 고마움을 표시하였다. 이러한 전통은 조선초기부터 있었는데 그에 대한 폐단이 만만치 않아서 이를 뿌리 뽑기 위해 몇몇 왕들이 많은 관심을 기울이고 커다란 노력을 기울였으나 실패하고 말았다.

  이와 관련하여 하나 살펴볼 것은 서울에서 생활할 경우에는 땔감을 지방에서 조달해서 살아야 했다는 사실이다. 안효근이 서울에서 말단 관리를 할 때의 일기를 살펴보면 이들은 시탄을 고향인 광주로부터 조달하고 있었다. 이와 관련된 일기를 살펴보자.

    (1842년 정월 21일) ⋯ 內行入來 新寓泥峴東(62)

    (1842년 정월 22일) ⋯ 德谷下隸皆下去 崟大持柴一駄來

    (1842년 정월 24일) ⋯ 入直 以進排官出南廟 德谷三隸柴一駄持來

    (1842년 2월 9일) ⋯ 兢兒率日三八星持柴一駄來

1842년에 안효근은 서울에서 말단 관리로 근무하고 있었는데 부인이 상경했다. 아마 한양에서의 관리 생활을 돕기 위해 광주에서 올라온 것으로 추정되는데 그래서 니동의 동쪽에 있는 새 집으로 이사하였다. 그 다음 날 고향인 고향의 덕곡에서 하인들이 이사짐을 정리하러 모두 왔는데 엇대는 땔감 한 수레를 가지고 왔다. 이틀 후에 그는 입직을 하였다가 진배관으로 남묘南廟로 출장을 갔는데 덕곡에 있던 세명의 노비가 다시 땔감 한 수레를 가지고 올라왔다. 다음 달 9일에는 아들 긍원兢遠(1820~1875)이 일삼과 팔성을 거느리고 땔감 한 수레를 가지고 올라왔다. 추운 겨울이라 땔감이 많이 필요했는데, 한양 주변에 있던 산에서는 땔감 채취가 금지되어 있기 때문에 멀리 광주에서부터 이를 싣고 와야만 했던 것이다.

5) 집안 경영

벼슬에서 물러나 집에 있을 때에는 집안을 경영해야 했기 때문에 이러한 내용들이 일기에 자연히 기록되어 있다. 특히 농사와 관련된 내용이 심심치 않게 기록되어 있다. 벼슬을 하지 않고 고향에 머물러 있던 안필중이 쓴 일기에는 농사와 관련된 내용이 자주 나오는데 특히 당시에 이 집안에서 삼 농사를 지었던 것으로 추정되는 기록들도 보인다.

(1807년 2월 21일) ··· 興龍自龍仁還 掘蔘土 二十五人
(1807년 3월 7일) 復運蔘土七人
(1813년 3월 5日) 掘蔘土
(1813년 3월 9日) ··· 始種蔘

홍룡이 용인으로부터 돌아오자 안필중은 삼토를 파내도록 했는데 이때 동원된 인원은 25명이었다. 얼마 후 다시 삼토를 운반했는데 이때 동원된 인원은

7명이었다고 한다. 삼토는 인삼 재배를 위해 거름을 한 흙이다. 인삼을 재배하기 위해 미리 거름을 한 삼토를 마련해 두어야 인삼 재배가 용이했기 때문이다. 안필중의 형인 안철중은 관직에서 물러나 집에 있는 동안 인삼 농사를 하였다. 그는 동생이 그러했던 것처럼 미리 삼토를 마련해 두었다가 3월 초가 되자 이를 파내어 인삼을 재배할 곳으로 운반한 후 3월 9일에는 인삼 씨를 파종하였다. 이와 같이 광주안씨들은 특용작물도 재배하였던 사실을 알 수 있다.

안철중의 일기를 보면 농사에 관한 일이 일기에 띄엄띄엄 쓰여 있다. 실제로는 농사에 커다란 관심을 가지고 있었으나 이를 책력에 일일이 써넣지는 않았을 수도 있다. 구태여 이를 책력에 써넣어야 한다고 생각하지 않았기 때문일지도 모르겠다. 아무튼 안철중이 1813년에 쓴 일기 중에서 농사에 관련 것들을 간추려보면 다음과 같다.

> 3월 3日 耕春牟 家前田 落種五斗
> 5월 29일 刈秋牟
> 6월 2일 … 秋牟打作
> 6월 3일 刈春牟
> 6월 7일 … 春牟打作
> 9월 14일 … 耕秋牟 刈柴

안철중은 3월 3일에 봄보리를 집 앞에 있는 밭에 뿌렸는데 파종량은 5말이었다. 5월 29일에는 지난 해 늦가을에 심은 가을보리를 베고 며칠 후에는 이를 타작하였다. 6월 3일에는 석달 전에 뿌렸던 봄보리를 베었으며 며칠 후에는 이를 타작하였다. 9월이 되자 그는 이듬해 봄에 거둘 가을보리를 심고 또 겨울을 나기 위해 땔감을 준비했다.

6) 관혼상제 관련 기록

관혼상제에 관련된 기록도 매우 많다. 특히 혼인과 장례에 관한 기록이 많은 편이며 관례에 관한 기록은 하나도 전하지 않는다. 관례를 행한 기록이 거의 없는데 그것은 이를 혼례에 임박해서 하거나 혹은 혼례로 대체했기 때문으로 추정된다. 먼저 관례에 대한 기록부터 살펴보자.

(1813년 2월 15일) … 文翼冠禮爲之

문익이 1813년 2월 15일에 관례를 치렀다. 그런데 그것은 앞에서도 언급한 바와 같이 혼례를 앞두었기 때문에 서둘러서 행한 것이었다. 그는 다음에 살펴보듯이 같은 달 23일 혼행을 위해 처가로 출발하였다.

혼례에 대한 기록은 관례보다는 많이 나온다.

(1813년 1월 19日) 德支尹沃溝家送擇單來
(1813년 2월 23일) … 文翼婚行離發 剛率去
(1813년 4월 11일) … 長湖宅 過女婚
(1813년 4월 20일) 剛往前枝 涓吉而來

1813년 1월 19일에 덕지에 사는 윤옥구 현감댁에서 택일단자를 보내어 왔는데 그것은 아마 문익과의 혼인을 위해 보낸 것으로 추측된다. 한 달이 조금 넘은 2월 23일 문익이 혼인을 위해 신부의 집으로 가는데 강을 데리고 갔다. 이보다 조금 전에 문익이 관례를 치른 것은 이미 살펴본 바 있다. 장호댁에서는 4월 11일에 딸의 혼인을 치렀다. 며칠 후에는 강을 전지라는 곳으로 보내어 연길을 받아오도록 했다. 연길은 가장 좋은 혼인 날짜를 골라 이를 신랑집에 알리고자 보내는 단자이다. 윤옥구 현감댁에서 보낸 '택단擇單'도 사실은 연길이었다.

상장례에 대한 기록은 관혼상제 기록 중 가장 많다. 조선시대 사대부들이 상장례를 무엇보다 중히 여겼기 때문이다.

(1813년 1월 8일) … 戌時 公州姊氏喪出 慟哭慟哭
(1813년 1월 18일) … 果川奴持訃音來 景容氏昨日巳時喪出云 慘怛
(1813년 1월 27일) … 公州奴來始聞姊氏訃音
(1813년 4월 9일) … 丑時孟室遭其內艱
(1813년 6월 24일) … 正丹得病 數日而死
(1813년 9월 13일) … 公州奴來 聞□侄遭其祖母喪 于八月卄二云

1813년 1월 8일에 안철중은 공주로 시집가서 살던 누이의 상이 났다는 소식을 전해 듣고 통곡을 하였다. 그가 이와 같이 신속하게 초상 소식을 전해들을 수 있었던 것은 아마 안철중이 한양으로 가는 길목에 살았기 때문이 아닌가 추측된다. 10일 후에 과천에 사는 사내종이 부음을 가지고 왔는데 지인인 경용씨가 어제 사시에 상을 당했다는 내용이었다. 상이 난 지 20일이 지나서야 공주의 사내종이 도보로 누이의 부음을 알렸는데 이는 사내종이 도보로 왔기 때문으로 추정된다. 4월 9일의 축시에 맹실이 어머니상을 당했다고 하는데 맹실이 누구인지는 더 조사를 해보아야 할 것으로 생각된다. 6월 24일에는 친지인 것으로 추정되는 정단이 병을 얻은 후 며칠 만에 사망하고 말았다. 9월 13일에는 공주의 사내종이 와서 조카가 지난 8월 22일에 조모의 상을 당했다고 말했다.

관혼상제와 관련해서 또 하나 주목되는 점은 노비의 혼인에 대해서도 기록된 점이다.

(1813년 1월 8日) … 利川漢吳㪬大來順安作夫

이천에 사는 상한 오엇대가 와서 계집종인 순안의 남편이 되었는데 엇대는 이후로 안철중의 사내종보다 더 열심히 광주안씨의 일을 도왔다. 앞에서 우리는 오효근이 한양에서 미관말직의 벼슬살이를 할 때 광주에서부터 땔감을 직접 가지고 온 엇대를 살펴본 바 있는데 바로 그 엇대가 순안과 혼인한 바로 상한이었다.

4. 결론

필자는 『안정복일기』로 알려져 있지만 안정복이 쓰지 않고 그의 손자인 안철중이나 안필중 또는 그의 증손자인 안효근이 쓴 책력 일기를 통하여 근기 지식인들의 일상생활에 대해 간략하게 살펴보았다. 조선후기에 근기 지방의 지식인들은 다른 지역의 지식인과 특별히 구별되는 점은 없었다. 다만 이들이 한양에 가까이 살았고 또 광주 덕곡은 지방과 한양을 연결하는 대로변이었기 때문에 지인이나 종인들이 자주 들러 의견을 교환하고 머물다 갔다.

조선시대 사대부들이 모두 다 그랬듯이 이들은 접빈객과 봉제사에 커다란 관심을 가지고 빈객 접대나 제사 받드는 일에 조금도 소홀함이 없도록 노력하였다. 또 비록 권력을 잃은 남인이었지만, 꾸준히 학문을 연마하고 기회가 주어질 때마다 백일장 등에 참여하여 실력을 견주어 보았으며 경기의 각 지역과 한양에서 실시되는 각종 과거 시험에 끊임없이 도전을 하였다. 또 종중 내에 과계를 만들어 과거 수험생들을 여러 측면에서 지원하였다.

한양이나 인근에서 말단 관리로 재임할 때에는 인맥을 형성하기 위해 끊임없이 노력하였다. 직장 동료와 활발한 교류를 하였으며 권세 있는 고위 관료와도 소통을 하기 위해 그들이 살고 있던 곳을 찾아다니며 명함을 돌리기도 하였다. 이들은 비록 대과에 급제하지는 못했지만 소과에 합격한 것을 기반으로 음관으로 진출하여 지방의 수령으로 나가기도 했다. 그러나 수령으로 나아가 축재를 하지는 못했던 것으로 추정된다.

벼슬을 마치고 고향으로 돌아오면 집안 관리에 심혈을 기울였다. 그래서 농사에 관심을 두고 파종이나 수확 시기를 놓치지 않으려고 노력하였다. 인삼과 같은 특용작물도 재배했던 것으로 드러난다. 또 집안 안팎 또는 지인들 사이에서 일어나는 관혼상제에도 커다란 관심을 기울여 경사에는 축하를 하고 애사에는 안타까워하며 이러한 소식들을 빼어놓지 않고 기록하였다.

　서론에서도 언급한 바와 같이 현재까지 일기 자료에 대한 정서 작업이 모두 완료되지 않은 상태이고 또 일기에 나오는 인명이나 지명에 대한 주석 작업을 시작하지도 못했기 때문에 이 논문은 『안정복일기』로 알려진 자료를 정서하고 주석 작업을 완전히 마무리했을 때 대강 어떠한 연구를 할 수 있는가에 대해 대략적인 내용만을 소개했을 뿐이다. 이 자료에 대한 심층연구가 이루어지면 조선후기 근기 지식인들의 생활상이 보다 명확하게 밝혀질 수 있을 것이라 생각된다.

「동사문답東史問答」을 통해 본 『동사강목』의 편찬 과정

박한남

1. 머리말

최근까지 발표된 200여 편[1]에 가까운 순암 안정복(1712~1791)에 대한 연구(저서, 논문)의 대표적인 주제는 당연히 『동사강목』이었다. 『동사강목』 체제를 분석하거나, 본문 내용과 사론[안설], 그리고 부록 등을 분석하는 가운데 순암은 18세기 대표적인 실학자로서의 철저한 자료수집과 고증을 통해 정통론에 입각한 한국사의 체계를 세우고자 했음을 확인할 수 있었다. 게다가 최근에는 순암의 역사인식을 심화시키는 입장에서 순암의 편지글을 분석한 연구가 발표되고 있다.[2] 그러므로 순암의 편지글인 「동사문답東史問答」을 분석하고자 하는 이 글

---

1 2011년에 순암선생탄신300주년기념사업회에서 제공한 「순암 안정복 연구목록」 참조.
2 심우준, 「'동사강목', '동사문답'에 나타난 그의 민족사관」, 『순암 안정복연구』, 일지사, 1985,

은 순암 연구의 새로운 접근법이라고 할 수 없다. 하지만 그 동안의 순암 안정복에 대한 연구나 『동사강목』 연구에서 「동사문답」이 귀중한 사료로 활용은 되었지만 「동사문답」 자체를 주목하지는 않았던 것 같다.[3]

「동사문답東史問答」이 수록되어 있는 『순암집』은 순암의 제자인 하려下廬 황덕길黃德吉(1750~1827)[4]이 순암 사후 10년이 되는 해, "직접 보고 들은 것을 감히 이것저것 주워 모아서 차례대로 서술하여 편찬한"[5]것을 1843년(헌종 9) 2월에 후학 안경의安景禕(1781년생)가 재편집한 것이다.[6] 하지만 『순암집』의 활자본 간행은 다시 60년을 기다려 했다. 그것은 순암의 5대손 안종엽安鍾曄에 의해 광무 4년 경자년(1900)에 비로소 목활자본으로 간행되어 세상 사람들에게 공개되었기 때문이다.[7]

192~227면.

강세구, 「유형원·이익과 안정복의 학문적 전승관계」, 『실학사상연구』 5·6, 1995(『순암 안정복의 사상과 학문 활동』, 혜안, 1996 재수록)

허순우, 「순암의 편지에 나타난 글쓰기 방식 연구」, 『한국문화연구』 9, 2005, 이화여대.

박종기, 「안정복과 동사강목」, 『안정복, 고려사를 공부하다』, 2006, 고즈윈.

김문식, 「성호의 역사인식 – 한국사와 국제정세에 대한 이해를 중심으로」, 『성호 이익연구』 (실학연구총서, 2012)

3 물론 심우준은 이미 『동사강목』에 나타난 민족사관을 『순암집』 권 10의 「동사문답」을 통해 구체적인 주목한 바가 있다. (「『동사강목』 「동사문답」에 나타난 그의 민족사관」, 『順菴 安鼎福研究』, 일지사, 1985, 192~227면)

4 황덕길은 그의 형 공백당 황덕일(黃德壹: 1748~1800)과 함께 순암의 학문과 사상을 전수한 수제로 본다. 강세구, 「공백당 황덕일과 순암계열 성호학파의 태동」, 『실학사상연구』 9, 1997 참조.

5 『순암집』 순암선생 행장, 門人檜山黃德吉謹狀

6 『순암집』 崇禎戊辰紀元後四癸卯二月上浣 後學順興安景禕 謹跋

7 안종엽이 목활자로 간행하기 이전 안종엽의 선친과 족부 안붕원(安鵬遠)이 필사하여 30권으로 정리하여 간행함으로써 세상에 알리고자 하였으나 재정상의 어려움으로 책상 속에 보관되어 있었다고 한다. 안종엽은 활자를 사용해 몇 부를 찍어 동료들에게 나누어 주었으나 순암 유고 전체의 10분의 1, 2에 불과한 분량이라고 기록하고 있다.(『순암집』 光武四年庚子 (1900)仲秋 五代孫鍾曄敬識)

이렇게 간행된 『순암집』은 권1 시詩, 권2~권10 서書, 권11~권17 잡저雜著, 권18 서序·기記·발跋, 권19 제후題後·잠箴·찬贊·전傳·자사字辭·설說, 권20 축문祝文·제문祭文·애사哀詞, 권21 묘갈墓碣·묘표墓表, 권22~권24 묘지墓誌, 권25~권27 행장行狀과 유사遺事 등 순암이 생전에 지은 문장을 26권 14책에 수록하고, 후학과 후손들이 「순암집」을 간행할 때 쓴 순암선생 행장, 순암집 발문 및 연보가 추가되어 총 27권 14책으로 되어 있다.[8] 그 가운데 가장 많은 부분을 차지하는 것이 서(書:서신)이다. 즉 『순암집』에는 권2부터 권10까지는 총 231편의 서신이 수록되어 있는데,[9] 이 글에서는 권10의 『동사문답』에 대해 별도로 주목하고자 한다.

『동사문답』은 순암이 상고시대부터 고려 말까지의 우리나라 역사 사실에 대한 의문疑問과 기존 사서史書에 대한 문제점에 대해 스승인 이익 성호선생을 비롯하여 벗 소남 윤동규尹東奎(1695~1773), 정산 이병휴李秉休(1710~1776)에게 보낸 서신 묶음으로 총 16편에 불과하다. 그러나 이 「동사문답」의 사료적 가치에 대해서는 이미 선학들에 의해 주목된 바 있다.[10] 그럼 『순암집』 권10, 서「동

---

8 본 논문에 참고한 『순암집』은 한국고전번역원에서 국역한 『국역 순암집』 총 5권(색인 별도)이다.(http://db.itkc.or.kr로도 온라인 서비스함) 그런데 『국역 순암집』 일러두기에서는 그 저본이 국립중앙도서관 소장 『순암집』이라 하였으나, 한국고전적종합목록(http://www.nl. go.kr)에서 원문을 서비스하고 있는 필사본(B2古朝46-가53)과는 필체가 달랐다. 하지만 총 27권 14책인 것은 같다.

9 권2에는 성호선생에게 보낸 편지 24통, 권3에는 소남 윤동규에게 보낸 편지 33통, 권4에는 정산 이병휴(자는 경협)에게 보낸 편지 21통을 비롯하여 외삼촌 등에 보낸 편지 총 30통, 권5에는 이휘원 등에게 보낸 편지 27통, 권6에는 서학에 심취한 권철신을 설득하고자 보낸 편지 등 22통, 권7에는 안경점의 질문에 답한 편지 등 25통, 권8에는 한정운, 황덕일과 황덕길 형제 제자에 보낸 편지 등 27통, 권9에는 27통의 편지가 수록되어 있는데, 80순에 가까운 순암 말년의 편지가 대종을 이룬다. 특히 권9에는 목재 홍여하의 『휘찬여사』 범례와 체제에 대한 순암의 의견을 써서 보낸 「與洪生錫胤書」(갑진년 1784 : 순암 73세)와 『동사강목』 활자 간행을 주선한 정지검에게 보낸 신축년(1781년) 편지가 주목된다. 그리고 권10에는 성호, 소남, 정산에게 보낸 1754년부터 1760년까지의 편지 16통이다. 이로써 권2~권10에 수록된 편지는 총 231통이다.(별지 포함)

사문답」의 내용과 체제에 대해서 살펴보기로 하자.

2. 「동사문답」의 구성과 내용

앞에서 언급하였듯이 『순암집』권2부터 권10까지는 순암의 편지글을 모은 서(書)이다. 편지의 일반적인 형식에 따라 권2부터 권9까지의 편지글에 대해서는 '성호 선생에게 올리는 글'(上星湖李先生書), '성호 선생에게 답하여 올리는 글'(答上星湖先生書) 또는 '소남 윤장 동규에게 보냄'(與邵南尹丈東奎書), '소남 윤장에게 답함(答邵南尹丈書)' 등 질문을 하거나 상대방의 질문에 답변할 때에도 수신자를 밝히고 그 아래에 날짜를 소자(작은 글씨)로 쓰고 있었다. 그러나 권10의 서書 「동사문답」은 편지 한통 한통에 대한 수신자 표기를 하지 않고, 대신 「동사문답」이라는 제하(題下)에 각 편지 글을 순서대로 편집하고(〈표 1〉 참조), 수신자별로 마지막에 위치한 편지 말미에는 간지를 부기하였으며, 마지막에는 'O右上星湖先生書 "O右與邵南尹丈書' 'O右與李貞山書'라 하여 수신자를 소자(작은 글씨)의 세주로 처리하고 있다. 물론 『순암집』권2부터 권9에 수록된 편지글[서]에는 답서가 섞여 있기도 하였으나, 권10의 「동사문답」에는 모두 순암이 보낸 편지글만 수록되어 있었다. 또한 "안부를 여쭙지 못한지가 한 달이 다되어 봄이 다 갔습니다. 지금 기후는 어떠신지요? … (중략) …정복鼎福은 어머니를 모시고 그런대로 지내고 있으니 이보다 더 다행이 없습니다. … (중략) … 너무 오랫동안 벗들과 떨어져 있다 보니 습성이 방만해지고 자긍심과 오만함

---

10 『순암집』 해제를 통해 동사문답의 사료적 가치에 대해 주목한 바 있다. 물론 『순암집』 권11~권17의 잡저(雜著)에 수록된 「상헌수필(橡軒隨筆)」·「천학고(天學考)」·「천학문답(天學問答)」, 권19의 설(說)의 「정전설(井田說)」 등에 대해서도 별도의 논문이 있을 정도로 주목되어 왔다.

이 날로 자라고 있는데 그 병의 원인을 살펴보면 사서를 편찬하는 일이 빌미가 되고 있는 것 같습니다. 그래서 윤장(윤동규)도 늘 권계하였는데, 역사를 편찬하는 일이 단지 마음을 괴롭히고 신병에 해롭다는 이유에서만은 아닌 것입니다. … (하략)"[11]와 같이 지인들에게 보내는 통상적인 편지글에서 흔히 볼 수 있는 개인 신상이나 감정을 표현한 내용은 「동사문답」의 편지글에서는 전혀 보이지 않는다. 이러한 편집(편찬) 방식을 주목해 볼 때 「동사문답」은 분명히 뚜렷한 목적을 갖고 편찬한 별도의 순암 저술이라 할 수 있다. 하지만 『순암집』을 제외하고는 「순암 연보」나 시차를 두며 여러 곳에서[12] 확인되는 순암 저술[13] 목록 어디에도 「동사문답」은 거론되고 있지 않고 있어 순암의 저술 여부에 대한 의문을 갖게도 한다.[14]

---

11 『순암집』 권2, 上星湖先生書(무인). 曠候浹月 春又盡矣 伏問氣候若何 …(중략)… 鼎福將母粗遣 幸無過此 …(중략)… 索居之久 任放成習 矜傲日長 究厥病源 未必非太史公爲崇也 此尹丈所以前後勸戒 非但爲勞心害病而發也 師友箴戒 其可忽哉

12 『하학지남』 말미에 적혀 있는 49종의 저술목록, 1981년 아세아문화사에서 간행한 『잡동산이』, 심우준, 「순암 안정복의 생애와 저술 – 연보와 각종 서목에 나타난 저서」 『순암 안정복연구』, 일지사, 1985, 31~34면 및 1990년 정신문화연구원에서 『고문서집성 8』로 간행한 광주안씨 고문서 가운데 수록된 「순암장서목록」 등에서도 「동사문답」은 거론되지 않고 있다. 물론 4질이나 보이는 순암집 속에 이미 포함되어 있기 때문이기도 할 것이다. 그런데 광주안씨 고문서의 순암장서목록에는 『의례문답(疑禮問答)』(4권), 『사우문답(師友問答)』(1권), 『연평답문초(延平答問鈔)』(4권) 등의 서명이 눈에 뜨였다.

13 심우준은 위의 책 37면에서 순암의 저술을 저서(著書)와 잡문(雜文)으로 구분하고, 순암의 저서로는 23종이며, 그 밖의 것을 잡문으로 본다면 60여 종을 헤아릴 수 있다고 하였다.

14 전술하였듯이 『순암집』에는 약 70명에 달하는 문인들과 교류한 총 231편의 편지가 권2~권10에 수록되어 있다. 그런데 『국역 순암집』만을 본다면, 형식면에서 「동사문답」과 이전의 다른 편지글과의 차이점을 발견할 수 없었다. 또한 권2~권4의 성호, 소남, 정산에게 보낸 편지에도 동사 편찬과 관련해 질문하거나 답한 순암의 편지가 들어 있었다. 이러한 점에서 순암 사후에 제자 황덕길이 『순암집』을 편찬할 때, 동사 편찬 관련 문답에 관한 편지글만 따로 모아 「동사문답」이라 명명하였을 가능성을 염두에 두기도 하였다. 하지만 실제 『순암집』 원본을 보니 권10의 書 「동사문답」은 권2~권9까지의 편지글과는 편집체제가 다른 것이 확인되었다.

하지만 순암이 정조 9년(을사년, 1785년)에 천주학에 매료된 소장과 남인 학자들을 깨우치기 위하여 「천학고」를 지어 천주학이 중국과 우리나라에 전해져 온 연혁을 역대 사료를 통해 고증하고, 바로 이어서 천주학 교리를 유학자의 입장에서 문답식으로 비판한 「천학문답」[15]을 함께 저술한 것을 보아도 「동사문답」 역시 『동사강목』 편찬과 관련해 순암 자신이 목적을 갖고 편찬한 저술로 볼 수 있겠다. 「동사문답」에 수록되어 있는 편지글을 정리해 보면 아래와 같다.

〈표 1〉 『순암집』 권10, 書 「東史問答」

no	시기	나이	동사문답 주요 내용	권2~권4 서書
1	上星湖先生 書 甲戌 (1754년 영조 30)	43세	① 기존의 역사서에 대한 불만을 토로함(삼국사, 고려사, 동국통감, 여사제강, 동사찬요, 동사회강 등) -특히 고려사의 은일전 결여의 문제점 -우왕의 혈통문제(신돈의 소생이 아니다) ② 상고부터 고려왕조까지를 서술한 강목체 사서인 동사강목 편찬의 뜻을 밝힘 ③ 삼한 이전 군장들의 출생신화에 대한 불신과 미혹성 지적	권2-no.8 갑술년 편지에도 강목의 筆法과 범례가 어긋남을 지적
2	〃 乙亥 (1755년 영조 31)	44세	① 義擧 조위총의 평가에 대한 이견 ② 강역 인식에 대한 역사가의 필수 조건-輿地勝覽의 개마산 위치오류 지적 등, 東國地理疑辨 설정 예고	
3	〃 丙子 (1756년 영조 32)	45세	① 조위총에 대한 성호 의견 접수 ② 고려 태조 왕건의 서술 평가와 서술 문제 ③ 북부여 해모수에 대한 참고 사서 ④ 本記通覽에 대한 문의 ⑤ 동사의 凡例와 地誌에 대한 의문	

---

15 『순암집』 권17, 雜說.

			⑥ 東眞國 역사에 대해 기록한 사서(요사)는? ⑦ 3수(帶水, 薩水, 浿水)의 위치문제	
			① 朝鮮 칭호문제 ② 고조선 관인의 호칭문제 ③ 기자의 주나라 수봉문제 ④ 東眞國 ⑤ 禦倭方略 求得 문제 ⑥ 고려 말 金澍朝京事 신뢰성 의문	
			① 三國史를 빌려 본 결과 신뢰성에 문제가 있음 ② 古記 비판(신뢰성, 佛家 언어) ③ 三國遺事 비판 ④ 資治通鑑考異에 의거 삼국 이전에 역사 고이편 완성, 검토 요청 ⑤ 삼국시대 말갈족의 침입 배경 ⑥ 綱의 항목에 들어갈 삼국이후 역사를 정리해 올림	
4	〃 丁丑 (1757년 영조 33)	46세	① 성호 하교에 대한 사례-동사 각 조목에 대한 (성호)의 회신을 받아 강목 체제 개정, 대동강 호칭 ② 고려 태조 등극에 대한 표현(찬역) 수정 ③ 을파소 표현 방법 ④ 우왕의 혈통문제 서술의 한계 (공민왕의 후사에 대한 의견)	
			① 동사 범례에 대한 보충-예, 고려 인물에 대한 포폄 기준 卒과 死 ② 안시고, 개마산고, 대방고에 대한 서술을 별지에 아룀 ③ 태조 왕건은 찬역, 최치원의 고려왕조에 대한 기록은 불신 ④ 김관의의 고려 왕실 서술의 신뢰성 제기, 익제의 王氏宗族記는 신뢰 ⑤ 동사 본문 외 괴설변증 설정 계획 ⑥ 강목 외 동사보궐(1책) 편찬 계획 ⑦ 東史外傳에는 발해전과 동진전을 넣고, 대마도는 附庸傳으로 편집 ⑧ 接倭考에 대한 비평	
			① 지병과 경제사정으로 동사강목 편찬이 늦어지는 것에 대한 안타까움 ② 백제 시조 온조의 출자 문제(고려와	

			부여와의 관계)	
5	〃 戊寅 (1758년 영조 34)	47세	① 대마도를 속국으로 표현한 것에 대한 성호와의 의견 대립, 대마도의 역사	권2 no.16-18 무인년 편지 3통에도 일본역사, 동사편찬 의지 피력
6	〃 己卯 (1759년 영조 35)	48세	① 동사강목 삼국 이전 초고 5권 완성, 검토 요청 ② 사론 서술의 한계 ③ 선춘령, 공험진, 철령, 합란쌍성 위치 문제 ④ 왜인 및 여진 재침 가능성, 일본 역사 ⑤ 고려 민호에 대한 고려사 기록의 한계	
7	〃 庚辰 (1760년 영조 36)	49세	① 동사강목 편찬이 마무리 되어감 ② 고려 국왕 우왕과 창왕 문제 ③ 이인임, 우현보, 조민수, 변안렬, 최영, 이색, 이숭인, 야은, 양촌의 평가 문제 ④ 고려사 왜곡은 윤소종과 정도전,정총에서 비롯됨	
8	〃 己卯 (1759년 영조 35)	48세	① 僿說를 읽고 고려 명종(호), 목종, 헌종 등에 대한 평가문제 및 야사의 직필을 인용하지 않은 고려사 서술의 한계와 후대 역사서술의 폐해 ② 공정한 고려사 서술을 위한 가르침 요청	권2 no.19 과거제 폐단과 대안 제시
9	與邵南尹丈書 丙子 (1756년 영조 32)	45세	① 강역에 대한 정론이 없게 된 연원설명－신라지지에 의거한 삼국사 비판 ② 진번, 임둔, 낙랑, 현도, 대방군, 북옥저, 예맥, 말갈, 졸본, 환도, 패수, 열수, 대수 등의 위치문제에 대해 윤장의 질정을 구함	권3 no.15 병자년 동사 편찬에 도움을 주어 감사함
10	〃 己卯 (1759년 영조 35)	48세	① 공험진－길주 남쪽에 있음 ② 합란부와 쌍성(철령현)을 함흥과 영흥에 비정한 것이 잘못되었다는 지적에 반박함	권3 no.20·21 기묘년 편지 있으나 昭穆制 관련
11	與李貞山書 丙子	45세	① 동국통감은 의례가 없기 때문에 단군, 기자, 위만조선, 마한, 주군, 조위총에 대한 동국통감 서술의 비판. ② 삼국사 소략함을 비난	권4 no.4 병자년 편지, 살기 힘든 현실에 대한 신세 타령과 윤장 걱정

	(1756년 영조 32)		③ 고려사 본기의 번다한 반변, 지와 열전이 소략함 (예 김보당 열전누락, 길야은과 서견을 충의전에서 누락됨, 문원전, 유림전, 은일전, 탁행전, 도이전, 산융전 누락을 지적)	
12	" 戊寅 (1758년 영조 34)	47세	① 단군, 기자, 마한을 정통으로 삼음 ② 누락된 역사인물을 찾아 서술함(성기, 주군, 부여풍, 옹산성장, 지수신) ③ 최치원 평가문제 ④ 고려 태조 왕건은 분명 찬역임 ⑤ 장보고의 죽음을 도살로 표현 한 것 등 기존 역사서술과의 차별성 강조 (僭妄)	권4 no.5 무인년 편지 易卦, 세상 사람들의 평가
* 1754년(영조 30, 43세)부터 1760년(영조 36, 49세)까지 순암이 성호(12통), 소남(2통), 정산(2통)에게 쓴 편지 총 16통임				* 권2 성호(25통), / 권3 소남(33통) / 권4 정산(21통) ** 이에 대해서는 [부록 1] 참조

3. 「동사문답」에 나타난 『동사강목』 편찬 과정

―편찬시기와 부록 편찬을 중심으로

〈표 1〉에 보여지듯이 「동사문답」에는 순암의 나이 43세인 1754년(갑술, 영조 30)부터 49세인 1760년(경진, 영조 36)까지[16] 6년간 스승 성호와 성호의 소개로 친구가 된 소남 윤동규와 정산 이병휴에게 쓴 16통의 편지를 담고 있다. 물론 순암이 성호 선생이나 소남과 편지를 주고받기 시작한 것은 이미 13년 전인 1747년(정묘년, 영조 23, 순암 36세)부터이다.[17]

---

16 강세구는 동사강목의 초고완성을 1759년으로 본 순암연보의 기록과는 달리 1760년으로 보았는데 이는 순암의 편지를 통해 확인한 것이었다.(박사학위논문『동사강목연구』, 1993, 50~51면)

17 『순암집』권2, 上星湖李先生瀷書(정묘)와 권3 與邵南尹丈東奎書(정묘)로, 35세의 순암이 성호 선생을 처음 뵈었던 1746년(영조 22, 병인) 이듬해부터 서신을 주고받은 것을 알 수 있다.

1754년 갑술년 편지를 통해 상고시대부터 고려시대까지를 하한으로 하는 우리나라 역사서를 편찬하겠다고 한 순암은 2년 만인 1756년(병자, 45세)에 "지금 단군조선에서 삼국 초기까지 한편의 초고를 완성하여 올려 드립니다. 조목조목 비판해 주시기 바랍니다."며 검토를 요청하고 있었다. 뿐만 아니라 강목체 서술인 만큼 강綱 항목에 들어갈 삼국 이후의 역사를 정리하고 그에 대한 성호의 의견(회신)을 기다렸다.

또 이듬해 1757년(정축년, 46세)에는 강목 편찬에 상당한 진척을 보이고 있었다. 3통의 편지를 보면 안시고, 개마산고, 대방고에 대한 서술 방향을 확정하여 별지에 아뢰었으며, 동사 본문 외에 괴설변증 항목을 설정할 것도 알리고 있었다. 이로써 동사문답을 통해 순암이 편찬하는 동사강목은 편년체로 서술된 총 17권의 본문 외에 별도로 부록편을 설정하였음을 알 수 있다. 실제 현전하는 동사강목의 부록은 상권 상上에 고이考異, 부록 상권 중中의 괴설변증怪說辨證, 부록 상권 하下에는 잡설雜說을, 끝으로 부록 하권에는 지리고地理考 등으로 구성되어 있다.

고이편에는 단군 원년 무진년이 당요唐堯 25년에 해당된다는 것으로부터 시작하여 고려시대 인물 금의에 이르기까지 총 136건에 대한 기존 사서의 서술에 대하여 반박하고, 치밀한 사료 비판을 통해 본인의 생각을 제시하고, 그 증거로 새로운 사료를 제시하고 있었다.

물론 고이편 서문에서 "사마광이 『자치통감』을 지을 때 여러 책을 참고하여 그 같고 다른 점을 평하고 취사에 뜻을 두어 「고이」 30권을 지었으니 전실하여 법다운 것만 뽑아 역사가의 모범을 보인 것을 본받아 「동사고이東史考異」를 짓는다"고 하였으며, 괴설변증의 서문에서는 "상고하건대 우리나라에는 고대의 괴설이 매우 많다. 역사를 쓰는 사람이 전대의 기록이 미비하여 일컬을 만한 일이 없음을 민망히 여겨서 상도常道에 어긋난 속설을 취하여 정사正史에 엮어서 마치 실지로 그 일이 있었던 것처럼 하였기에 내 이제 일체를 다 간정하여 괴설변증을 짓는다"고 하였다." 즉 괴설변증을 통해 순암은 반계 유형원의 『반계수록』으로부터 시작하여 김부식의 『삼국사기』, 일연의 『삼국유사』, 조선 초

왕명으로 편찬된『동국통감』이나『동국여지승람』뿐 아니라 성호나 소남과 의견이 일치되지 않았던 주제에 대하여는 기존 사서에 대해 치밀하게 검증함으로써 본격적으로 역사가로서의 자신의 역사관을 피력하고 있었다. 즉 서신을 통해 질정을 받았음에도 스승이나 친구와 생각이 다른 부분에 대한 본격적인 역사논쟁을 한 것이라 할 수 있다. 이러한 역사논쟁은 비록 '조선의 명호문제' 등 11건에 불과하나 부록 상권 하의 '잡설'과 동사강목 마지막 권인 부록 하권 '지리고'를 통해 44건에 대한 역사 지리 고증으로 마무리 짓고 있었다. 특히 지리고증에 대한 의문과 이견은 「동사문답」에서 윤동규에게 보냈던 편지에서 이미 시작되었던 의문들이었다.

요컨대 순암은 스승의 권고에 따라 편년체 강목형식의 역사서를 편찬하는 과정에서 스승과 벗들과 끊임없이 질문하고 토론하며 역사편찬을 이어갔지만 이들과 의견이 달랐던 부분에 대해서는 집요하리만치 철저하게 의문을 갖고, 사료를 찾으며 자신의 역사이해와 역사관 정립을 해나갔다. 그 결과 서신을 통해 의문시 되었던 부분에서는 총 4편으로 된 부록－고이편, 괴설변증, 잡설, 지리고－등으로 정리, 발전되어 다른 편년체 사서에서 볼 수 없는 춘추필법에 입각한 강목체 역사서로 짜임새를 갖춘『동사강목』으로 완성될 수 있었다고 평가할 수 있다.

그런데 "동사편년강목東史編年綱目 외에 또 빠진 것을 수합하여 보궐補闕 한 책을 만들려고 합니다."라고 정축년(1757년) 편지에 밝혔듯이 순암은 편년 강목체로 된『동사강목』의 본문과 상·하의 부록에도 다루지 못한 부분에 대한 역사서술을 위해서 별도로『동사보궐東史補闕』1책을 편찬할 계획을「동사문답」을 통해 밝히고 있다. 또 같은 편지에『동사외전東史外傳』으로 발해전渤海傳과 동진전東眞傳을, 대마도는 부용전附庸傳으로 처리할 계획도 밝히고 있었다. 하지만 같은 해 3번째 편지에서는 지병과 종이 값의 폭등 및 각종 부역과 세금으로 노동을 해야 해서 동사 편찬이 늦어지는 것을 한탄하고 있었다. 그럼에도 불구하고 2년 뒤인 기묘년(1759년, 48세) 편지를 통해『동사강목』17권 가운데 삼국 이전 5권이 완성되었다며 이에 대한 스승의 검토를 요청하고 있었다.

특히 정축년(1757년) 편지에 언급한 『동사보궐』은, 편년체 사서인 『동사강목』에서 다루지 못한 부분을 보완하려는 입장에서 편찬을 기획하였듯이 기전체 형식을 취하고 있었다. 즉 「삼국열전三國列傳」, 「대마도전對馬島傳」, 「일본전외日本傳外」, 「천문오행지天文五行志」의 4편의 구성에서 알 수 있다. 비록 마무리 짓지 못한 미완의 저서이지만[18] 다행히 현재 국립중앙도서관에 소장되어 있는 미완의 『동사보궐』을 통해 보다 구체적인 순암의 동사보궐 편집 규모를 파악할 수 있다.

국립중앙도서관 소장 『동사보궐』을 보면, 순암은 「동사보궐 초목록東史補闕草目錄」이라 하여 김대세金大世, 장춘랑과 파랑長春郎罷郎, 온군해溫君海, 거인巨人, 묵호자墨胡子, 순도와 아도順道阿道, 마라난타, 우륵, 왕산악, 옥보고, 밀우와 유유密友紐由, 득래得來, 이문진李文眞, 백결선생, 신충과 이순信忠李純, 영재永才, 손순孫順, 효녀 지은孝女知恩, 향덕向德, 성각省覺 등 24명의 이름과 그 이름 위에 작은 글씨의 두주를 달아 방외전方外傳 충의전忠義傳, 승석전僧釋傳, 문예전文技傳, 기술전技術傳, 탁행전卓行傳, 은일전隱逸傳, 효행전孝行傳 등의 분류를 하여 이들을 행적에 따라 열전 형식으로 서술하고자 했음을 알 수 있다. 그런데 이들은 순암이 새로 발굴한 것이 아니라 모두 『삼국사기』와 『삼국유사』에 나오는 인물이다. 이로써 순암은 『동사강목』의 편찬을 위해 『삼국사기』와 『삼국유사』를 탐독하였으며, 강목체 사서에서 깊이 있게 다루지 못한 이들 인물에 대해 주목하고 역사적 평가를 위하여 기전체 형식을 빌려 열전 항목으로 독립시켜 삼국시대 인물을 재분류할 계획이었던 것 같다.

그런데 서술 기준에 일정한 원칙이 있었다. 방외전으로 분류된 신라인 김대세金大世는 내물왕 이찬 동대冬臺의 아들로 자질이 뛰어나고, 어려서부터 속세를 떠날 뜻을 품고 있던 인물이다. 이에 대하여 『삼국사기』 권4, 신라본기, 진평

---

18 국립중앙도서관에 소장된 필사본 책인데, 순암의 대부분의 글이 그렇듯이 『동사보궐』 역시 『방정학원(方精學言)』이라는 책의 이면지(속지)를 이용해 필사한 책이다.(1책)

왕 9년 7월조에는 '대세大世'라고 썼으나, 순암은 '김대세金大世'라 하여 성씨를 밝혀 놓았다. 승석전의 영재永才의 경우도 「초목록」에는 영재라 칭하였으나, 본문에는 석영재釋永才라 하여 승려인 것을 밝혀놓았다. 뿐만 아니라 이들에 대한 기록을 어디서 발췌하였는지를 알 수 있도록 「신라본기新羅本紀」, 「가전우악부 歌傳于樂府」 등의 전거를 밝혀 놓고 있었다. 그런데 「초목록」에 밝힌 24명의 인물 외에도 실제 본문 속에는 원광법사, 고승 담육, 자장법사 등 승려와 이미 『삼국사기』에 열전이 있는 김유신을 비롯하여 마지막으로 고구려 멸망 후 안승을 모시고 신라에 귀순한 고구려 대형大兄 모잠牟岑을 충의전으로 분류하여 「삼국열전」의 서술을 마치고 있었다.

한편 「대마도전對馬島傳」의 설정을 통해 순암은 대마도의 역사와 도주島主 가계 등에 대해 상당부분 할애하고 있을 정도로 순암의 대마도에 대한 인식이 매우 깊었던 것을 알 수 있다.

「일본제도전日本諸島傳」과 「일본전日本傳」을 통해서는 『해동야언海東野言』 등에서 찾아낸 양국관계 기사를 서술함으로써 조·일 교류사를 왕대별편년별로 정리하려고 하였다. 특히 조선후기 비변사를 설치해 일본에 대비했던 사실과 선조 25년 임진년 4월 기사로부터 시작하여, 선조 31년 을해년 9월 30일 비망기 등 임진왜란 발생을 전후로 한 당시 긴박했던 정세를 기록한 사료를 전제하는 등으로 임진왜란 기록을 자세히 수록하고자 하였다. 순암이 살았던 18세기는 전쟁이 없는 평화의 시대였으나 일본의 재침 가능성에 대비하고자 한 서술로 보인다.

「유구전琉球傳」에서는 고려시대로부터 조선 전기까지의 유구관계 기록을 발췌하고 있고, 마지막에는 '안유구왈按琉球曰'의 형식을 유구에 대한 자신의 의견을 피력하고 있었다. 이것은 『동사강목』의 '안설'과 같은 서술방식이라 하겠다.

그런데 다시 「신라열전」이라 하여 문무왕 원년 기사에 나오는 인문仁問, 흠돌欽突, 천존天存, 천품天品 등 거의 모든 화랑을 비롯하여 경순왕 대에 이르는 인물을 망라하여 뽑아 놓았다. 이들은 『동사보궐』 기획 당시에는 언급하지 않은 인물들이라 할 수 있다.

그리고 마지막 부분인 「천문오행지」에서는 고구려, 백제, 신라 본기에서 발췌한 삼국시대의 일식, 성변, 잡요, 지진, 홍수와 한재, 바람, 눈과 얼음 등의 천문 형상뿐 아니라 충재와 화재 등 재해에 대한 기사까지 빠짐없이 발췌하여 수록하고 있었다.

이로써 순암 안정복은 『동사강목』이라는 정치사 중심의 강목체 역사 서술 방식에서 다루지 못한 주제를 『동사보궐』이라는 별도의 사서를 통해 삼국시대의 주요인물과 천문오행의 현상을 발췌하여 춘추필법에 의한 역사서술을 확대해 가고자 하였으며, 나아가 이웃한 일본에 대한 깊이 있는 서술을 통해 보다 확대된 세계관 내지는 역사 인식을 기록으로 남기고자 했음을 알 수 있다.

요컨대 순암의 동사강목 편찬 시기에 대해서는, 45세인 1756년 동사강목의 편찬이 시작되어 4년 후인 1760년에 초고가 완성되는 것으로 보는 견해[19]와 "병자 초기 시작하여 4년을 열하여서 책이 되었다"는 연보 기록을 토대로 1756년(영조 32년)에 시작하여 1759년(영조 35년)을 초고의 완성으로 보는 시각도 있다.[20] 하지만 「동사문답」에 수록된 첫 번째 편지인 갑술년(1754년) 편지가 있고, 또 "『동사강목』 작업은 여름에 마침 종이 10여 권을 얻었기로 앞에 이어 써 내려가 이제 거의 마쳤습니다."는 경진년(1760년) 편지를 통해 『동사강목』 초고의 착수와 완성 시기에 대해서는 이견이 없을 것이다.[21]

---

19 박종기, 『안정복, 고려사를 공부하다』, 60면. 한편 강세구는 1754년 이후 편지 왕래가 잦아지는 것으로 보아 이즈음 『동사강목』 편찬이 계획되고 이어 1756년부터 본격적인 편찬이 시작되어 1760년에 일단 초고가 완성되었다고 보았다.(「유형원 · 이익과 안정복의 학문적 전승관계」, 『실학사상연구』 5 · 6, 133~139면)

20 윤남한, 「동사강목 해제」.

21 한편, 국립중앙도서관 소장 『안정복일기』에서는 영조 35년 기묘(1759년) 일기에서는 "東史綱目成"이라 하여 동사강목을 완성한 해를 1759년으로 적고 있었다.

4. 「동사문답」과 『동사강목』 범례 비교

우선 「동사문답」에 제일 먼저 수록되어 있는 갑술년(1754년:영조30) 순암 43세 때 쓴 편지 내용부터 보기로 하자.

① 우리나라海東의 역사책들은 모두 마음에 들지 않습니다. 『삼국사三國 史』는 말할 수 없이 황잡하고, 『고려사高麗史』는 다소 간명하고 충실 하지만 여러 지志의 기록이 상세하지 못합니다. 이것은 아마도 우리 나라 사람이 미련하여 문헌文獻을 숭상하지 않기 때문에 한 세대의 전장典章이 대부분 명확하지 않고 자세하지 못한 것이지, 결코 역사 를 편찬한 이의 과실이 아닐 것입니다. 그러나 은일전隱逸傳을 세우 지 않고 야은전冶隱傳을 만들지 않았으니 이것은 참으로 결여된 일입 니다. 야은을 고려에 소속시키지 않으면 장차 본조本朝에 소속시킬 셈이었는지요? 이는 말도 안 되는 소리입니다.

『동국통감東國通鑑』도 모를 부분이 많습니다. 『여사제강麗史提綱』은 비교적 우수하나 고려 역사만을 다루었고 강綱을 세운 것도 대부분 신중성을 잃었습니다. 『동사찬요東史纂要』는 유초類抄에 불과하므로 너무 소략합니다. 근래 교리校理 임상덕林象德이 지은 『동사회강東史 會綱』이 가장 정밀하다고 하겠으나 공민왕恭愍王에서 끝냈으니 아마 그 뒤는 말하기 어려웠던 모양입니다. 이르기를, "강릉군 우江陵君禑 가 즉위하다."고 한 것은 우가 신돈辛旽의 자식이 아님을 밝힌 것입 니다. 이것은 이미 전배前輩의 논술이 있으니 필법筆法은 의당 이와 같아야 할 것 같으나 지금 세상에서 과연 이와 같이 할 수 있겠습니 까? 이에 대해 가르쳐 주시기 바랍니다.

② 만일 우리나라 역사책을 다시 편찬할 사람이 있다면 상고시대부터 고려 말까지를 묶어서 한 책을 이루고 『강목綱目』의 예에 의하여 이 름을 『동사강목東史綱目』이라 하여 한 나라의 문헌이 전해지게 하는 것이 좋을 것 같습니다.

③ 삼한三韓 이상은 군장君長의 출생에 관한 일이 모두 허황하여 믿기
어렵습니다. 옛날 비록 제비 알을 먹거나 거인의 발자국을 밟고 회
임했다는 글이 있으나 후세에 있어서는 어찌 다시 이런 일이 있겠습
니까? 생각건대, 우리나라 사람은 우매하므로 그 중의 교활한 자가
이런 말을 지어낸 것입니다. "여우가 울었다."는 따위와 같은 것은
이 백성들을 미혹하게 하려는 것입니다. 이 견해가 과연 어떻습니
까? (동사문답①갑술)

갑술년(1754년) 스승 성호에게 쓴 편지를 통해 순암은 새로운 역사책을 편찬
하게 된 배경을 비롯하여 편찬할 책의 이름과 체제, 범위를 밝히고 있다고 하
겠다. 우선 기존 사서의 비판에서 시작하고 있는데, 전 왕조에서 편찬된『삼국
사』는 황잡하고, 조선 건국 초에 지은『고려사』는 삼국사에 비하여 충실하지
만, 제도를 밝힌 지(志)부분이 사료로서의 자세함이 부족하다고 보았으며, 열전
의 분류에 불만을 지적하였다. 그리고 조선전기의『동국통감』, 17세기 초 오운
의『동사찬요』, 17세기 중반 유계의『여사제강』, 그리고 18세기 초 임상덕이
편찬한『동사회강』에 이르기까지 관찬이든 사찬이든 불문하고 기존 역사서의
대부분이 미숙한 체제와 부족한 사료검증으로 편찬한 사서이기 때문에 결과적
으로 내용이 소략하고 오류가 많다는 점을 지적하며 이를 극복하기 위해 강목
체 형식의 새로운 동사의 편찬 계획을 스승에게 알리고 있었다.[22]
　순암의 이러한 생각은 24년 뒤인 무술년(1778년, 정조2, 67세) 목천 현감 재직
시절, 20년 전에 써놓은 초고를 정리하여 완성한 필사본『동사강목』서문에도
그대로 반복되고 있었다. 즉『삼국사기』는 소략하면서 사실과 틀리고,『고려

---

22 물론 순암의 동사강목 편찬을 직접 권고한 사람이 바로 성호였다는 사실은『성호집』권26,
　서 與安百順(1758), 같은 책 부록 권1 家狀, 從子秉休 및 같은 책 권1, 채제공 묘지명 등에
　서 언급되어 있듯이 성호 자신뿐 아니라 당시 지식인들에게도 익히 알려진 사실이다. 이에
　주목한 연구로는 이우성, 강세구, 김문식 등의 연구가 있다.

사』는 번잡하면서 요긴함이 적고, 『동국통감』은 의례義例가 많이 어그러졌고, 『여사제강』과 『여사회강』은 필법筆法이 간혹 어그러졌는데, 이렇게 된 것은 잘못된 역사 기록에 대한 검증작업 없이 무비판적으로 오류를 답습하여 전하기 때문이라 하였다.[23] 이러한 기존의 우리나라 역사책에 대한 불만은 바로 순암으로 하여금 철저한 사료비판을 거친 제대로 된 역사책을 편찬할 뜻을 갖게 되었다.(갑술①)[24]

새로운 역사 편찬의 방법은 국내외 사서를 두루 수집하여 검증하고, 이를 주자의 성법[成法:강목체]에 따라 편찬하였다고 하였다.(갑술②). 그리고 상고시기 군장의 출생에 관한 황당하고 오류가 심한 것은 따로 부록 2권[25]을 만들어 아래에 붙여 놓았다."(갑술③)고 하였다.

또한 이 갑술년 편지에서 지적하였듯이 은일전隱逸傳이 없는 등의 『고려사』 열전 체제의 불만과 우왕이 왕씨라는 사실을 성호가 인정할 수 있도록 그 뒤에도 지속적으로 거론하고 있었다. 이러한 집요한 태도는 남과 타협할 줄 모르는 순암의 천성 때문이기보다는 바로 이 문제는 『동사강목』 편찬의 기본 방침, 즉

---

23 "東方史亦備矣 紀傳則有金文烈鄭文成之三國高麗史 編年則徐四佳崔錦南奉敎撰通鑑 因是而兪氏提綱 林氏會綱作焉 抄節則有權氏史畧 吳氏撰要等書 彬彬然盛矣 然而三國史踈畧而爽實 高麗史繁冗而寡要 通鑑義例多舛 提綱會綱筆法或乖 至於因謬襲誤 以訛傳訛 諸書等爾 鼎福讀之慨然 遂有刊正之意 (이하 생략) (『순암집』 권18, 序) 「동사강목서」(병술))

24 그런데 순암의 동사강목 편찬의 시작은 1754년 갑술년인 것은 틀림없는 사실이지만, 이미 동사의 편찬을 준비한 시기에 대해서 가까이는 1751년(40살) 『자치통감강목』을 연구하면서부터이고,(정구복, 동사강목 해제) 멀리는 유형원의 증손 유발(1683~1775)을 통해 『반계수록』과 『동사강목범례』, 『동사괴변설』, 『與 朴進士自振論東國地志』 등의 遺稿를 빌려와 『東史例』라는 이름으로 抄錄을 한 1744년(영조 20, 33세)부터로 볼 수 있다.(강세구, 「유형원 이익과 안정복의 학문적 사승관계」, 『실학사상연구 5·6, 1995) 하지만 필자는 그보다 앞선 시기로 보고자 한다. 즉 순암은 이미 1737년(영조 13, 26세) 역대 제왕(중국)들과 성현의 계통을 정통론에 입각해 「치통도」와 「도통도」를 그리고, 범례까지 써놓았다고 한 사실에서 그 시기를 올려 잡을 수 있다고 생각한다. 바로 이러한 경험과 인식은 『동사강목』 圖上의 「동국역대 전수도」에 적용되고 있기 때문이다.

25 『동사강목』 부록 卷上(고이·괴설변증·잡설), 卷下(지리고).

범례에 해당하는 주제이기 때문에 순암은 오랫동안 고민하고 지속적으로 스승에게 물을 수밖에 없었던 것은 아니었나 생각된다.

즉 『고려사』 열전에 은일전이 없는 것에 대해 순암은 정산에게 보낸 병자년(1756년) 편지(與貞山書 ⑪)와 초고를 완성하던 해에 스승에게 보낸 경진년(1760년) 편지(上星湖先生書 ⑦)에도 반복되고 있었다.

『고려사』의 경우는 본기本紀가 많아 30권까지 이르니, 자질구레한 것이 많습니다. 이른바 여러 지志에도 근거하여 본받을 만한 것이 없고, 열전 같은 것도 고려 5백 년에 어찌 인물이 이 정도뿐이었겠습니까? 김보당金甫當은 열전에 들지 못하였고 길야은吉冶隱과 서견徐甄을 충의忠義에서 빠뜨린 것에는 무슨 소견이 있습니까? 그리고 문원文苑, 유림儒林, 은일隱逸, 탁행卓行은 각각 전傳을 두는 것이 마땅한데 모두 빼버린 것은 무엇 때문입니까? (동사문답⑪ 병자 / 1756)

속세에서 은둔하여 오도吾道에 기치를 세운 이는 널리 찾아서 더욱 자세하게 적었으니, 한유한韓惟漢·이자현李資玄·안유安裕·우탁禹倬의 유이다. 곽여郭輿의 옛 사서에는 처사處士라고 썼는데, 이제 그것을 삭제하였다. ○『고려사』에는 은일전隱逸傳을 두지 않아 한 시대의 은일들이 많이 민몰되게 하였으니, 애석하다 (東史綱目 凡例 凡人事)

또한 우왕의 왕씨설에 대한 조심스런 주장은 정축년(1757년) 첫 번째 편지와 경진년(1760년) 편지 ⑦에도 반복되고 있었다.

우禑·창昌에 대한 일은 별지로 우러러 여쭙니다. 세속의 의논은 쉽게 고양되기 때문에 시비를 따지지 않고 억지로 죄를 만든다면 또한 근신하고 침묵하는 뜻이 아니니, 보신 뒤에 곧 없애버리고, 다시 가르침을 주시면 매우 다행이겠습니다.

이인임李仁任은 과연 어떤 사람입니까? 우현보禹玄寶가 꼭 죽이려고 했던 것은 정도전鄭道傳의 뜻을 거슬러 그런 것입니까? 조민수曺敏修와 변안렬邊安烈을 다 간신전奸臣傳에 넣은 것은 공정한 필법이 아닌 것 같습니다.

최철성崔鐵城(최영)은 연만하고 노련한 장수로서 본래 지계智計가 많았는데, 요동遼東을 범한 한 가지 일은 어찌 그리도 헤아리지 못했던가요. 그의 뜻은 비록 우리 태조에게 허물을 돌리기 위하여 한 것이라 하겠으나 나라를 비운 채 군사를 동원해 그저 남에게 주고도 스스로 패하지 않을 자 어디 있겠습니까? 이때는 공양왕의 세상과 다릅니다. 최영은 지위가 상상上相에 있고 몸소 대군大軍을 장악하였으니 무슨 일인들 못할 일이 있겠습니까마는 하필 이런 졸렬한 꾀를 냈을까요? 이는 참으로 알 수 없는 일입니다.

창昌이 즉위한 뒤에 목은牧隱은 자청하여 조정에 들어갔으니 그 뜻 또한 슬픕니다. 그러나 고려 말 명유名儒들이 크게 일어났는데, 그 절의에 있어서는 대부분 뜻에 차지 못합니다. 목은은 덕과 지위가 그 얼마나 대단하였습니까마는 죽고 사는 즈음에 구구하였고 도은陶隱(이숭인李崇仁)도 역시 명백하게 수립하지 못하고 결국에는 불행을 면치 못하였습니다.

야은冶隱(길재吉再)이 가장 중도를 얻었으나 그가 말한 '신조辛朝' 두 글자는 마음과 입이 일치하지 못한 혐의가 있습니다. 또 그 아들에게 권하여 본조本朝 조선조鮮朝에 벼슬하게 하였으니 어찌 이처럼 너무도 여유가 있었습니까. (… 중략 …) 여말의 실록은 대부분 윤소종尹紹宗의 손에서 나오고 『고려사』는 또 정도전鄭道傳과 정총鄭摠에게서 이루어졌는데, 나라의 악을 드러내고 실사를 숨긴 것은 모두 자신들의 악을 은폐하려는 의도에서였습니다. 후인들은 그것을 그대로 믿어 도리어 윤소종과 정도전 무리에게 희롱당한 바가 되니 어찌 통탄하지 않겠습니까. (동사문답 ⑦ 경진년)

고려 말기의 일은 가장 알맞은 것을 얻기가 어려우니 "정공定公과 애공哀公에 은미한 말이 많았다."는 것은 이와 같은 곳을 가리킨 듯 싶습니다. 왕씨王氏인지 신씨辛氏인지를 구별하는 것과 같은 일은 옛날에 이미 하고를 받았거니와, 과연 본조의 신자臣子가 밝게 분변해서 곧장 지척할 수 있는 것이 아니군요. 그러나 다시 생각해 보니, 공민왕이 자제위子弟衛를 두어 궁위宮衛를 어지럽혔으니, 다른 성씨로 후사를 삼는 것을 어찌 꺼려했겠습니까. …(중략)… 『강목』에서는 진시황秦始皇을 여불위呂不韋의 아들로 삼고, 송주宋主 욱彧을 이도아李道兒의 아들로 삼으면서 "진왕秦王이 죽자 아들 정政이 즉위하였다."고 적고, 또 "송宋이 아들 욱을 세워 태자로 삼았다."고 적고, 또 "송주宋主가 죽자 태자 욱이 즉위하였다."고 적었으며, 또 "소도성蕭道成이 그 임금 욱을 시해하고 성안왕成安王을 세웠다."고 적었습니다. 이 같은 필법은 그 의의가 어떠합니까? 다시 밝은 가르침을 주시기 바랍니다. (동사문답 ④정축년)

이에 대해 『동사강목』 범례의 범통계凡統系를 보면,

　　『강목』에는 여정呂政·이욱李彧·시영柴榮에게는 모두 이례異例가 없었으니, 고려 우왕禑王과 창왕昌王도 같은 조목인 듯한데, 당시 사서를 쓰는 이가 이 예를 따르지 않고 일종의 의리로 삼았다. 이는 후대 사람이 논의할 바가 아니나 사서史書의 예가 이와 같지 않으므로 감히 좇지 않는다. 우왕과 창왕의 일은 당시 재상 이색李穡, 초야의 원천석元天錫의 정론을 막기 어렵고, 본조의 상론尙論하는 선비인 유희춘柳希春·윤근수尹根壽·신흠申欽·이덕형李德泂 같은 이도 모두 사필史筆을 거짓으로 여겼으며, 더구나 성조聖祖 조선 태조가 왕씨에게 수선受禪하였으니, 우왕과 창왕이 왕씨이니 신씨辛氏이니 하는 분변은 애당초 논할 것이 없었다. 그런데 정도전·조준趙浚·윤소종尹紹宗의 무리가 왕씨가 아니라는 설을 지어내어 구신舊臣들을 겸제鉗制하는 계책으로 삼는데, 온 나라가 부화하여, 따르느냐 어기느냐로써 충역忠逆의 구분으로 삼아 하나의 의리로 만들었으며, 뒤에 역사를 만드는 이도 모두 마음으로는 그른 줄 알면서도 다시 상고하여 분별하지 않으니, 만일 위에서 판하判下하는 분부가 없으면 사사로 바꿀 수 없는 것이다. 그러나 이성異姓이라 할지라도 사서의 예는 이와 같이 할 수는 없

다.(동사강목 凡統系)

　이밖에 고려 태조 등극을 찬역으로 서술하는 문제에 대해 순암은 성호에게
쓴 1756년 병자년 편지(동사문답③)와 1757년 정축년 편지 3통 가운데 2통에 걸
쳐 다루고 있었을 뿐 아니라, 1758년 무인년 정산에게 쓴 편지에는 '찬역이 확
실하다'는 강한 표현을 쓰고 있었다. 결국 이 문제에 대해 순암은 『동사강목』
범례에서도 태조 즉위가 비정상적인 왕위계승(찬역)이었음을 밝히고 있었다.

　(1756년 병자년 성호에게 쓴 편지 - 45세) 고려 태조의 등극에 대하여 역사책
에서는 "태봉의 여러 장수들이 왕건을 세워 왕으로 삼았다"고 칭하였습니
다. 저는 여기에 대해서도 의심하지 않을 수 없습니다. 이때 신라의 정통
임금이 아직 존재해 있었는데, 궁예가 참람되어 난을 일으켰고 왕건이 그
무리가 되었으니 이 또한 뭇 도적과 같습니다. 그러니 마땅히 "태봉의 장
수 왕건이 왕이라 칭하고 궁예는 달아나 죽었다."라고 해야 될 것 같은데
어떨지 모르겠습니다.

　(1757년 정축년 성호에게 쓴 편지1 - 46세) 고려 태조의 등극에 대하여 찬역
이라고 한 것은 너무 과할 것 같으니『강목』의 예에 따라 '태봉의 장수 왕
건이라 칭하고 그 임금 궁예를 폐위시키니 궁예가 달아나 죽었다."고 적는
것이 타당할 것 같은데 어떨지 모르겠습니다.

　(1757년 정축년 성호에게 쓴 편지2 - 46세) 태조는 분명 찬역입니다. 고려 사
람이 그에 대한 말을 부드럽게 한 것은 존휘한 때문입니다. 우리는 이미
그 신자가 아니니 마땅히 사가본례에 따라 '태봉의 장수 왕건'이라 칭하고
'임금 궁예를 쫓으니 궁예가 달아나다 죽었다'고 적었으면 합니다. 그 태봉
의 장수[泰封將]라고 한 것은 신하가 됨을 나타낸 말이요, '칭稱했다'고 한
것은 스스로 높임을 나타내는 말입니다. 그리고 "쫓았다'라고 한 것은 실제

의 일을 기록한 것이고, '궁예가 죽었다[裔死]'라고 한 것은 궁예가 군도임을 나타낸 것입니다. 다시 가르쳐 주시기 바랍니다.

(1758년 무인년 정산에게 쓴 편지-47세) 고려 태조의 아버지 왕융은 맨 먼저 배반하고 궁예에게 항복하였기 때문에 '궁예의 장수 금성태수 왕융王隆이 죽었다[死]'고 적었으니 곧 범중이 죽었다는 예例입니다. 여러 역사책에서는 모두 '태봉의 여러 장수들이 왕건을 세워 왕을 삼았다.'고 하였는데, 이제 고쳐서 '궁예의 장수 왕건이 왕이라 칭하니 궁예가 달아나다 죽었다'고 하였습니다. 이는 강목에서 옳지 못하게 나라를 얻어 황제라 칭한 따위입니다.

(동사강목 범례-凡統系) 고려 태조는 비록 포학에 갈음하여 관대한 정치를 하여 세상을 구제한 공이 있기는 하나, 궁예弓裔가 신라의 반적叛賊이 되었을 적에 고려 태조가 그의 신하 노릇을 하였으니, 이도 반적이므로, 이제 신라가 망하기 전은 참국僭國한 예에 따랐다. -견훤과 궁예를 『동국통감』에는 모두 참국의 예로 처우하였으되, 이제 외효隗囂와 공손 술公孫述을 도적으로 한 예에 따라 썼다.

이상 대략적으로 살펴보았듯이 『동사문답』의 편지글을 통해 순암이 제시한 역사 사실에 대한 의문은 동사 편찬 과정 내내 풀어야 할 과제였으며, 이러한 고민과 의문을 통해 내려진 결정은 『동사강목』의 범례에 상당부분 적용시켰음을 확인할 수 있었다. 따라서 「동사문답」에 수록된 편지글의 내용(주제)은 철저한 역사고증을 통해 계통을 밝히고(우와 창은 신씨가 아니라 폐왕이다), 찬역을 엄격히 하며(왕건의 태조 즉위는 찬역이다), 시비를 바로 잡고(우왕 왕씨설), 충절자를 포상하며(고려사에 은일전을 추가하여 고려 말 역사 사실의 복원), 나아가 이를 입증한 전거를 분명히 하고자 하는 순암의 역사 편찬의 기본자세와 실제 과정을 보여주는 사료적 가치가 있다고 하겠다.

한편 앞선 연구에서 지적되어 있듯이 일반적으로 '부록'이라 함은 본편에 넣지 못한 내용을 추가하는 자료집적인 성격을 띠고 있다. 하지만 순암의 동사강목에서 부록은 상호유기적인 관계를 갖고 순수하게 역사고증을 다루고 있으며, 이러한 계획은 이미 동사강목 범례에서도 언급되어 있었다는 사실에 주목한 바 있다.[26] 이러한 지적은 틀리지 않았다. 『동사강목』의 부록편은 상권과 하권으로 대별되어 있다. 하지만 상권은 다시 상·중·하로 세분되어 상권의 상편附卷上上은 '단군 원년 무진년은 당요 25년에 해당한다(檀君元年戊辰當唐堯二十五年)'는 것을 시작으로 보유補遺로서 고려조 '금의의 사실[琴儀事]'까지 총 136항목에 걸친 주제(역사사실)에 대하여 사료비판을 겸한 역사고증을 하고 있다. 상권의 중편附卷上中은 괴설변증怪說辨證편으로 야사와 정사의 구분없이 기존 사서에서 무비판적으로 수록한 괴설들을 조목조목 비판한 조항이다. 상권의 하편附卷上下는 잡설로 조선명호朝鮮名號 등 11개의 주제에 대한 역대 사서 기록의 진위와 후대 학자들의 의견을 종합비판한 부분이다. 이상 부록 상권이 그 하위 카테고리로 상중하의 3단계로 세분했던 것과 달리, 부록 하권은 모두 지리고地理考라 하여 '단군강역고'로부터 시작하여 천문 분야에 대한 순암의 해박함을 알 수 있는 '분야고分野考' 등 44항으로 되어 있다.

동사강목의 부록편, 특히 고이와 지리고에 대한 사료적 가치에 대해서는 이미 많은 학자들로부터 주목받은 주제이기도 하며, 안정복이 동사강목을 편찬하면서 고증에 얼마나 심혈을 기울였는지를 반증하는 부분이기도 하다. 물론 순암은 부록편 서두에서

사마광이 『자치통감』을 지을 때에 여러 책을 참고하여 같고 다른 점을 평하고 취사에 뜻을 두어 「고이」 30권을 지었으니, 전실하여 법다운 것만

---

26 강세구, 『동사강목연구』(서강대 박사학위논문, 1993, 44면); 『순암 안정복의 동사강목연구』 (순암연구총서 1: 순암선생탄신300주년기념사업회, 2012, 89면).

뽑았다. 이것이 역사를 쓰는 자의 절실한 법이 되기에 이제 그를 모방하여 「동사고이東史考異」를 짓는다.

고 하였듯이 강목체 역사서 자치통감을 모델로 하여 고이편 체제를 갖춘다고 하였다. 하지만, 부록의 필요성에 대해서는 이미 동사문답 곳곳에 고이편, 지리고 등 부록 속에 넣을 주제들에 대한 언급이 들어있었다.

5. 맺음말

벌써 2년이 훌쩍 지나가버렸다. 재작년 처음 이 연구 프로젝트에 참여하면서 국립중앙도서관에 소장된 방대한 악필(?)의 『안정복일기』를 보면서 순암과 편지를 주고받은 성호 선생과 소남 윤동규, 정산 이병휴 이 세 분은 인내심이 강하고 선한 분이라고 생각한 적이 있었다. 왜냐하면, 「동사문답」을 통해 확인된 순암의 편지에는 일반 보통사람들의 편지글과 달리 첫인사로 상대방의 안부를 묻는 친절함이라든가, 당시 경제적으로 그리 여유롭지 못했던 남인 학자들에게 잠시만이라도 정신적인 휴식을 주는 푸근함은 좀처럼 느껴지지 않았기 때문이다. 오히려 이전의 역사서들의 단점인 치밀하지 못한 역사서술과 사료 검증의 오류라든가, 혹은 춘추필법에 맞지 않은 단어가 사용되어 있는 것까지 일일이 찾아 지적하며 동의를 구하고, 때로는 이 분들의 답변이 본인의 생각과 다를 때에는 이를 수긍하기보다는 자신의 논리를 재확인시키려 하였다. 또한 동사를 편찬하다가도 불현듯이 의문이 나면 다시 화두를 던져 함께 고민에 빠뜨리게 하는 고집스런 학자 순암과 편지를 주고받았다는 사실에서 웬만한 인내심을 가진 사람이 아니라면 힘들지 않았을까 하는 생각이 들었기 때문이다. 하지만 당시 순암과 주고받았던 편지는 단순한 편지가 아니라 오늘날까지도 불후의 대작으로 인정되는 『동사강목』이라는 역사책을 편찬하기 위한 '마라톤 편집회의'의 기회로 인정하고 있었던 것 같다. 그렇기 때문에 그분들은 악필의 순암글씨에도, 형식을 타파한 인사성 없는 편지 내용에도 아랑곳하지 않고 매순간 한편의 논문을 쓰는 심정으로 순암의 질의에 답변하며 편지를 주고받았던 것 같다.

이렇게 써진 편지를 모아놓은 「동사문답」의 사료적 가치를 주목하려는 필자의 이러한 생각은 이미 선학들도 주목한 적이 있다. 즉, "「동사문답」은 우리나라 역사에 대한 문답으로, 스승인 성호에게 질의 응답식으로 의견을 교환한 것이다. 여기에는 우리나라 역사의 사실에 대한 의문과 역대 선학들의 역사서에 대한 문제점들이 광범하고도 진지하게 다루어져 있다. 이 문답이 후일 『동사강목』의 일정한 의례義例를 마련하고 새로운 견해들을 정리하여 그의 역사적 대작을 이룩하게 하였다. 『동사강목』은 반계磻溪 유형원柳馨遠 이래 구상해 오던 것으로, 성호를 거쳐 순암에게 이르러 완성된 근기학파 역사학의 금자탑이라고 하겠거니와 그 과정에 「동사문답」은 지대한 의미를 갖는 것[27]이라 보았던 것이다. 이 외에도 순암의 민족사관을 『동사강목』뿐 아니라 『동사문답』을 통해서도 밝힌 연구[28]도 이미 오래 전에 있었다. 하지만 필자는 전자의 『순암집』 해제에서 지적하였듯이 「동사문답」은 『동사강목』의 의례, 즉 범례를 정하는데 기초가 되었다는 점에 주목하여 「동사문답」에서 논의되었던 내용이 『동사강목』의 범례를 정하는데 밀접한 관계가 있다는 점에 초점을 맞춰 논지를 전개하고자 하였다. 또한 「동사문답」은 『동사강목』을 편찬하면서 의문이 나는 사항을 스승 성호와 벗 소남과 정산과의 편지 왕래를 통해 해결하거나, 혹은 편지를 쓰는 행위를 통해 스스로 논지를 정리해 가기도 하였다는 점에서 자연스럽게 『동사강목』의 편찬 시기에 대한 논란의 문제를 해결하는 실마리로 삼고자 하였다. 그 결과 다음과 같은 사실을 확인할 수 있었다.

『동사문답』에는 순암의 나이 43세인 1754년(갑술, 영조 30)부터 49세인 1760

---

27 「순암집 해제」에서 발췌.(http://db.itkc.or.kr 참조)
28 심우준, 「'동사강목' '동사문답'에 나타난 그의 민족사관」, 『순암 안정복연구』, 1985, 일지사.

년(경진, 영조 36)까지 6년간 스승 성호와 스승의 소개로 친구가 된 소남 윤동규와 정산 이병휴에게 보낸 16통의 편지가 들어 있다. 물론 16통의 편지 가운데 12통은 스승에게 보낸 편지이고, 나머지 4통은 소남과 정산에게 각각 2통씩 보낸 것이다. 그런데 순암은 43세인 1754년(갑술) 스승에게 보낸 편지에서 "만일 동사를 다시 편찬하는 자가 있다면 상고로부터 고려 말에 이르기까지 한 편으로 엮어 강목의 예에 따라 이름을 『동사강목』이라 하여 우리 역사서를 전하겠다."는 강목체 『동사강목』 편찬의 뜻을 밝혔다. 그리고 5년 뒤인 1759년(기묘)의 편지에서는 삼국 이전의 『동사강목』 초고 5권이 완성되었다며 검토를 요청하였다. 그리고 이듬해(경진, 1760년) 스승에게 보낸 편지에서는 『동사강목』 편찬 작업이 "마침 여름에 종이 10여 권을 얻었기에 편찬이 마무리 되어간다"고 하였다. 이렇게 동사문답의 내용을 놓고 본다면 순암의 『동사강목』(필사본) 편찬 시기는 1760년을 하한으로 잡을 수 있다고 하겠다.[29]

또한 「동사문답」의 편지글의 주 내용은 철저한 역사고증을 통해 계통을 밝히고, 찬역을 엄격히 하며, 시비를 바로잡고자 하는 순암의 역사관을 전하고 있는데, 이는 『동사강목』 범례의 첫 항목인 '범통계凡統系'에 해당하는 것으로, 순암은 이것이야 말로 역사가가 가장 중요시해야 할 덕목으로 보았다. 하지만 '범통계' 말고도 세년, 명호, 즉위, 개원, 존립, 붕장, 찬시, 재상 등 다른 범례와 동사문답의 내용과의 연관성에 대해서는 필자의 게으름으로 인하여 자세히 다루지 못하였다. 또 순암이 동사문답을 통해 편년체 사서인 『동사강목』에서 자세히 다룰 수 없는 인물 열전이나 발해 또는 동진국, 대마도 등에 대한 치밀한 서술에 위하여 『동사보궐』이나, 『동사외전』 등과 같은 별도 사서를 편찬하려 했다는 사실만을 밝히고 용두사미가 되어버린 동사문답 연구를 마치려고 한다.

---

29 『동사강목』을 비롯한 순암의 여러 저서의 편찬시기에 대해 좀 더 면밀히 살피기 위해서『순암집』에 수록된 연보 기사를 표로 정리해 [부록 2]로 첨부해 보았다.

[부록 1]

『순암집』권2 書[30](성호선생에게 보낸 편지)

NO	제목	시기	내용 요지(주제어)	비고
1	上星湖李先生瀷書 丁卯	1747년/36세	역 패변설	
2	上星湖先生書 戊辰	1748/37	주정과 거경	
3	答上星湖先生書 己巳	1749/38	주정과 거경	
4	上星湖先生書 己巳	1749/38	관직 제수	
5	答上星湖先生書 辛未	1751/40	성호와 만난 지 6년	
6	上星湖先生書 癸酉	1753/42	도동록 편찬 시작	
7	上星湖先生書 癸酉	1753/42	이자수어(도동록) 편찬이 마무리 되어감 강목의 필법과 범례의 어긋남ー주/살/사/토	동사문답
8	上星湖先生書 甲戌	1754/43	강목의 필법과 범례의 어긋남(薨卒死弑)	동사문답
9	上星湖先生書別紙 甲戌	1754/43	질서(疾書)	
10	上星湖先生書 乙亥	1755/44		
11	答上星湖先生書 乙亥	1755/44		
12	上星湖先生別紙 丙子	1756/45	순암 기와 암명을 요청함	
13	上星湖先生書 丁丑	1757/46	喪祭, 묘제	
14	上星湖先生別紙 丁丑	1757/46	천추실의 비판	
15	上星湖先生書 丁丑	1757/46	국모상의 복	
15-1	- 別紙		자치통감, 북사의 服喪 기록	
16	上星湖先生書 戊寅	1758/47	일본 역사	
16-1	- 別紙		부인들의 首飾관련 역사기록	원에서 도입

---

30 부록의 서신들은 순암집 권2~4에 걸쳐 있는 순암이 성호, 소남, 정산에게 보낸 편지를 목록
화한 것이다. 경학이나 예학에 대한 내용이 주종을 이루고 있지만 간혹 동사 또는 강목의
범례에 대한 논의가 있다는 점에서 동사문답의 내용과 연관지어 검토할 필요가 있어 향후
과제로 제시하고자 첨부하였다.

17	上星湖先生書 戊寅	1758/47	건강상의 이유로 사서 편찬 중단 중, 동 사편찬의 의지	동사문답
17-1	- 別紙		귀신론, 불교 및 서학비판	
18	答上星湖先生書 戊寅	1758/47	柳磻溪集	
19	答上星湖先生書 己卯	1759/48	과거폐단과 대안	
20	上星湖先生書 己卯	1759/48	聲韻學	
21	上星湖先生書 辛巳	1761/50	성호사설의 분류를 마침	
22	上星湖先生書 壬午	1762/51	성호사설(왜국 여인국)	
23	上星湖先生書 壬午	1762/51	성호사설 악부 소감	
24	上星湖先生書		易經	

『순암집』 권3 書(소남에게 보낸 편지)

NO	제목	시기	내용 요지(주제어)	비고
1	與邵南尹丈東奎書 丁卯	1747년 /36세	첫 대면의 반가움, 서경	
2	答邵南尹丈書 戊辰	1748/37	易說	
3	答邵南尹丈書 戊辰	1748/37	易說	
4	答邵南尹丈書 己巳	1749/38	동몽교관 제수건, 춘추포폄	강목
5	答邵南尹丈書 壬申	1752/41	이자수어 편찬	
6	與邵南尹丈書 癸酉	1753/42	이자수어 편찬	
7	與邵南尹丈書 癸酉	1753/42	가례	
8	答邵南尹丈書 癸酉	1753/42	역에 대한 회신, 이자수어	
9	與邵南尹丈書 癸酉	1753/42	전례	강목, 범례
10	與邵尹丈書 甲戌	1754/43	金縢疑義	
11	答邵南尹丈書 甲戌	1754/43	외손봉사 禮	
12	與邵南尹丈書 乙亥	1755/44	상복	
13	答邵南尹丈書 乙亥	1755/44	학문하는 태도	
14	答邵南尹丈書 丙子	1756/45	한수, 강수 위치 비정 질문	
15	答邵南尹丈書 丙子	1756/45	동사 편찬 필요	동사강목
16	與邵南尹丈書 丙子	1756/45	가례－제사	

17	與邵南尹丈書 丙子	1756/45	가례	
18	答邵南尹丈書 丁丑	1757/46	시경	
19	答邵南尹丈書 戊寅	1758/47	역사편찬의 지난함	
20	與邵南尹丈書 己卯	1759/48	혼례 친영	
21	與邵南尹丈書 己卯	1759/48	제왕들의 소목제	
22	與邵南尹丈書 甲申	1764/53	심복(스승喪)	
23	答邵南尹丈書 丙戌	1766/55	사단칠정의 실천	
24	與邵南尹丈書 丁亥	1767/56	理發說	
25	答邵南尹丈書 戊子	1768/57	상복문제	
26	答邵南尹丈書 戊子	1768/57	상복문제	
27	與邵南尹丈書 戊子	1768/57	상례	
28	與邵南尹丈書 己丑	1769/58	가례	
29	答邵南尹丈書 己丑	1769/58	여헌선생의 경위설	
30	與邵南尹丈書 庚寅	1770/59	심학	
31	與邵南尹丈書 庚寅	1770/59	성현의 지결	
32	答邵南尹丈書 辛卯	1771/60	이발설	
33	答邵南尹丈別紙 辛卯	1771/60	역사편찬에 관한 문답	동사문답과 비교

『순암집』 권4 書(정산에게 보낸 편지)

권4	제목	시기	내용(주제어)	비고
1	與貞山李景協秉休書辛未	1751년/40세	본연지성과 기질지성	
2	答李景協書癸酉	1753/42	家人卦	
3	與李景協書甲戌	1754/43	학문하는 자세	
4	與李景協書丙子	1756/45	남인들에 대한 세평	동사문답 서와 다름
5	與李景協書戊寅	1758/47	易	동사문답 서와 다름
6	答李景協書辛巳	1761/50	음율학	
7	答李景協書壬午	1762/51	주삭과 구변설 논의	
8	與李景協書乙酉	1765/54	성복 절차	
9	與李景協書丁亥	1767/56	희노 이발	
10	答李景協書丁亥	1767/56	이발	
11	答李景協書戊子	1768/57	학문하는 자세	
12	答李景協書己丑	1769/58	성호 사후 학풍	
13	與李景協書己丑	1769/58	가례	
14	答李景協書己丑	1769/58	가례	
15	與李景協書庚寅	1770/59	사단칠정, 희노	
	--別紙	〃	우제	
16	答李景協書癸巳	1773/62	후생 교육	
17	與李景協書癸巳	1773/62	윤장 사후 심정	
18	與李景協書甲午	1774/63	효경	
19	答李景協書乙未	1775/64	서경의 역상수시도 고증	
20	與李景協書乙未	1775/64	학풍에 대한 염려	
21	與李景協書丙申	1776/65	성호 유고와 연보편찬	

[부록 2]

순암 연보를 통해 본 순암 저술 연표

시기	내용
영조13년 정사 (1737) 5월, 선생 나이 26세	○ 치통도(治統圖)와 도통도(道統圖) 2도를 만들다. – 치통도는 역대 제왕들의 계통을 그림으로 그린 것이다. 위로는 상고시대로부터 아래로는 황명에서 청나라에 이르기까지를 그렸으며, 正統도 있고, 變通도 있고, 무통도 있는데 모두 포폄과 여탈의 의리를 붙여 上圖와 河圖로 만들었다. – 도통도는 역대 성현들의 계통을 그림으로 그린 것이다. 첫머리에 주자의 역도(易圖)를 내어 걸어 도의 근본을 밝혔고, 계속해서 복희, 신농, 황제, 요, 순, 공자, 맹자 등과 염락의 여러 현인들 및 원나라와 명나라의 제유(諸儒)에 이르기까지 모두 정통과 방통으로 나눈 다음, 역시 상도와 하도로 만들었다. 모두 범례가 있어서 그림의 윗면에 써 놓았다.
영조16년 경신 (1740) 29세	『하학지남』을 찬하다. 『정전설』을 짓다.
영조17년 신유 (1741) 30세	겨울에 『내범』을 찬하다.
영조22년 병인 1746 35세	10월에 성호 이선생에게 가서 배알하다.
영조23년 정묘 1747 36세	봄에 소남(邵南) 윤공에게 편지를 보내 서경 泰誓의 뜻을 논하다. 9월에 성호 선생에게 가서 배알하다. 12월에 성호선생에게 편지를 올리다. – 괘변설에 대해 논하고 한마디 가르침을 주시어 종신 체득하는 바탕을 삼겠다고 하니, 성호의 답서에 "속학들이 맹목적으로 더듬어 찾는데 비할 바가 아니니 이는 과연 우리 당(黨)에 사람이 있다고 할 수 있으며, 나의 여생이 위로가 된다고 칭찬하였다.
영조24년 무진 1748 37세	12월에 성호 선생을 찾아 가 뵙다. 『홍범연의』를 초하다.
영조25년 기사 1749 38세	1월에 성호선생의 편지를 받다. – 성호선생이 처음에 순암이 方術을 잘한다는 이름이 있어 세상 사람들이 함부로 전하므로 혹 의심하여 편지를 보내 경계한 것이며, 또 이름을 고치라고 하였으나, 순암은 재능을 감춘 채 숨어 지내라는 것은 마땅히 분부대로 명심하겠지만, 이름을 고치라는 요구에 대해서는 비록 이름을 고친다 해도 몸은 여전히 그 사람일 것이니 명을 따르지 않겠다고 회신함. 3월에 동몽교관에 의망됨. 5월에 후릉참봉에 제수되었으나 부임하지 않음(부친 參判公이 살아있어 선생은 차서를 잃는 것을 혐의하였기 때문). 11월 만녕전 참봉에 제수되어, 12월에 부임.
영조26년 경오 1750 39세	잡괘설을 짓다.

영조27년 신미 1751 40세	雜卦說 후설을 짓다. 2~3월 성호선생에게 편지 쓰다(가례에 대한 질문). 5월 성호선생에게 편지 쓰다(周易 卦辭와 爻辭의 뜻, 주역 읽는 법 논의) 7월 성호선생을 찾아 뵙고 문병함. 貞山 李景協(李秉休)의 편지에 답함(喜怒 理發說에 대한 토론).
영조28년 임신 1752년 41세	죽은 李孟休(李醇叟=성호아들)의 遺事를 쓰다. 5월에 성호에게 편지 쓰다(맹자 7편에 대한 질문).
영조29년 계유 1753년 42세	여름에 廣州志를 찬하다. 6월에 貞山의 편지에 답함(家人卦). 10월 이후 이자수어를 편찬하다. 12월 綱目의 필법 가운데 의심스러운 것에 대해 논하다.
영조30년 갑술 1754년 43세	6월 병인 부친 참판공의 상을 당해, 8월 갑술에 덕곡 선영에 장사지내다. 지나치게 슬퍼한 탓에 고질병이 됨. 12월 참판공 행장을 찬하고, 성호선생에게 誌文을 청함.
영조31년 을해 1755년 44세	2월에 성호에게 誌文을 청함. 6월에 윤동규 편지에 답함.
영조32년 병자 1756년 45세	洞約 서문을 쓰다.
영조33년 정축 1757년 46세	1월 초하룻날, 제사법을 개정하고 선묘에 제사지냄. 希賢錄을 완성(을해 겨울부터 작성, 상하 2권). 3월 정사일에 대왕대비 승하하니, 성호 선생에게 편지를 보내 臣民의 복제에 대해 논함. ㅡ "국모의 복제에 대해 예문에는 小君을 위하여(爲小君)라고 하지 않고 임금의 어머님(爲君之母)이라고 했습니다. … 국조의 전례가 어떠한지는 모르겠습니다만, 근래에 『고려사』를 보았더니, 명종이 태후의 상을 당하여 졸곡이 지난 뒤 신하에게 이르기를 '짐은 아직 검정 띠를 띠고 있는데 경들은 분홍색 띠를 띠는가?' 하였습니다. 이는 분홍색 띠를 띠어 길함을 나타내는 것을 온당히 못하게 여긴 것입니다. 그런데 더구나 지금 같이 예교가 아주 밝은 시대에 그럴 수 있겠습니까. 제 생각으로는 고관과 신신들은 淺淡服에 烏帽, 角帶 차림으로 직무를 보는 것이 옳을 듯한데, 어떤지 모르겠습니다."하다. 성호선생에게 편지를 올려 상제의 격식에 대해 논함(4대 봉사 관련). 7월에 성호선생이 순암기를 지어 보내다. 성호선생에게 서양 학술의 그름에 대해 논함(천주실의 … 마테오릿지의 학문토론 글…). 임관정요를 완성하다. 무오년 영조 13년(1738년)부터 초고를 작성하기 시작하여 처음에는 치현보라 하였으나 다시 임관정요라고 하다(3편).
영조34년 무인 1758년 47세	1월에 성호선생에게 편지함(부녀들의 首飾). 3월에 성호선생에게 편지함(귀신의 이치에 대한 논의). 10월에 정산에게 편지함(역경과 시경을 읽는 법 논의). 11월 校證家禮附贅의 서문을 짓다(오휴자 안신이 편찬한 책).

영조35년 기묘 1759년 48세	동사강목을 완성하다. － 선생은 일찍이 우리나라 사람들이 우리나라의 사실에 대해서는 알지 못하는 것을 탄식하여 병자년부터 초고를 작성하기 시작하였는데, 4년에 걸쳐서 책 을 완성하였다. 위로는 기자 원년부터 시작하여 아래로는 고려 말에 이르기 까지의 사실을 강과 목을 세워 기술하였는데 모두 18권이며, 또 고이와 지리 고 2권의 책이 있어 합하여 총 20권이다. 스스로 찬한 서문이 있다. 정월에 성호선생에게 편지함(역경의 先天과 後天의 뜻을 논함). 2월에 소남 윤동규에게 편지함(시경에 대한 논의). 11월에 성호선생에게 편지함(列國의 音韻과 古今의 曆法에 대해 논함).
영조36년 경진 1760년 49세	12월 권철신에게 답함(雅頌에 대한 질문에 회신).
영조37년 신사 1761년 50세	4월에 서재(麗澤齋)를 건립하고 5월부터 매달 모여 소학을 강독하다.
영조38년 임오 1762년 51세	11월에 성호의 새설유편의 편차를 정하다.(총 12권)
영조39년 계미 1763년 52세	3월에 百選詩를 완성하다. － 역대의 시 100수를 문체별로 모아 백선시로 이름하고(총 7권), 序文도 짓다. 史鑑을 완성하다. 상고시대부터 강목 이전까지를 산삭하여 만듦(총 8권) 12월에 스승의 부음을 듣고 곡하다. 심상복을 입다. 선생에게 학문에 대해 물은 말을 기록한 함장록(函丈錄)이 있다.
영조40년 갑신 1764년 53세	12월에 소남 윤동규에게 편지함(스승 상에 대한 복제를 논함).
영조41년 을유 1765년 54세	4월에 이름 없는 5현인에 대한 찬을 짓다. 8월에 심하게 심한 종기를 앓다가 10월에 차도를 보임.
영조42년 병술 1766년 55세	陶靖節贊을 짓다. 6월에 6箴을 지어 스스로 경책함. 10월에 권철신의 편지에 답함(왕양명의 致知說).
영조43년 정해 1767년 56세	1월에 윤동규에 편지 씀. 『열조통기』 초하기 시작함. 국조의 고사 및 문집이나 야승 등 여러 책에서 뽑아 편년체로 만들었는데 총 25 권이다. 8월 병인에 母夫人의 상을 당하여 10월에 장사지내고, 부친 묘소를 천장하여 합 장함.
영조44년 무자 1768년 57세	5월과 11월에 소남 윤동규에 편지함. 12월에 권철신에게 편지함(공부 법 지적).
영조45년 기축 1769년 58세	3월에 이기양의 편지에 답함. 5월에 성호예식의 서문을 찬함. 8월에 정산에게 편지 보냄－내외종가에 결혼하는 중국풍습의 잘못을 논함. 윤동규에게 편지함(가례가 주자 晩年의 定論을 적은 책이 아님을 논함).

영조46년 경인 1770년 59세	4월에 선부인의 행장을 지음. 5월 大山 이경문(李景文;象靖)에게 편지함(四七說). 윤5월 윤동규에게 편지함(말학의 폐단을 논함). 8월 권철신의 편지에 답함(사칠설).
영조47년 신묘 1771년 60세	3월에 소남 윤동규의 편지에 답함. 소남이 편지를 보내 易經의 본의 가운데 의심스러운 부분과 『고려사』 및 『강목』 가운데 고려 묘제의 의심스러운 부분을 물어왔으므로 선생이 변석하여 답한 것 이다.
영조48년 임진 1772년 61세	1월 권철신 편지에 답함. 5월에 세자익위사 익찬에 제수되어 상경하여 서연에 들어감. 6월에 8차례에 걸쳐 서연에 참가하다(을축, 기사, 경오, 정축, 기묘, 경진, 갑신, 을유). 7월에 병이 나서, 8월에 집으로 돌아옴.
영조49년 계사 1773년 62세	8월 소남 윤동규 부음에 곡하고, 제문을 지음. 12월 세자익위사 衛率에 제수됨.
영조50년 갑오 1774년 63세	1월 임신에 서연 참가(聖學輯要 收斂容止章을 강함). 갑술과 을해에 서연에 참가하니, 동궁이 "선생이 찬한 동사강목을 얻어 볼 수 없 는가" 물으시니 선생은 草稿本이라 볼 것이 못 된다는 뜻을 아뢰었다.
영조51년 을미 1775년 64세	가을에 朱子語類節要(총8권)를 완성함. 11월 비망기에 익찬 안정복은 경학에 뛰어나며, 단정하다고 영상 한익모가 말하 다. 12월에 반계 유선생의 연보를 찬하다.
영조52년 병신 1776년 65세	3월에 영조가 승하하다. 8월에 정산의 부음을 듣고 곡하다. 9월에 목천현감에 제수되어 10월에 부임하다.
정조원년 정유 1777년 66세	3월에 아들 안경증이 죽다.
정조2년 무술 1778년 67세	목천현감을 사직하려 하였으나 허락받지 못하다.
정조3년 정유 1779년 68세	2월 목천현의 大麓志를 찬하다. 백성들에게 향약을 권장하다. 4월 감사에게 체직을 허락받아 고향으로 돌아오다. (3년 뒤 1781년 고을백성이 거사비를 읍 동쪽의 伏龜亭에 세우다)
정조4년 경자 1780년 69세	4월에 향사례를 행하다.
정조5년 신축 1781년 70세	4월에 家禮集解를 완성하다. 1755년에 초고를 작성하기 시작하여 문인 황덕일과 함께 교정하여 완성함. 6월에 상께서 동사강목을 올리라고 하교를 내리니, 승선 鄭志儉을 통해 올렸다.

정조6년 임인 1782년 71세	8월에 권철신 편지에 답함.
정조7년 계묘 1783년 72세	7월 돈녕부 주부되었다가 8월에 長陵令으로 체차됨. 상께서 "이 사람에 대해서는 내가 이미 계방에 있을 때부터 잘 알고 있다. 또 서책을 편찬한 것도 있으니 한번 불러 보고 싶다. 돈녕부주부 안정복을 다른 관사의 한가한 자리와 서로 바꾸라."고 하다. 또 특별전교를 내려 헌릉 령으로 교체하다. 입직하여 『동사강목』을 교정하다. 선생이 찬한 책으로 전주 감영에 명하여 등사해서 전하게 하였는데, 오자가 많아 선생에게 명하여 교정하게 하였다. 9월에 작업을 끝내 다시 왕에게 바쳤다.
정조8년 갑진 1784년 73세	7월에 세자익위사 익찬에 제수되다.
정조9년 을사 1785년 74세	2월에 소남 윤동규 행장을 찬하다. 3월에 天學考와 天學問答을 짓다. 6월에 詩經名物考를 완성하다. 12월에 六箴(1766년 병술에 지은 것)을 병풍에 쓰고 좌우명을 짓다.
정조10년 병오 1786년 75세	5월에 덕곡동 안에 齋舍를 세우다.(麗澤齋) 7월에 東銘圖를 만들다.
정조12년 무신 1788년 77세	6월에 黃德壹의 편지에 답하다.(스승의 성호새설을 비방하였기 때문)
정조13년 기유 1789년 78세	1월에 통정대부로 승진. 8월에 첨지중추부사에 제수됨.
정조14년 경술 1790년 79세	봄에 족보를 개수하다. 6월에 가산대부로 승진(원자 탄생 축하).
정조15년 신해 1791년 80세	1월에 간옹 이헌경의 만사를 짓다.(서학 배척한 사람) 2월에 계방 동료 崔興遠 묘지명 찬함. 3월에 망자 안경증의 묘지명 찬함. 6월 신미에 가슴통증이 심해짐. 7월 계사 오시에 침실에서 돌아가시다. 9월 병자 덕곡선영 해좌에 장사 지내다.
순조원년 신유 1801년 사후10년	9월에 자헌대부 의정부좌참찬 겸 지의금부사 오위도총부도총관 광성군에 추증.
고종8년 신미 1871년 사후80년	3월에 문숙 시호 추증.

안정복의 민원정책民願政策과 관민소통官民疏通

김경숙

1. 머리말

　순암順庵 안정복安鼎福(1712~1791)은 학자, 저술가임과 동시에 목민관으로서 자신의 사상 및 학문적 이상을 향정 운영鄕政運營에 구현하였다. 학인學人 정사政事의 전형을 보여주는 대표적인 인물이다. 그의 저술 가운데 향정과 관련해서는 『치현보治縣譜』(1738, 27세), 『임관정요臨官政要』(1757, 46세), 『백리경百里境』 등의 목민서, 「광주경안면이리향약廣州慶安面二里鄕約」(1756, 45세), 목천 현감 재임시의 경험을 바탕으로 한 「목주정사木州政事」(1776, 65세~1777, 66세), 「동회의식洞會儀式」(1779, 68세), 『대록지大麓誌』, 『안정복일기』 등 상당수의 자료들이 있다.[1]

---

1 안정복의 鄕政 운영과 관련한 주요 연구 성과는 다음과 같다. 김인걸, 「朝鮮後期 鄕權의 추이와 지배층 동향－忠淸道 木川縣 事例」, 『한국문화』 2, 1981; 한상권, 「順庵 安鼎福의 社

특히 『임관정요』는 안정복의 사상과 이론이 목천 현감 재임시(1776, 65세~1779, 68세)에 실제 적용되었다는 점에서 일찍부터 주목받아 왔다. 이에 근거하여 조선후기 향촌질서 및 향정 운영의 특성을 다양한 시각에서 접근한 많은 연구 성과들이 축적되어 있다.[2] 본고에서는 이들 선행 연구를 바탕으로 지방관의 주요 업무에 해당하는 민원 정책을 집중적으로 검토하고자 한다.

안정복은 민원 정책과 관련하여 항통법缿筒法 실시와 민장民狀 처리의 개선책을 제시한 점이 주목된다. 항통법缿筒法은 익명의 투서통으로 관민소통의 구체적인 실현이라 할 수 있다. 또한 민장 처리는 백성들의 청원서를 처리하는 방식으로 민은民隱 및 민원民願을 해결하는 적극적인 정사 활동政事活動이다. 이들 민원 정책은 안정복 목민관의 근간을 이루는 애민愛民 실현을 위한 주요 매개체로서 그 구현 과정은 목민관과 민인의 직접 소통을 바탕으로 하는 특성을 띤다.

본고에서는 이들 항통법 실시 및 민장 처리 방식을 집중적으로 분석함으로써 조선후기 향정 운영을 위한 안정복의 학문적 이론 체계와 목천현에서의 실제 적용 과정을 검토하고자 한다. 이를 통해 학자출신 지방관의 민원정책과 관민소통의 특성을 이해하고자 한다. 이는 학문을 숭상하고 우문정치右文政治의

會思想; 民에 대한 인식을 중심으로」, 『한국사론』 17, 서울대국사학과, 1987; 김태영, 「順庵 安鼎福의 鄕政論」, 『한국실학연구』 창간호, 1999; 노혜경, 「安鼎福과 黃胤錫의 對民政策 比較 - 木川縣을 중심으로」, 『한국사상사학』 23, 2004; 허원영, 「安鼎福의 수령관과 수령행정 : 『臨官政要』와 『木州政事』에 나타난 賦稅행정을 중심으로」, 『성호학보』 3, 2006; 원재린, 「順菴 安鼎福의 '牧民'觀 -『臨官政要』「政語」 분석을 중심으로」, 『한국사상사학』 26, 2006; 원재린, 「順菴 安鼎福(1712~1791)의 鄕政方略 -『臨官政要』「時措」 분석을 중심으로」, 『대동문화연구』 64, 2008; 오영교, 『실학파의 정치사회 개혁론』, 혜안, 2008

2 『임관정요』는 政語, 政蹟, 時措의 세 부분으로 구성되어 있다. 정어는 원론의 측면에서 목민관이 숙지해야할 기본통치 이념을 경사자집의 각종 문헌에서 인용한 문구들을 모았고, 정적에서는 중국과 우리나라의 과거 사례들을 모아놓았다. 시조는 정어에 담긴 향정 이념을 조선의 현실에 맞게 실현하기 위해서 고안된 '시의적절한 조처'들을 담고 있는 이 책의 핵심 부분이다.

극치를 이룬 조선사회의 성격과 장기 지속성의 바탕을 이해하는 데 일조할 수 있을 것이다.

2. 지방관 부임과 독서

1) 수령의 학문 수련과 독서

안정복은 다양한 분야에 걸쳐 방대한 저술을 남긴 실학자로 평생 책과 독서를 좋아하고 학문에 전념하였다. 특히 그는 경전에 대한 독서를 강조하였는데, 이를 통해 성현의 자취를 찾고 그 자취를 통해 성현의 이치를 터득하고 성현의 뜻을 추구하고자 하였다. 성현의 글은 많이 읽지 않으면 그 의미를 알 수 없으며 널리 보지 않으면 그 변화에 통달할 수 없다고 인식하였다.[3]

그의 책과 독서, 학문을 즐기는 습관은 자손들에게도 독서를 강조하는 형태로 표출되었다. 1747년(영조 23) 아들 안학安塋(경증景曾 개명)에게 당부한 6조목 중에는 남의 좋은 글을 보면 빌려다가 익히 보거나 베껴 써 놓고 그 사람과 어깨를 나란히 하고야 말겠다는 생각을 할 것을 당부하였다.[4] 1752년(영조 28) 아들에게 보낸 편지에서도 독서의 귀중함을 강조하고, 누이동생도 무식하게 내버려두지 말고 내범內範을 가지고 글 뜻과 글자 쓰기를 가르치도록 당부할 정도였다.[5]

나아가 그는 학문과 정치를 체용體用 또는 표리 관계로 파악하고 위정자의 학문 수련을 특히 강조하였다. 다음은 『임관정요』 서문의 내용이다.

---

3 안정복, 『순암선생문집』 권13, 雜著, 橡軒隨筆 下, 讀書(http://db.itkc.or.kr 참조. 이하 동일)
4 안정복, 『순암선생문집』 권9, 書, 書與塋兒 丁卯
5 안정복, 『순암선생문집』 권9, 書, 寄塋書 壬申

천덕天德과 왕도王道는 본래 일체이고, 수기修己와 치인治人은 두 가지 뜻이 없다. 그러기에 배우고 여력이 있으면 벼슬을 하고 벼슬을 하면서 여력이 있으면 배우는 것이니 출처出處는 같지 않으나 그 도는 같다. … 일찍이 배우지 않고도 정치를 잘한 사람은 없었다. 후세에는 학문과 정치가 둘로 나뉘어 유리儒吏와 속리俗吏의 구별이 있는가 하면 법률의 학문이 항시 중하게 여겨지니 슬픈 일이다. 진서산眞西山이 일찍이 경전을 편집하면서 정사에 대해 논한 내용으로 『정경政經』이란 책을 만들었으니 학문 밖에 정치가 있는 것이 아니다. 그 체體는 비록 같지만 일에 응용을 하다보면 시행됨이 다르기 때문에 부득불 따로 구별을 한 것이니 이것은 『심경心經』과 표리가 되는 것이다.[6]

학문과 정치는 체용體用의 관계로 『심경心經』과 『정경政經』이 표리임을 주장하고 있다. 때문에 배우지 않고는 정치를 잘할 수 없다는 인식 하에 배우고 여력이 있으면 정치를 하고 정치하는 틈을 쪼개 여력이 있으면 배울 것을 강조하였다.

이러한 그의 인식은 1759년(영조 35) 영남지역에서 지방관으로 재직 중이던 한덕일韓德一(1708~?)에게 보낸 편지에서도 그대로 나타난다.

어제 작별할 때 물으시기에 별 생각하지 않고 독서를 많이 하시라고 답하였지만 그것이 수재秀才들이 강학하는 것처럼 하라는 뜻은 아닙니다. 수령이면 민간의 일들이 많아 사실은 독서에 미칠 여력이 없겠지만 그러나 성현의 문자를 늘 읽고 외워 의리가 항상 가슴 속에 무젖게 하면 무슨 일을 대했을 때 객기가 싹 가시고 무언가 깨우쳐지는 바가 있을 것입니다.[7]

---

6 안정복, 『순암선생문집』권18, 序, 臨官政要序
7 안정복, 『순암선생문집』권5, 書, 與韓戚之德一書(己卯)

지방관의 업무가 많아 독서할 여력이 없더라도 독서를 많이 할 것을 당부하고 있다. 특히 지방관의 독서는 관직 없는 일반 사족과 차별성을 가져야 한다고 강조하였다. 성현의 글을 항상 가까이 하여 몸에 배게 해야 한다는 것이다. 지방관의 독서는 성현의 가르침과 의리에 익숙해져서 정사政事를 처리하는 데 있어서 판단 근거로 작용할 수 있기 때문이었다. 곧 경전 독서와 학문을 통한 자기 수양이 지방관 선정善政의 바탕을 이룬다는 인식이었다.

2) 목천현지래책목木川縣持來册目

수령 독서의 중요성을 강조한 안정복은 자신이 목천 현감에 부임할 때에도 방대한 양의 서적을 지니고 감으로써 스스로 이를 실천하였다. 국립중앙도서관에 소장되어 있는 『안정복일기』의 1777년(정조 1) 일기 첫머리에 「목천현지래책목록木川縣持來册目錄 병신십일월丙申十一月」이 기록되어 있는데, 이러한 상황을 잘 보여준다. 그가 목천 현감에 부임한 때가 1776년(정조 즉위, 병신) 10월이므로 부임한 바로 다음 달인 11월에 목천현으로 가져간 서적 목록임을 알 수 있다.

이 목록에 등장하는 서적은 모두 105종 219책에 달한다.[8] 여기에는 자신의 저술 및 경전, 역사지리, 의례서, 시문집, 자전, 의학서, 백과사전, 불교서적, 소설, 서양서적 등 다양한 방면의 각종 서적들이 포함되어 있다. 이들을 종류별로 분류하여 구체적인 책 제목을 검토해 보면 다음과 같다.

---

8 책의 수량이 기록되지 않은 5종은 각 1책으로 파악함. 기록하였다가 삭제한 역대총목 1책은 제외시킴.

1. 경전류

『心經』2책, 『近思錄』2책, 『唐板周易』2책, 『謄書周易正文』1책, 『謄書詩經』1책, 『易學補遺』2책, 『五子近思錄』1책, 『良溪易說』1책, 『四書琢玉唐板』5책, 『大學疾書』1책, 『周禮抄』1책, 『論語疾書』1책, 『朱文抄』2책, 『東儒性理說 下』, 『先賢格言』1책, 『語類節要』8책, 『陽明文抄』1책, 『大學疾書』1책, 『讀書講義』2책[9]

2. 안정복 저술

『政要』2책, 『治縣譜』1책, 『下學指南』2책, 『下學指南』2책, 『私稿』1책, 『史鑑』8책[10], 『明智錄』1책[11], 『覆瓿』4책

3. 법률, 목민서

『歷代律選謄書』1책, 『法制問答』1책, 『範解』2책, 『郡縣制』1책, 『百憲總要』1匣 2책[12]

4. 역사 지리지

『東史』13책, 『東史外傳』1책, 『列朝通紀』28책, 『歷代摠目』1책, 『明史朝鮮傳』1책, 『東史例』1책, 『歷代摠目』1책, 『新件史略記』1책, 『函史唐板』1책, 『歷代捷錄』2책[13], 『歷代摠目』1책, 『盛京通志』1책[14], 『道東疆域圖』1幅(兩田圖 추가), 『輿地勝□□』(丙子冬), 『備考略』3책

---

9 1642년 조익이 『朱書要類』(주자대전에서 간찰을 뽑아 엮은 책)의 권3-4 편명
10 중국 3황5제부터 춘추말기까지의 사적을 초록한 책
11 역법, 산학, 역사 등에 관한 잡서
12 육조 관련 법례를 수록한 책
13 중국 명나라 周昌年 등이 盤古, 3황5제부터 명나라 神宗까지의 역대 황제의 세계와 치적을 기록한 역사책
14 중국 청나라 때 만들어진 지리지

5. 시문집

『朱文酌海』9책,『謄書昌黎文抄』2책,『寒岡集』1책,『星湖雜著』1책,
『新板靜庵集』2책,『眉相年譜』1책,『星湖行狀』1책,『絶句』1책,『杜律』
1책,『東詩文』1책,『東坡尺牘』1책,『東律』1책,『八字文抄唐板』1책,
『六先生詩抄』1책,『律絶小册』1책,『陽明詩抄』1책,『長川書』2책,『僿
說草 下』,『於于集』1책,『靜庵集』2책,『隨手記』1책,[15]『貞山稿』2책[16]

6. 의례서

『喪威錄』1책,『家禮疾書』1책,『東儒禮說』1책,『喪祭禮抄』1책

7. 기타

〈자전〉『字訓』1책,『字彙』1책[17],『語錄解』1책[18],『千字洪啓禧註』
　　　1책
〈역서〉『天機大要』1책,『青衣曆書』1책,『白衣曆書』1책,『順天曆唐
　　　板』1책
〈백과사전〉『圖書編』1책[19]
〈의학서〉『萬病回春』3책[20],『集驗方』1책
〈어학책〉『譯語類解』1책[21]
〈불교서〉『緇門』1책(勝天寺),『大慧語錄』1책(銀石寺)[22]

---

15 정개청의 시문집, 수수기와 우득록 12책으로 되어있으나 우득록 3책만 남아 전함.
16 李秉休의 시문집
17 중국 명나라 梅膺祚의 字典
18 1657년 鄭瀁이 편찬한 중국 속어사전
19 중국 명나라 장한이 편찬한 백과사전. 127권 64책
20 1587년 중국 명나라 龔廷賢이 편찬한 종합 의학서. 8책
21 1690년 사역원에서 이행, 김경준 등이 중국말에 우리말 음을 달아 편찬한 어학책으로 역과
　　교재로 사용함. 2권 2책
22 대혜 보각선사 어록 30책

〈소설〉『新件剪燈新話』 2건[23]

〈방위도〉『大輪圖』 2장(1장 家在)

〈서양서적〉『泰西水法』 1책[24]

〈기타〉『遷說記』 11책, 『淺集』 1책, 『八編類纂 上』, 『隨得錄』, 『美學
啓蒙』 1책, 『昆吾錄』 1책, 『方正學集』 3책, 『亦計觀』 1책, 『釣
龍餌』 10책, 『典考雜錄』 1책, 『綱錄抄』 1책, 『汨董錄』 1책, 『□
秤』 1책, 『世務』(隨錄) 2책, 『經濟一覽』 1책, 『語錄解謄本』 1책,
『辨破錄』 1책

이들 중에서 주목되는 서적은 경전류, 안정복 저술, 법률 및 목민서이다. 경전류는 18종 36책에 달하는데, 사서삼경, 근사록, 심경 관련 서적이 중심을 이룬다. 앞에서 살펴보았듯이 안정복은 성현의 문자에 해당하는 경전류 서적을 수령 독서의 근간을 이루는 것으로 인식하였다. 경전 독서를 통하여 자신을 수양하고 이를 바탕으로 임민臨民과 정사政事 처리에 있어서 애민, 의리 및 공정을 지키고 사적인 이해 관계에 구애되지 않도록 자신을 단속하였을 것이다. 경전류 서적은 그의 수령 독서의 근본을 이룬다고 할 수 있다.

안정복 자신의 저술은 7종 21책에 이른다. 이들 중에 목민서인 『(임관)정요』와 『치현보』가 포함되어 있다. 65세의 노구를 이끌고 지방관으로 부임하는 길에 지방관의 마음가짐과 업무에 대해 평생 동안 구상한 이론서를 지니고 갔던 것이다. 그가 목천현에 재임하는 동안 임민과 정사를 행하는 데 기본 지침서가 되었을 것임은 쉽게 짐작할 수 있다. 실학자의 목민서가 이론적 구상에 그치지 않고 실제적인 향정 운영에 실험적으로 적용되었음을 이 목록을 통해 명확하게 확인할 수 있다.

---

23 중국 명나라 瞿佑의 단편 전기소설
24 이탈리아 예수회 선교사 우르시스가 저술한 과학기술서

법률 및 목민서는 5종 7책으로 지방관이 업무를 처리할 때 활용하는 지침서 역할을 하였다. 지방관에 부임할 때 가장 긴요하고 활용도가 높은 서적이 법률 및 목민서일 것인데, 그 중요성에 비하여 안정복이 가지고간 서책은 숫적으로나 종류에 있어서 다소 소략한 양상을 보인다. 목민서는 자신이 저술한 서책을 지니고 갔으며, 법률서의 경우에는 해당 고을에 이미 어느 정도 구비되어 있었을 것이다. 따라서 이 분야는 필요성이 그다지 높지 않았을 것으로 추정된다. 이 밖의 다양한 분야의 서적들은 그의 개인적인 관심과 일상생활에서 활용되는 기본서들로 구성되어 있다.

3. 민원 정책과 관민 소통

독서와 학문을 통해 안정복이 추구하는 지방관의 이상적인 모습은 어떠하였을까? 다음의 기록은 그가 지향하는 위정자의 모습을 잘 보여준다.

천하만사는 인심人心을 근본으로 삼지 않음이 없다. 인화人和를 잃으면 만사가 모두 그릇된다. 한 고을은 비록 작지만 이서민인吏胥民人이 있고 그 자체로 상하의 근본이 있다. 민인의 윗자리에 있으면 반드시 인심을 잘 살펴 백성들의 뜻을 거슬려서 탄식과 원망함(違拂咨怨)에 이르지 않게 해야 한다. 인심을 얻을 수 있는 길은 달리 있지 않다. 나의 마음이 먼저 백성을 사랑하고 상벌과 호령이 공평해지면 인심은 절로 기뻐할 것이다.[25]

옛 사람들의 다스림에 대한 말은 '애민愛民'에 불과하다. 백성에 대하여 항상 지극한 정성과 측은한 마음을 가지고 한 가지 일을 행할 때마다 반드

25 안정복, 『임관정요』臨民章(국립중앙도서관 소장(古朝31-134, 한古朝31-497), http://www.nl. go.kr/nl 참조. 이하 동일)

시 민심이 좋아하는지 싫어하는지를 살피고 한 가지 명령을 낼 때마다 반드시 민심이 따르는지 거스르는지를 살필 것이다.[26]

정치라는 것은 애민愛民 곧 백성을 사랑하는 것이며 위정자에게는 인심이 가장 중요함을 강조하고 있다. 인심의 방향을 잘 살펴 인심에 어긋나지 않게 하는 데서 정치는 출발한다는 것이다. 이 때문에 그는 백성들과 직접 접하는 지방관은 인심을 파악하기 위하여 민간의 실정을 잘 파악할 것을 강조하고, 이를 위하여 백성들과의 소통을 중요시하였다.

풍속을 잘 살펴 민간의 실정을 목전에 두어야 한다. 예로부터 수령은 반드시 향곡鄕曲을 친히 순찰하여 깊은 산골 궁벽진 마을이라도 멀어서 가지 않은 곳이 없었다. 봄가을 따뜻할 때 또는 연분年分할 때에 수행을 간소하게 하고 각 면을 순찰하며 백성들의 질고를 묻고, 간특한 자들을 적발하고, 숨고 빠져나간 것들을 수색해서 찾아내고, 논두렁에서 백성들의 고충을 묻고, 길가에 말을 세운 채 판결하고, 향사鄕師를 초빙하여 경사를 강론하고, 면임을 불러 교령을 존행尊行하면 풍속이 개선될 것이다.[27]
위정은 마땅히 백성들의 뜻이 통하는 것을 급선무로 삼아야 한다. 간활한 이임배들이 매번 중간에서 가로막고 아첨하면 백성들의 뜻이 어떻게 위로 전달되겠는가?

그는 백성과의 소통을 위하여 직접 민간에 나아가 순찰할 것을 당부하고 있다. 이는 백성들의 뜻이 수령에게 전달되는 것을 향리층이 중간에서 가로막는다고 인식하고 있었기 때문이다. 이를 해결하는 방책으로 지방관이 직접 민간

---

26 안정복, 『임관정요』臨民章
27 안정복, 『임관정요』風俗章

에 나아가 백성들을 만나는 기회를 확대할 것을 제시한 것이다. 수령이 각 면을 순찰하면서 민간의 실정을 파악하고 백성들을 직접 만나 그들의 말을 듣고 고충을 해결해 주면 풍속이 절로 개선될 것임을 강조하고 있다.

이처럼 안정복은 지방관의 기본 바탕으로 민과의 소통을 중요시 하였다. 그 바탕에는 목민관의 입장에서 향리층의 중간 개입이 민과의 소통을 가로막는 요인으로 인식하고 있었다. 이에 따라 그는 향리층의 중간 개입을 차단하고 민과의 소통을 실현하기 위한 방책을 제시하고 그 이론 체계를 세우는 단계로 발전하였다. 이는 『임관정요』에서 항통법缿筩法의 실시와 민장民狀의 처리 방식으로 나타났다. 안정복이 목천현에 부임할 때 가지고 간 서적 목록에 포함되어 있는 『임관정요』의 이론들이 현실 정치에 적용된 사례들이 상당수 확인되는데, 그 중에서도 항통법과 민장의 직접 처리 방식은 그의 관민소통을 위한 노력의 산물로 매우 주목되는 정책이다.

1) 항통법缿筩法 실시

항통법은 오늘날의 투서통과 같은 것이다. 백성들이 익명으로 투서할 수 있는 통로를 보장한다는 점에서 민의民意 파악을 위한 주요 수단이며 관민소통의 적극적인 표현이라 할 수 있다. 이는 안정복이 최초로 제안한 것은 아니고, 그 스스로 '고인항통법古人缿筩法'이라 하였듯이 유래가 오랜 제도이다. 중국 한나라의 조광한趙廣漢이 영천 태수穎川太守로 있을 때에 항통을 설치하여 도적을 다스린 데서 유래한 것으로 알려져 있다.[28] 그 후 당나라 때에도 항통과 비슷한 익명의 투서통인 궤함匭函 제도를 실시한 사실을 이익의 『성호사설』을 통해 확

---

28 『인조실록』, 인조 24년 4월 10일 병술(http://sillok.history.go.kr/main/main.jsp 참조. 이하 실록인용 동일)

인할 수 있다.

　『당서』 직관지에, "지궤사知匭使가 구리로 만든 궤 4개를 한 방안 네 벽
밑에 놓되, 빛깔은 각각 사방색四方色에 따랐다. 동쪽 것은 연은延恩이라
하는데 백성을 기르고 농사를 권장하거나 정사를 칭송하고 관작을 구할
자가 있으면 투서하도록 하고, 남쪽 것은 초간招諫이라 하는데 시정의 잘
잘못을 말하거나 바른 말과 바른 간언을 할 자가 있으면 투서하도록 하고,
서쪽 것은 신원伸冤이라 하는데 억울하고 원통한 사실을 아뢸 자가 있으면
투서하도록 하고, 북쪽 것은 현통玄通이라 하는데 이상한 재변이 있거나
남모르는 비밀을 가진 자가 있으면 투서하도록 한다" 하였다. 그 제도는
항용缿筩과 같아 넣을 수는 있어도 꺼낼 수는 없는 것이리라. 당 현종 대
에 궤匭와 귀鬼의 음이 같다 하여 이름을 헌원獻院으로 고쳤으니, 송나라
때 등문고원登聞鼓院이란 것이 곧 이것이다. 한퇴지韓退之의 시에, '지금 성
상께서 현량 구하기에 급하여(當今聖人急賢良) 아침에 궤함을 내다가 명광전
에서 여는구나(匭函朝出開明光)'라고 하였으니, 이는 연은이란 궤에 투서한 것
을 이른 말이다.[29]

　당나라의 투서통 제도는 구리로 만든 궤함 4개를 한 방안에 설치하고 투서
의 내용에 따라 각 궤함에 나누어 넣도록 하였다. 동쪽 궤함은 연은延恩으로 정
사의 칭송과 관직 요청, 서쪽 궤함은 신원伸冤, 남쪽 궤함은 시정의 잘잘못, 북
쪽 궤함은 이상 재변과 비밀에 관한 내용을 투서하였다. 이 제도는 송나라 때
까지도 계승되어 실시되고 있었다. 중국에서 항통법은 다양한 사안들에 걸쳐
폭넓게 사용되었으며, 여러 왕조를 거치며 명칭과 운영 방식은 달라졌으나 제
도 자체는 계속 유지되었음을 알 수 있다.

---

29 이익, 『성호사설』 권4, 萬物門, 匭函.

그런데 항통법은 그 자체로 양면성을 지니고 있었다. 익명의 투서는 백성들이 억울함을 호소할 수 있는 효과적인 방법인 것은 사실이지만 이와 동시에 검증되지 않은 정보에 의해 억울한 피해자가 발생하고 해당 조직이나 사회에 불신 풍조를 조성할 수 있는 단점을 안고 있었다. 이에 따라 조선에서는 일찍부터 항통법의 수용을 고려하면서도 그 논의는 신중할 수밖에 없었다.

항통법에 대한 논의는 세조대부터 확인된다. 1456년(세조 1)에 영의정 정인지가 도적을 그치게 하는 방도로 다음과 같이 항통법을 제안하였다.

> 영의정 정인지가 강도가 들끓고 있다며 아뢰기를, "의금부, 한성부, 형조 및 외방의 수령으로 하여금 옛날의 항용법缿筩法을 모방하여 사람들이 익명으로 고발하게 하소서" 하였다. 〈중략〉 상이 이르기를, "일단 고발하는 문이 열리게 되면 원망을 품고 거짓된 내용으로 남몰래 화란을 만들어 내는 자들이 잇달아 일어날 것이니, 절대로 해서는 안 된다"[30]

정인지는 도적의 폐단을 해결할 수 있는 방책으로 항통법을 주장하였으나, 세조가 거짓 밀고라는 부작용을 지적하며 반대하고 있음을 확인할 수 있다. 정인지의 항통법에 찬성하는 의견도 제기되었다. 사인舍人 이극감李克堪은 도적에 관계된 일에만 한정해서 항통을 시행할 것을 제안하였다. 구체적인 시행 방안까지 제시하였는데, 도성은 의금부·한성부·형조에서 담당하고 외방은 수령이 주관하여 항통을 설치하고, 투서에는 모인某人이 모가某家의 물건을 훔쳤다, 모처某處에 숨겼다고 상세히 쓰게 하고 투서 내용을 조사하여 그 사실이 드러난 자만 처벌할 것을 주장하였다. 그러나 이에 대해서도 세조는 익명 투서의 문을 열어주면 원한을 품고 거짓으로 화란禍亂을 꾸미는 일이 일어날 것을 우려하며 끝까지 반대하였다.[31]

---

30 『국조보감』 권10, 세조조 1, 1년

당시의 논의는 항통법의 효과보다는 폐단을 경계하는 국왕의 의지가 관철되어 결국 시행되지 못하였다. 이후로도 항통법에 대한 논의가 계속 제기되었지만 대체로 폐단을 경계하여 전면적으로 시행되지는 못한 것으로 보인다. 그러나 한편에서는 지방관들에 의해 부분적으로 항통법이 실시된 사례들을 확인할 수 있다.

① 형조에서 아뢰기를, "곽시郭偲가 수설부정水卨副正 양훈襄讓의 처 장씨張氏를 해치려고 하여, 그 종과 사통하였다고 모함하면서 향리 김해金海 등에게 비밀리 글을 항용缿筩 속에 넣게 하였다가 일이 발각되었습니다. 교수형에 처해야 하는데, 지금 죄를 면하려고 아들을 시켜 상언上言하게 하였으니 수리하지 마십시오" 하니, 그대로 좇았다.[32]

② 윤지경이 아뢰기를, "신이 호남에서 올라온 장계를 보건대 살인계가 조직되었다고 하니 놀랍기 짝이 없습니다. 남원 부사 송상인宋象仁이 적도들을 다스리려 하다가 조상의 봉분이 모욕당하는 변고를 빚었다고 합니다. 상께서 관찰사에게 명하여 추적해 체포한 뒤 엄하게 다스리도록 하십시오" 하였다. 조위한이 아뢰기를, "송상인이 고을에 부임한 뒤 항용법缿筩法을 써서 10여 인을 잡아 죽이자 패거리들이 소문을 듣고 뿔뿔이 달아나면서 그의 조상 묘를 파헤쳤다고 합니다. 풍속이 이렇게까지 패악스럽게 되었으니, 진실로 통탄스러운 일입니다" 하였다.[33]

①은 1497년(연산군 3) 1월 형조에서 곽시의 처벌을 논한 내용이다. 곽시가

---

31 『세조실록』, 세조 2년 3월 9일 병자
32 『연산군일기』, 연산군 3년 1월 28일 경오
33 『인조실록』, 인조 7년 9월 6일 정해

향리를 시켜 장씨가 종과 사통하였다는 글을 써서 항통에 넣었다고 주장하였다. ②는 1629년(인조 7) 경연에서 국정을 논의할 때 보고된 사건이다. 남원부사 송상인이 항통법을 시행하여 도적을 잡아들였다가 조상 묘가 파헤쳐지는 보복을 당하였다는 것이다. 이 두 사례는 지방관의 의지에 따라 항통법이 부분적으로 시행된 사례를 잘 보여주고 있다.

이같이 조선시대 항통법은 15세기부터 그 시행 여부가 적극적으로 논의되고 부분적으로 시행된 사례도 확인된다. 그러나 그 자체로 관민소통의 장점과 함께 불신이나 무고의 가능성이라는 양면성 때문에 국가적 차원에서 전면적으로 시행되는 단계에는 이르지 못하고 있었다.

항통법에 대한 부정적인 인식은 조선후기 실학자들 사이에서도 찾을 수 있다. 안정복의 스승인 성호 이익은 『성호사설』에서 항통법의 유래를 설명하면서 다음과 같이 주장하였다.

> 『당서』 직관지에, "지궤사知匭使가 구리로 만든 궤 4개를 한 방안 네 벽
> 밑에 놓되, 빛깔은 각각 사방색에 따랐다. 〈중략〉" 하였다. 〈중략〉 왕강王
> 綱이 이미 해이해졌으니, 비록 궤함匭函이 있다 한들 이 궤함만으로 법이
> 제대로 행해질 수 있겠는가, 세상이 그러한 데는 어쩔 수 없는 것이다.[34]

이익은 당시의 해이해진 사회 기강 때문에 투서통이 실효를 거둘 수 없다는 입장이었다. 항통법의 본래 의도는 긍정적으로 평가하지만 현실적인 실현 가능성에 대하여 회의적으로 인식하였던 것이다.

이러한 인식은 조선후기 대표적인 목민서인 다산 정약용의 『목민심서』에서도 그대로 이어지며 더욱 강화되는 양상을 띤다. 그는 이전吏典 찰물조察物條에서 '항통법은 백성들을 불안에 떨게 하는 것이니 절대로 시행해서는 안된다.

---

34 이익, 『성호사설』 권4, 萬物門, 匭函

유도심문하여 탐문하는 방법도 역시 속임수에 가까우니 군자가 할 일이 아니다'라고 주장하였다. 항통법의 실현 가능성에 대한 우려에서 한 단계 더 나아가 백성들을 불안하게 할 정도로 그 폐단을 심각하게 받아들이면서 부정적인 인식을 강하게 표출하였다.[35]

그런데 다른 실학자들과 달리 안정복은 『임관정요』에서 항통법의 필요성과 시행을 적극적으로 주장하고 있다.

> 관장官長의 모든 정령政令이 다 잘한다고 할 수 없는데 외인外人이 이미 간언할 수 없고 스스로도 살필 수 없으면, 간할한 아전들이 혹 중간에서 일을 꾸미고 백성들의 원성이 날마다 어지러이 일어나도 황당黃堂에 깊이 처하여 듣고 알 길이 없어 필경 망측한 욕을 면하지 못한 이들이 간혹 상당히 있다. 〈중략〉 고인의 항통법을 시행하여 여항의 사소한 폐단과 관정官政의 득실까지 상세히 알아서 편의에 따라 처리하는 것이 낫다.'[36]

즉 수령이 정사를 잘한다 하여도 완벽할 수 없는 법인데, 민의나 민원이 수령에게 전달되지 못하면 필경 수령의 책무를 다할 수 없다는 것이다. 여기에서 그가 민의나 민원이 전달되지 못하는 주요 요인으로 아전들의 농간을 지적하고 있는 점이 주목된다. 조선후기 향리층은 업무의 특성상 수령과 민인의 중간 위치에 있으면서 백성들의 실정이나 요구를 중간에서 차단하는 폐단을 일으키고 있었다. 때문에 백성들의 원성이 쌓이지만 수령은 이러한 백성들의 실정을 파악하지 못하여 선정을 펼칠 수 없다는 것이 그의 주장이었다. 조선후기 향촌 사회의 수령→향리→민인의 지배 구조가 안고 있는 구조적 문제와 폐단을 정확하게 인식하고 있다.

---

35 정약용, 『목민심서』, 5장 吏典六條, 5조 察物
36 안정복, 『임관정요』 하, 항통법

이러한 구조적 폐단을 해결하기 위하여 그는 수령의 민의 파악을 강조하고, 구체적인 방법론으로 수령－민인의 직접적인 소통로를 확보하는 데 역점을 두었다. 그는 항통법 외에도 민인과 소통할 수 있는 방법들을 다각도로 모색하였으나 폐단이 크다는 결론에 도달하였다. 예를 들면, 사람을 민간에 보내 탐문하는 방법은 상세하지 못한 뿐만 아니라 백성들이 그 의도를 오해할 수 있고, 타 지역에서 염찰할 수도 있으나 그 또한 폐단이 없지 않다고 하였다.[37]

그는 여러 방법들에 대한 검토 결과 민인과의 직접 소통을 위한 매개체로 항통법을 선택하였다. 항통법은 관정官政의 득실과 여항의 사소한 폐단까지 상세히 알 수 있으며 편의에 따라 처치할 수 있다는 장점을 높이 평가하였다. 안정복에게 있어서 항통법은 수령이 민의를 파악하기 위한 최선책이었던 것이다. 그가 이처럼 불신 및 무고의 폐단까지 감수하면서 항통법 시행을 주장한 것은 수령이 정사를 행하는 데 있어서 아전의 농간을 막고 민인과의 직접 소통을 실현하는 것을 가장 시급한 문제로 인식하였음을 의미한다.

그렇다면 그가 구상하는 항통법의 구체적인 설치와 운영 방법은 어떠한 모습이었을까?

> 항통은 작은 병이나 죽통 등 쉽게 구할 수 있는 것을 단단히 밀봉하고 바깥으로 구멍 하나를 내어서 작은 종이를 겨우 투입할 수 있게 하고 밖에서 다시 종이를 꺼내는 폐단을 방지한다. 각 면마다 대소에 따라 1, 2통 또는 2, 3통을 보내서 이장배吏長輩들이 서로 전해 주어 마을에 걸어두고 한 달이 지나면 회수하여 열어본다. ⋯ 만약 달마다 내보내면 폐단이 없지 않을 것이니 부임한 초기에는 반드시 연속해서 두세 차례 보내어 풍토風土 및 민속民俗이 어떠한지 상세히 알고 그 이후에는 1년에 2, 3차례 내보내는 것이 좋다.[38]

---

37 안정복, 『임관정요』 하, 항통법

항통은 주위에서 쉽게 구할 수 있는 재료를 이용하여 밀봉한 통에 구멍을 뚫어 투서가 들어갈 수 있도록 만드는데, 각 면 단위로 몇 개씩 보내서 촌락마다 돌아가며 걸어두었다가 1개월 뒤에 회수하는 방식이었다.

항통법 운영 과정에서는 투서 효과를 극대화하고 폐단을 방지하기 위한 방책을 제시하고 있어 주목된다. 첫째는 항통을 제작할 때 구멍을 작게 만들어 밖에서 투서를 다시 꺼낼 수 없게 하였다는 점이다. 이는 투서가 중간에 차단되거나 내용이 왜곡되는 폐단을 방지하기 위한 대비책이라 할 수 있다. 둘째는 항통법의 완급조절인데, 수령의 부임 초기에는 고을 사정과 민의를 상세히 파악하기 위하여 항통법을 적극적으로 시행할 것을 강조하였다. 그 단계가 지나 수령의 정사가 안정된 이후에는 1년에 2, 3차례로 횟수를 제한시킬 것을 권장하였다. 빈번한 항통법 운영으로 무고의 폐단이 일어나는 것을 사전에 예방하기 위한 조치였다.

항통에 투서된 내용을 처리하는 과정에 대해서도 구체적으로 제시하였다. 그는 투서 내용을 관정官政, 관리배官吏輩, 양반兩班, 도적盜賊 등 네 가지로 분류하여 처리 방식을 달리하였다. 첫째, 관정 즉 수령의 정사에 대한 투서는 민폐를 즉시 개정하고 혹 개혁하지 못한 것이 있으면 즉시 이정釐正하되 개인적인 원한이나 모함이 있을 수 있음을 고려하도록 하였다. 둘째, 관리배 즉 아전들에 대한 투서는 투서당한 당사자에게 '너희들은 무슨 침어하는 폐단이 있어서 항통에 들어갔는가? 이후에도 또 투서가 있으면 허실을 논하지 않고 엄중히 다스리겠다'고 하면 간활한 아전들이 백성을 두려워하여 횡침하지 못할 것으로 보았다. 셋째, 양반에 대한 투서는 즉시 면임에게 전령을 보내 '해당 면의 아무개 양반이 항통에 들어왔는데 과연 불법한 일이 있는가? 상세히 조사하여 보고하라'고 한다. 면임은 그가 누구인지 지명하여 보고하지 못하겠지만 그 양반은 자연스럽게 위축되고 간리배와 토호들도 손쓰지 못할 것으로 보았다. 넷째, 도

---

38 안정복, 『임관정요』 하, 항통법

적에 대한 투서는 해당 마을에 조사하여 보고할 것을 명하면 도적의 근심이 저절로 없어질 것이고 민폐도 사라질 것으로 기대하였다. 안정복은 위와 같은 항통법의 운영 및 사후 처리 방법을 구체적으로 마련함으로써 그 단점을 보완하고 실효성을 높일 수 있을 것으로 기대하였다.

이렇게 구체화된 항통법은 그의 목민서에 이론적으로 존재하는 데서 그치지 않고 향정鄕政에 실제적으로 적용되었다는 점에서 특히 주목된다. 그는 1776년(정조 즉위) 목천 현감에 부임하여 항통법을 시행할 기회를 가질 수 있었다. 다음은 그가 목천에 부임한 다음해인 1777년(정조 1)에 고을의 풍약風約과 이임里任들에게 내린 전령傳令의 내용이다.

관장으로서 백성들의 이로움과 폐해를 모를 수 없는 일인데 관아가 여항과 서로 멀리 떨어져 있어 민간의 고통을 자세히 알 길이 없다. 지금 나무 궤 하나를 관문에 달아놓고 모든 백성들로 하여금 하고 싶어도 하기 어려운 말들을 그때마다 써서 넣도록 하여 상하간의 정의情意가 막히는 일이 없도록 하고자 한다. 너희 백성들은, 이웃의 양반이 이치에 닿지 않게 침어하는데도 그 세력이 두려워서 감히 말을 하지 못하거나, 면임이나 서리들이 제멋대로 해를 끼쳐도 그 권력이 두려워서 감히 말을 못하거나, 또는 간사한 소인배들이 같은 마을에 살면서 술에 취해 싸움을 하고 나쁜 짓을 즐겨 해도 그 행패가 두려워서 말을 못하는 등의 일이 있으면, 시장에 왕래하거나 환곡을 바치러 드나들 때에 다른 사람 모르게 글을 써서 궤에 집어넣도록 하라. 또 혹시 관의 행정이 불편한데도 감히 말을 할 수 없는 경우가 있거든 그 불편한 점들을 적어서 통에 집어넣도록 하라. 그리하여 아랫사람들의 생각이 위에 통하도록 하는 것이 본관의 소망이다. 다음 장날부터 어떤 소회가 있거든 일일이 써가지고 오도록 하라.[39]

---

39 안정복, 『순암선생문집』 권16, 雜著, 木州政事, 傳令邑內風約諸里任

관문에 나무 궤 하나를 걸어두고 백성들에게 하고 싶어도 하기 어려운 말들을 써넣을 것을 권하고 있다. 특히 투서의 대상으로 양반, 면임이나 서리배, 간사한 무리들 및 관정官政을 열거하였다. 『임관정요』의 항통법에서 투서 대상으로 제시한 관정官政, 관리배官吏輩, 양반兩班, 도적盜賊 등 네 집단 그대로이다. 항통법 운영 과정에서 『임관정요』와의 차이점이라면, 항통을 면 단위로 보내지 않고 관문에 걸어두어 백성들이 장날이나 관에 올 때 직접 넣도록 하는 방식이다. 이는 투서자가 관에 직접 나와야 하는 점에서는 번거로울 수 있지만 면 단위로 내려보내는 것과 달리 상시적으로 투서할 수 있다는 점에서는 오히려 장점으로 파악된다. 『임관정요』 단계의 항통법이 실제 적용단계에서 지속적인 실효성을 위하여 보완되었다고 할 수 있다.

항통법은 그가 목천현에서 정사를 운영하는 과정에서 관민소통의 중요한 매개체 역할을 하였을 것으로 생각된다. 이는 학자 출신 지방관이 자신의 학문적 성취와 이상을 실제 지방 행정에 적용한 대표적인 사례라고 할 수 있다.

2) 적극적인 민장民狀 처리

안정복의 관민소통을 위한 노력은 적극적인 민장의 처리와 운영 과정에도 그대로 반영되어 있다. 민장은 민인이 관에 정소呈訴한 청원서 또는 소장을 말한다. 백성들은 삶의 과정에서 발생하는 다양한 청원, 분쟁, 진정 등의 사안이 있을 때 이를 개인적으로 해결하지 못할 경우에는 국가의 힘에 의지해야 했다. 이때 민인들이 관에 제출하여 정소呈訴하는 문서들을 일컬어 민장民狀이라 하였다. 조선시대 민장에는 소지所志를 비롯하여 단자單子, 상서上書, 민정原情, 백활白活, 등장等狀, 의송議送 등 다양한 문서 형식들이 통용되고 있었다.

민장을 접수한 관청에서 소지의 좌측하단에 판결 또는 처리 내용을 대자초서大字草書로 쓰고 좌측상단에 착관着官과 착압着押을 해서 정소인에게 돌려 주었다. 착관할 때에는 처분을 내리는 지방관의 직역에 따라 현감이나 군수일 경우에는 '관官', 목사나 부사일 경우에는 '사使', 관찰사일 경우에는 '사使', '순사巡使', 암행어사일 경우에는 '암행어사暗行御史' 등을 기록하였다.

이처럼 문서에 반영된 민장의 처리 절차는 원칙적으로 지방관이 주체가 되었다. 그러나 조선후기 지방 행정의 실무를 향리층이 담당하였고, 민장의 접수 및 처리 절차 또한 관례적으로 향리층이 맡아서 처리하고 있었다. 지방관은 최종적으로 민장에 착관 및 착압을 하는 데서 그치는 정도였다. 지방관의 민원 처리 업무를 향리층이 대신 맡아서 행하였기 때문에, 민인들은 민장을 접수하기 위하여 부세 문제는 호방, 소송 문제는 형방 등 일차적으로 담당 향리를 거쳐야 했다. 이러한 상황은 지방관이 향촌 사회의 실태와 백성들의 실정을 파악하는 데에 한계성으로 작용하였고, 지방관과 민인의 소통을 단절하는 주요 요인이 되었다.

지방관의 향정 운영에서 수령과 민인의 소통을 특히 중요시하였던 안정복은 향리를 통한 민장 접수와 처리 방식에 대해서 다음과 같이 개혁안을 제시하였다.

소지는 오는 대로 받는다. 〈민간에서 민인의 정장呈狀을 소지所志라고 한다.〉 반드시 민인이 직접 관전官前에 와서 문서를 올리게 하고 사령배들이 받아들이지 못하게 한다. 창호를 활짝 열어서 가리는 바가 없게 한 연후에야 민정民情을 살필 수 있을 것이다. 송나라 제도에 소송은 부사府吏를 거치지 못하게 하고 (관장이 직접) 문에 앉아 소송 문서를 거두었다. 포청천이 개봉부윤이 되어 즉시 관청문을 활짝 열어둠에 사람들이 쉽게 관청 뜰에 이르러 스스로 옳고 그름을 말하니 이민吏民이 감히 속이지 못하였다.[40]

민장에 해당하는 백성들의 소지는 사령배 등과 같은 중간 단계를 거치지 말

---

40 안정복, 『임관정요』 詞訟章, 제 5조목

고 민인이 직접 수령에게 제출할 것을 제시하고 있다. 또한 민장은 백성들이 가지고 오는 대로 그때그때 받아서 지체하지 않게 하였는데, 이는 지체하는 과정에서 개입될 수 있는 향리층의 농간을 차단하기 위한 방책이었다. 뿐만 아니라 민인이 수령에게 민장을 제출하는 공간을 개방하여 그 사이에 은밀한 거래나 정실이 개입될 여지와 의혹을 사전에 방지하고 있다.

문서화된 민장뿐만 아니라 백성들이 구두로 호소하는 경우에도 이는 그대로 적용되었다.

> 완평 이상국이 말하기를, "백활白活은 소지가 끝난 뒤에 전의專意하여 상세히 듣는다"고 하였다.〈백활白活은 속음이 발괄이다. 말로 호소하는 것을 일컫는다.〉 하루 안에 발괄인이 계속 이르면 여러 차례 나와서 듣는다. 들을 때는 매번 잡공사雜公事를 정지하고 듣는다. 한 사람이 여러 차례 발괄해도 상소詳訴한다. 두 번 세 번 계속되어 끝내 소訴할 수 없는 자는 내보낸다.[41]

민인들이 말로써 호소하는 것을 발괄이라 칭하였는데, 소지 접수가 끝난 뒤에 발괄인의 민원 내용을 상세히 듣는 과정을 별도로 마련하였다. 뿐만 아니라 발괄인이 계속 이를 경우에는 한차례로 끝내지 말고 오는 대로 다른 공사公事 업무를 중지하고 발괄인을 불러서 민원 내용을 듣는다는 것이다. 한 사람이 여러 차례 계속해서 발괄할 경우에도 두세 번 정도까지는 반복해서 들어줄 것을 당부하고 있다.

이와 같이 민인들의 소지 및 발괄을 접수하는 과정은 개방적인 공간에서 지방관이 직접 접수함으로써 향리층이 중간에서 개입하여 농간을 부릴 수지를 사전에 차단시키는 데에 초점이 맞추어져 있다. 지방관의 민인과의 직접적인

---

41 안정복, 『임관정요』 詞訟章, 제 6, 7조목

소통이 핵심을 이루고 있다.

다음으로 접수된 민장을 처리하는 방식에 대해서도 개선안을 제시하고 있다.

> 소지 발괄은 부송付送하지 말고 낱낱이 추핵하여 처결하되 허락할 수 있으면 허락하고 허락할 수 없으면 불허하여 지연시키지 말라.[42]

> 소지는 하인을 시켜 읽게 하는 것도 가하고, 책상 위에 있는 것을 수취收取하여 직접 입지수서立旨手書하는 것도 가하다. 성급 및 퇴각 소지는 민인에게 바로 바로 계속해서 출급한다. 소지가 너무 많으면 20장 또는 10여 장이 쌓인 후에 곧바로 출급하고, 많지 않으면 6, 7장 혹은 3, 4장이 쌓이면 바로 출급한다.[43]

접수된 소지는 그 사연을 낱낱이 조사하여 신속히 처분하고 지연시키지 말 것을 당부하고 있다. 소지가 너무 많을 경우에는 10~20장이 쌓인 후에 바로 출급하고 많지 않으면 3,4장 또는 6,7장이 쌓이면 곧바로 출급하여 더 이상 소지가 지체되고 쌓이지 않도록 할 것을 강조하였다. 소지를 제출한 민인의 절박한 사정을 헤아려 신속하게 처분을 내려서 민원이 지연되지 않기를 강조한 것이다.

특히 향촌에서 여러 사람들이 포선褒善이나 치악治惡에 관하여 연명으로 제출한 등장에 대해서는 더욱 주의를 요하였다. 즉시 등장의 내용을 상세히 조사하여 중한 것은 관찰사에 보고하고 가벼운 것은 관에서 상벌을 논하게 하였다.[44]

---

42 안정복, 『임관정요』 詞訟章, 제 8조목
43 안정복, 『임관정요』 詞訟章, 제 10조목
44 안정복, 『임관정요』 詞訟章, 제 25조목

등장은 향중의 공론을 대변하는 결과물이므로 개인의 사적인 소지에 비하여 더욱 중요한 존재라고 할 수 있으므로 그에 대한 처리도 신중하고 신속하게 이루어져야 했던 것이다. 민장의 접수와 마찬가지로 처리 과정에서도 지방관이 직접 관장하여 신속하게 처리함으로써 민원이 지연되고 민심이 막히는 것을 최대한 방지하고자 노력하였다.

이와 같이 안정복은 『임관정요』에서 민장의 접수 및 처리 과정에서 지방관의 직접적이고 적극적인 역할을 강조하였다. 이를 통하여 조선후기 지방행정에서 폐단의 주요인으로 지적되고 있는 향리층의 개입과 농간을 최대한 방지하고 관민소통의 통로를 확보하고자 하였다.

『임관정요』에서 제시된 민장 처리에 대한 적극적인 태도는 그가 목천 현감에 부임하여 지방관으로 정사를 행할 때에도 실제로 적용하였을 것이다. 1777년(정조 1) 관찰사에게 이인갑李仁甲의 효행을 보고하는 문서는 그 일련의 과정에서 나온 한 사례로 보인다. 이인갑은 목천현 남면南面 우산리雨山里에 사는 사인士人 이윤걸李允傑의 아들이었는데 효행으로 추천되었다. 그 과정을 보면 1월 11일 우산리 존위들의 보고, 13일 남면 면임의 논보, 16일 남면 민인 50여 명의 등장을 거쳐 20일 목천현 사림 김한민金漢民 등 127인이 연명으로 등장을 제출하였다. 향촌 민인들의 등장에 의하면 이인갑의 효행 행적은 다음과 같은 것이었다.

인갑은 가난한 선비 집안 출신으로 어린 아이 때부터 천성적으로 부모를 사랑하였으므로 온 동네가 효성스런 아이라고 지목하였습니다. 그의 모친 경씨慶氏가 지난 겨울부터 담병痰病이 심해져서 몇 달 동안 위독한 상태에 있으면서 몇 차례나 사경을 헤매었는데, 인갑은 밤낮으로 간호하며 죽 등을 직접 쑤어서 올렸습니다. 눈이 쌓인 몹시 추운 겨울에 밤이 새도록 잠을 자지 않고서 한밤중이면 밖에 나가서 얼음물에 목욕하고 어머니를 살려 달라고 하늘에 빌기를 하루도 게을리하지 않았습니다. 지난달 3일에 경씨의 병이 악화되어 운명하여 시신을 수시收屍를 하려고 하는데 인갑이 칼을 뽑아 왼손 손가락을 잘라서 줄줄 흐르는 피를 어머니의 입속에 흘려 넣었다. 시체에 혈기가 차츰 돌더니 곧이어 회생하여 마침내 완전히 다시 살아나게 되었습니다.[45]

이인갑이 18세의 나이로 당지斷指하여 운명한 모친의 생명을 회생시켰다는 내용이다. 향촌 민인들의 등장을 받은 안정복은 근래 효열로 정려받은 사람들 가운데는 허실虛實이 가리워서 진위를 분간할 수 없는 경우가 있지만 이인갑의 효행 행적은 분명하며, 이미 끊어진 목숨을 소생시켰음을 높이 평가하였다. 그 결과 이인갑의 행적을 관찰사에게 보고하며 정려문의 은전이 내려질 수 있도록 조정에 보고할 것을 요청하였다. 향촌 민인들의 등장을 적극적으로 대처하고 처리하는 과정에서 도출된 산물이며, 그가 지방관으로서 민원 파악 및 해결을 위하여 노력하는 모습을 반영한다. 이는 곧 안정복이 『임관정요』에서 민장 처리와 관련하여 제시한 개선안을 지방관으로서 지방 정사에 실제 적용했음을 추측케 하는 한 사례로 파악된다.

4. 맺음말

이상에서 안정복이 지방관의 자질과 역할에 대해 어떠한 이상과 이론적 체계를 지니고 있었으며, 목천현에서 지방관으로서 정사를 펼치는 과정에서 그 이상과 이론적 사상이 어떠한 모습으로 구체화되고 실현되었는지를 검토하였다.

안정복은 지방관으로서 위민爲民, 애민愛民을 기본 바탕으로 하였으며, 그 실현을 위한 방법론은 백성들과의 소통에서 출발하는 것으로 인식하였다. 이를

---

45 안정복, 『순암선생문집』 권16, 잡저, 木州政事, 論報童蒙李仁甲孝行狀

위하여 지방관 자신에게는 성현들의 가르침을 담은 경전 공부를 통하여 끊임없이 자기 수양을 요구하였다. 그가 목천현에 부임할 때 지니고 갔던 책목冊目 가운데 경전류 서적이 상당수에 달했던 것은 그 때문이었다. 안정복의 학자 출신 지방관으로서의 특성을 잘 반영하고 있다. 이와 함께 책목을 통해 자신이 평생에 걸쳐 저술한 『임관정요』를 목천현에 지니고 간 사실을 확인할 수 있다. 안정복이 자신의 저술을 실제 목천현 정사에 적용하였으리라는 점은 그동안 추정되어 왔지만 본 연구를 통해 『임관정요』를 목천현에 지니고 간 사실을 구체적으로 확인할 수 있었다.

『임관정요』에서 제시된 이론 중에서 관민소통과 관련하여 항통법과 민장 처리 방식이 주목된다. 이는 지방관과 민인의 소통을 방해하는 주요인을 향리층의 중간 농간으로 인식하고, 이를 배제하고 지방관과 민인이 직접 접촉할 수 있는 통로를 제도적으로 마련하는 데에 중점을 둔 결과물로 파악된다. 특히 항통법은 익명의 투서통으로 백성들의 실정과 민의를 파악할 수 있는 효과적인 방안으로 받아들였다. 고대 중국에서 유래한 항통법은 안정복이 제안하기 이전에도 부분적으로 시행된 경우들이 있으며 조정에서 그 실효성과 부작용에 대한 논란이 계속되었다. 실학자들 사이에서도 항통법에 대한 논의가 있었던 것으로 보이는데, 스승인 이익은 항통법을 반대하는 입장이었으며 후대의 다산 정약용도 반대하는 입장이었다. 그러나 스승과 달리 안정복은 항통법을 주장하였으며 목천현에서 실제로 항통법을 시행한 것으로 확인된다. 그가 불신 및 무고의 폐단을 감수하면서까지 항통법을 주장하고 실제로 시행한 사실은 수령의 정사에서 향리층의 폐단과 관민소통의 중요성을 그만큼 깊이 인식하고 있었음을 의미한다.

민장 처리에 대한 문제도 적극적으로 대처하였다. 민장은 지방관이 접수하여 처리하는 것이 원칙이었지만 조선후기 지방 관아에서는 관례적으로 호방, 형방 등 향리층이 중간에서 접수하여 처리하였다. 이는 지방관과 민인의 소통로를 차단하고 민은을 파악하는 데 장애요소로 작용하였다. 이를 해결하기 위하여 안정복은 백성들의 민장을 지방관이 직접 접수하여 신속히 처리함으로써 민장이 적체되는 것을 경계하였다. 이 개선책은 목천현에서도 실제로 적용되었으리라 예상되는데, 그가 목천현 재임 중에 관찰사에게 보고한 이인갑의 효행 표창 문제를 통해 그 일단을 짐작해 볼 수 있다.

항통법의 시행 및 민장의 적극적인 처리 방식을 통해 그가 어떠한 실효를 거두었는지는 구체적으로 확인할 수 없지만, 그가 백성과 직접적으로 소통하기 위한 노력의 산물이었음은 분명하다. 목천현 재임시에 백성들이 그의 정사를 칭송하여 목비木碑를 건립하였다가 그의 요구로 제거한 사실, 체직된 후에 목천현에 거사비去思碑가 건립되었던 사실은 그의 민인과 소통하고자 적극적으로 노력한 결과가 일정정도 성과를 거두었음을 반영하는 것으로 이해된다.

순암가 소장 고문서*

1. 머리말

이 글은 경기도 광주廣州 덕곡德谷에 세거하는 광주안씨 안정복(1712~1791) 가문의 고문서에 대한 해설이다. 광주안씨는 경기도 광주 등에서 세거世居, 활동하였던 가문으로서 이들 고문서의 간행은 일차 사료의 영역을 확대한다는 의미 이외에도 고문서가 갖는 지역적 한계성을 보완해 줄 수 있다는 점에서 큰 의의를 지닌다 하겠다.

이 글에 실린 고문서는 광주안씨가廣州安氏家 37종 272점이며 시기는 대체로 17세기 초부터 20세기 초에 걸쳐 작성된 문서이다.

---

* 이 글은 『古文書集成 8 - 廣州安氏·慶州金氏篇』의 해제에서 광주안씨 부분만 약간 수정을 하여 재수록한 것이다.

광주안씨 가문의 성장과정에 있어서의 특징을 살펴보면 다음과 같다. 일반적으로 조선시대 양반가문의 출자배경을 보면, 첫째 고려시대 이래로 사환仕宦을 지속하여 조선시대에도 그 명망이 이어지는 경우, 둘째 고려시대에는 향리, 하급 무관 등 한미寒微한 가문이었으나 14~16세기에 과거, 군공軍功, 혼인 등을 통해 사족화士族化한 경우 등 크게 두 가지 경우로 나눌 수 있는 바, 이 가문은 전자에 속하여 오랜 가문적 전통을 지니고 있다. 반면 정치적으로는 이 가문이 남인의 입장을 취하고 있는 점이 주목된다. 광주안씨 안정복이 남인 실학자 성호星湖 이익李瀷(1681~1763)에게서 사사師事하는 등 남인계열의 가문이었으며, 이는 안정복 선대의 세거지, 문물교류, 사우관계師友關係 등에 의한 것이 큰 원인이 되었을 것으로 보여진다.

광주안씨는 실학자 안정복을 배출함으로써 세상에 널리 알려지고 연구 또한 안정복을 중심으로 실학연구의 일환으로 이루어지고 있다. 그동안 연구성과는 그의 사학사상, 철학사상 등 주로 사상적 측면에서 이루어져 왔으나 이 글에 실린 사회 경제적 측면의 자료를 통해 보다 다각적인 측면에서 연구가 가능할 것으로 생각된다.

본 고문서의 분류는 윤병태尹炳泰 · 장순범張順範의 「고문서분류체계에 관한 연구」(1986年, 한국정신문화연구원 자료조사실 과제)의 분류기준에 따라 교령류敎令類, 소차장계류疏劄啓狀類, 첩관통보류牒關通報類, 증빙류證憑類, 명문문기류明文文記類, 서간통고류書簡通告類, 치부기록류置簿記錄類, 시문류詩文類 등 크게 8가지로 분류하였다. 그러나 이 기준에 포함되지 않는 전적典籍 등의 경우에는 「기타 기록류」라는 별도항목을 설정하여 · 여기에 포함시켰다. 원칙적으로 사료적史料的 가치를 지니는 문서는 모두 망라하여 실었으나, 다만 개별고문서가 아닌 성책 고문서成册古文書의 경우 이미 간행된 것은 제외하였다. 예를 들어 안정복의 「정사政事」, 「묘문墓文」 등 이미 「순암총서」(성균관대학교 간, 1970, 2책), 「순암전서」 및 여강출판사 간행의 「순암전집」(1984, 4책)에 실려 있다.

한편 특정 가문의 고문서를 이해하려고 그 가문의 가계家系와 내력이 중요시되는 것은 고문서 자체의 단편적 성격에 기인한다. 모래알과 같은 개개의 고문서를 연결시켜 총체적으로 파악하기 위해서는 가계에 대한 이해가 필수적인 것이기 때문이다. 따라서 본 해제에서는 고문서 자체에 대한 해제에 앞서 먼저 이들 가문의 가계와 그 내력을 살펴보기로 한다.

2. 광주안씨의 가계와 고문서

1) 가계

광주안씨의 내력을 알 수 있는 가승류家乘類는 여러 가지가 있으나 본고에서는 광주안씨감찰공파보(을미보, 1895) 및 안정복의 부 안극安極(1696~1754)이 찬한 「광주안씨가승」을 참고하였다. 안극의 가승에 의하면 광주안씨는 13세기 고려 고종조의 인물인 안수安綏 대에 이미 족보가 있어 가계를 기록하였으며, 또한 조선태종조에 안성安省이 쓴 구보서舊譜序에도 본종本宗을 기록한 상권, 외손을 기록한 중·하권 등 삼권의 족보가 있었다고 한다. 이렇게 볼 때 이 가문은 비교적 일찍부터 가계기록이 있었던 것으로 보여지며, 이것은 고려 초기 이래로 혁혁한 사환을 계속해와 가문적 전통이 그만큼 깊었기 때문인 것으로 생각된다.

광주안씨의 출자出自와 성장과정을 살펴보면, 시조 이하 현재의 종손인 병선秉善에 이르기까지 가계기록 여부, 세거지 등을 중심으로 대체로 세 시기로 구분할 수 있다. 이를 구체적으로 구분해 보면, 시조 방걸邦傑에서 13세 충이忠李까지의 제1기, 14세 수급安綏에서 18세 기器까지 제2기, 19세 성省에서 38世 병선秉善까지의 제3기로 나누어지는데, 먼저 1~2기의 가계도를 작성하면 다음 〈표 1〉과 같다.

「광주안씨가승」에 의하면 시조 방걸邦傑은 고려태조 왕건이 삼국을 통일하는 과정에서 반란을 평정한 공으로 대장군의 지위에 올라 광릉군廣陵君에 봉해진다. 이러한 선대의 공적으로 말미암아 이후의 자손들은 광주廣州를 본관으로 하여 대대로 사환을 계속 할 수 있었던 것으로 생각된다. 그러나 방걸 이후 14

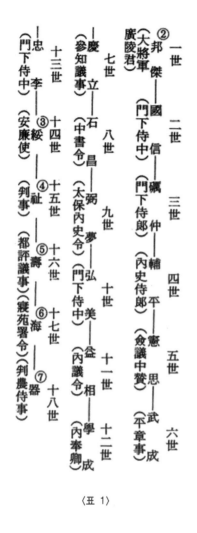

〈표 1〉

세 수 이전까지의 세계와 관력은 자세히 알 수 없다. 그 이유로써 「가승」에서는 병화兵火로 말미암아 족보가 없어졌기 때문이라고 하였다. 13세世 충이忠李까지의 거주지는 광주지역이었던 것으로 짐작되나 「가승」에 7대 경립慶立의 묘소가 양주사면楊州四面이라고 한 것을 보면 다소의 이거移居도 있었던 것으로 생각된다.

보다 상세한 기록이 나타나는 시기는 14세世 수綏부터이다. 수의 정확한 생몰년대는 알 수 없으나 아들 때인 조대祖代의 기록으로 보아 고려 고종조에 활약한 인물로 여겨진다. 그는 문과를 거쳐 관官이 전중시어사殿中侍御史에 올랐고 영남관찰사를 지냈다. 한편 수綏는 그 이전까지의 세거지인 광주를 떠나 경상도 함안咸安에 복거卜居하게 된다. 이것은 그가 처 배씨裵氏를 취하여 처향妻鄕인 함안으로 거주지를 옮겼기 때문으로 생각된다. 이때부터 19세 성대省代까지 묘소의 위치가 함안 백사리白沙里인 것을 보면, 이 기간 동안에 광주안씨는 함안지방에 계속 거주하였음을 알 수 있으며, 수많은 자손들이 이곳에서 창성昌盛하였다. 함안을 「중흥지향中興之鄕」이라고 한 것은 바로 이 때문인 것으로 생각된다.

광주안씨는 19세 성省대에 와서 큰 변화를 겪게 된다. 성省은 고려 우왕禑王~조선 태종대의 인물로서 우왕대에는 보문각직학사寶文閣直提學을 지냈으며, 조선 태종조에는 강원도관찰사, 의정부좌참찬, 개성유수에 이르렀고 죽은 후에는 사간簡의 시호까지 받고 있다. 또한 그는 조선왕조에 들어와 맨 처음으로 청백리清白吏로 뽑힌 인물이며, 이후 이 가문은 청백리로서의 가문적 전통을 계속 이어받고 있다. 손자인 팽명彭命이 다시 청백리가 되고 17세기의 인물인 서우瑞羽(1664~1735) 대의 분재기分財記에서 청백리 운운한 것은 바로 이 같은 가문적 전통을 말하는 것이었다. 성대의 또 하나의 특기할 사항은 그의 묘소가 그 이전의 선조들과는 달리 광주 경안기곡慶安基谷에 자리 잡고 있다는 사실이다. 따라서 이 가문은 원래 세거하였던 광주로 다시 옮기게 되었는데, 그 원인은 국사國師 무학無學이 성省의 묘소를 광주경안기곡廣州慶安基谷에 소점所占한 까닭으로 후손들이 이곳으로 이거移居해왔기 때문이다. 본서에 실린 고문서는 모두 성省의 직계후손들의 문서로서 이하 제3기의 가계를 도시圖示하면 다음 〈표 2〉와 같다.

성대省代 이후 이 가문은 종생從生 - 팽노彭老 - 윤덕潤德 - 한언漢彦 대를 거치면서 중외中外의 관직을 계속 해오다가 황滉(1549~1593)에 이르러, 그가 호성공신扈聖功臣에 책봉되면서 가문의 사회적 지위는 보다 확고해진다. 또한 아들 응원應

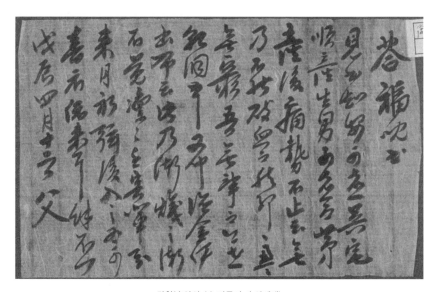

간찰(순암의 부 안극이 순암에게)

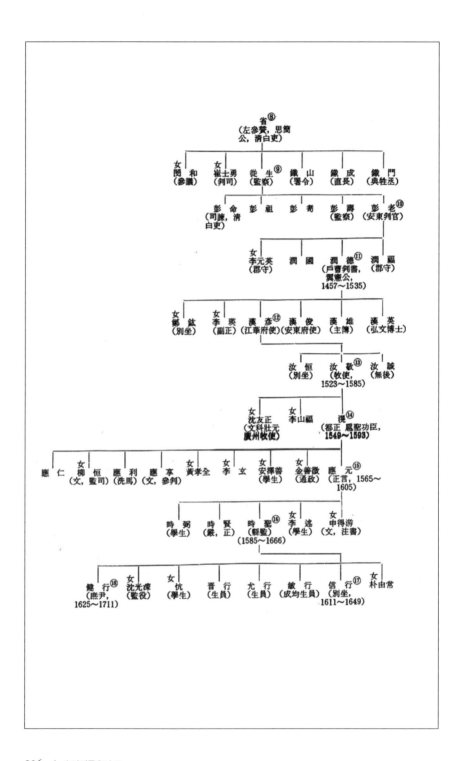

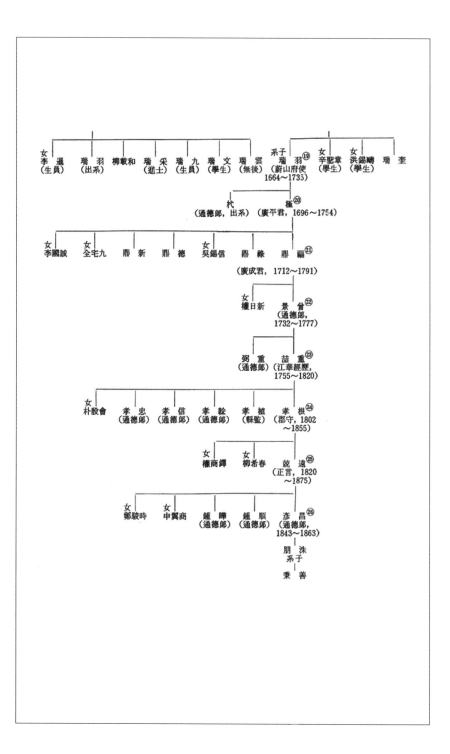

元(1565~1605)이 문과에 급제하여 가문의 명망이 계속 이어진다. 본서의 고문서가 가장 밀집해서 나타나는 시기도 또한 응원 대 이후이다.

이후 종손 중심으로 가계가 계속 이어지다가 큰 변화가 생긴 때가 안정복의 조부가 되는 서우(1644~1735) 대이다. 당시 종손인 신행信行(1611~1649)의 독자 서규瑞奎가 조사早死, 무후無後하게 됨에 따라 공신인 황호滉의 봉사문제奉祀問題가 제기되어 신행信行의 동생인 건행健行(1625~1711)의 말자末子, 서우瑞羽를 계자系子로 삼았던 것이다. 이에 대해서는 본서의 입안문기立案文記[1]에 상세히 나타나 있으므로 참고하기 바란다. 계자系子 관계의 성립은 단순히 가계 계승의 의미만 갖는 것이 아니라 재산상속과도 밀접하게 관련이 되어 있다. 즉 계자로 들어간 사람은 본가로부터의 재산상속은 물론, 생가로부터의 재산이 추가되기 때문에 재산이 증식되는 중요한 계기가 되었던 것이다. 본서에 실린 분재기는 바로 이와 관련된 서우 대의 문서들이다.

서우 대 이후 광주안씨는 극極 - 정복鼎福 - 경증景曾 - 철중喆重대를 통해 크게 현달한 이 없이 사족으로서 계속 벼슬을 하게 되지만 단순히 벼슬만을 지낸 양반이 아니라 강학, 교육 등을 통해 사상적 폭을 넓히게 된다. 이는 당시 당파의 영향이 컸던 것으로 생각된다. 강학과 교육의 가문적 전통은 정복의 증조부 건행健行과 조부 서우瑞羽에게서 나타나고 있는데 이러한 경향은 정복에게도 일정한 영향을 준 것으로 생각된다. 성호에게 사사받기 이전에 「치통도治統圖」, 「도통도道統圖」, 「하학지남下學指南」 등 저술을 한 것은 이러한 가학의 영향이 아닌가 생각된다. 정복 대 이후의 가계에 대해서는 주註를 참고하기 바란다.

2) 고문서의 종류와 내용

이 가문 소장 고문서는 몇 가지 점에서 다른 가문에서 볼 수 없는 특징적인 면이 나타난다. 첫째 각종 경제관계 고문서 즉 토지 및 노비문기, 분재기,

전답·노비안, 추수기秋收記 등의 문서가 극히 빈약하다는 점이다. 이것은 아마도 청백리로서의 가문적 전통과 관련이 깊다고 생각된다. 둘째 개별고문서 이외에 성책된 전적들이 다수 있다는 사실이다. 기타 기록류에 분류된 역대 사략, 『순암장서목록順菴藏書目錄』, 『광주 경안면 이리 동약廣州慶安面二里洞約』, 『기문정략奇門精略』, 『통천지通川誌』 등이 바로 이것들이다. 이 가운데 순암장서목록은 순암의 후손들이 그가 소장하고 있던 서적을 장서 위치별로 서명목록을 작성한 것으로, 순암의 사상적 영향을 알 수 있는 중요한 자료이다. 후대에서 「저작목록著作目錄」이라고 명명한 것은 잘못이다. 동약洞約은 안정복의 저술로써 문집에 실려 있으나, 동약 이외의 관련 문기文記가 연접連接되어 있고 또 일차 사료라는 점에서 본서에 실었다. 이밖에 『역대사략歷代史略』, 『기문정략奇門精略』 등은 안정복의 저술이거나 저술에 필요한 참고 자료인 것으로 생각된다. 통천지는 저자가 확실치 않으나 안정복의 증손 안효근安孝根이 통천 현감을 지내고 있는 것을 보면 그와 관련된 문서일 것으로 생각된다. 이밖에 개별 고문서 모두 37종으로 이를 알기 쉽게 정리하면 다음 〈표 3〉과 같다.

〈표 3〉 고문서의 종류 및 점수

분류별	문서명	점수
教令類	教旨	65
	教牒	9
	祿牌	4
疏剳啓狀類	戶籍	2
	所志	7
	呈辭	1
	啓草	1
牒關通報類	關	2
	帖	3

證憑類	立案	2
	手標	1
	遺書	2
明文文記類	分財記(分給許與別給)	5
	和解契約書	1
書簡通告類	簡札	139
	通文	2
置簿記錄通	秋收記	2
	各面面任所納	1
	舊邑米傳掌文記	1
	收稅官納記	1
	兩倉留庫件記	1
	土地臺帳	1
	宗契日記	1
	宗契名帖	1
	宗中會議錄	1
	宗中文簿	1
	吊客錄	1
	四柱錄	1
	忌日錄	1
	和劑	1
	單方文	1
	擇日記	1
詩六類	詩文	6
	兩世墓文	1
	墓碑文	2
合計	三七種	272

위 〈표 3〉에서 알 수 있듯이 이 가문의 고문서는 모두 272점이다. 작성된 시기는 대부분 안응원安應元 대 이후인 17세기 초~19세기 후반기에 이르는 300

교지(익위사익찬)

교지(목천현감)

여 년 간이다. 가장 오래된 고문서는 안성安省의 왕지王旨가 을미보乙未譜 서두에 전하고 있으나 모사模寫한 것으로 본서에는 싣지 않았다. 중요한 문서를 소개하면 다음과 같다.

먼저 교령류의 교지敎旨·교첩敎牒은 모두 74점으로 대상인물은 응원應元 이하 모두 19명이다. 시기는

교지(광성군)

1601~1903년까지 300여 년간에 걸친 것으로 이 가문의 경우 정복의 부인 극極을 제외하면 모두 과거에 합격하거나 사환을 지내고 있었다. 교지와 교첩을 수급대상자受給對象者 및 그 내용을 중심으로 정리하면 다음 〈표 4〉와 같다.

〈표 4〉

문서별 No.	수급자	내용	년대
敎旨1	安應元	安岳縣監 → 文科及第	1601년
2	安應元	廣原君追贈	1607년
3	安應元妻	追觸	1607년
4	安信行	生員入格	1663년
5	安健行	生員入格	1650년
6	安瑞羽	生員入格	1691년

7	安瑞羽	文科及第	1694년
8	安瑞羽	昌樂道察訪	1697년
9	安瑞羽	成均館直講	1715년
10	安瑞羽	成均館司藝	?
11	安瑞羽	泰安郡守	1717년
12	安瑞羽	通禮院相禮	1723년
13	安瑞羽	折衝將軍僉知中樞府事	1728년
14	安瑞羽妻	淑夫人	1730년
15	安瑞羽	折衝將軍行龍驤衛副護軍	1731년
43	安極	廣平君	1790년
16	安鼎福	萬寧殿奉事	1750년
17	安鼎福	義盈庫奉事	1751년
21	安鼎福	靖陵直長	1752년
22	安鼎福	歸厚署別提	1753년
23	安鼎福	司憲府監察	1754년
25	安鼎福	濟用監主簿	1765년
26	安鼎福	翊衛司翊贊	1772년
27	安鼎福	翊衛司衛率	1773년
28	安鼎福	懷仁縣監	1775년
30	安鼎福	木川縣監	1776년
31	安鼎福	敦寧府主簿	1781년
33	安鼎福	長陵令	1783년
34	安鼎福	獻陵令	1783년
35	安鼎福	儀賓府都事	1784년
37	安鼎福	通政大夫	1789년
38	安鼎福	折衝將軍僉知中樞府事	1789년
39	安鼎福妻	成氏, 淑夫人追贈	1789년
40	安鼎福	嘉善大夫同知中樞府事	1789년
41	安鼎福	廣成君封君	1790년
42	安鼎福妻	成氏, 貞夫人 追贈	1790년
24	安景曾	生員入格	1762년

44	安喆重	生員入格	1801년
45	安喆重	義禁府都事	1809년
46	安喆重	司宰監直長	1805년
47	安喆重	義盈庫主簿	1807년
48	安喆重	義禁府都事	1807년
49	安喆重	司憲府監察	1807년
50	安喆重	縣陵令	1807년
51	安喆重	禮山縣監	1808년
52	安喆重	翊衛司翊贊	1818년
53	安喆重	江華府經歷	1819년
54	安孝根	生員入格	1834년
55	安孝根	繕工監副奉事	1841년
56	安孝根	尙瑞院直長	1842년
57	安孝根	尙瑞院副直長	1842년
58	安孝根	司僕寺主簿	1843년
59	安孝根	形曹佐郎	1843년
60	安孝根	形曹正郎	1844년
61	安孝根	鎭安縣監	1844년
62	安孝根	通川那守	1846년
63	安兢遠	進士入格	1867년
64	安兢遠	恭陵參奉→文科及第	1872년
65	安鍾慶	任內部主事敍判任官六等	1903년
教牒 1	安信行	修義副尉	1636년
2	安極	通德郎	1725년
3	安鼎福	厚陵參奉	1749년
4	安鼎福	將仕郎	1749년
5	安鼎福	萬寧殿參奉	1750년
6	安鼎福	萬寧殿參奉	1750년
7	安景曾	通德郎	1754년
8	安孝根	翼陵參奉	1839년
9	安兢遠	恭陵參奉	1870년

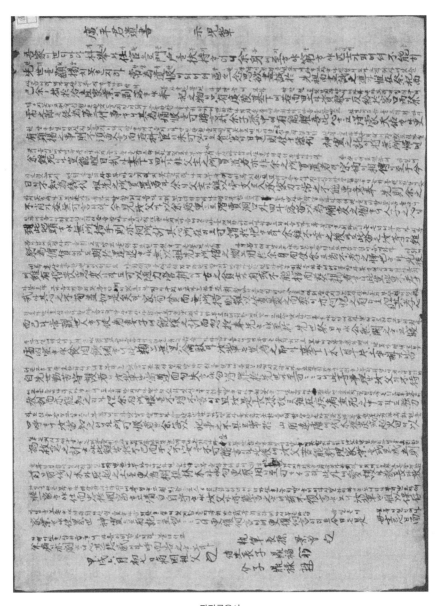

광평군유서

녹패祿牌는 안정복이 정조 14년(1790)과 15년에 받은 것으로써 모두 4점이 전한다. 여기서 정복은 정조 14년 7월과 10월에 광흥창廣興倉으로부터 각각 과미科米 1석石 11두斗와 태太 1석石 5두斗 씩을 지급 받고 있다.

소차계장류疏劄啓狀類에는 호적 2점과 소지류所志類 7점, 계초啓草 1점이 전한다. 이 가운데 호적 [1]은 숙종 10년(1684)의 안서규安瑞奎 처妻 덕수이씨德水李氏의 준호구准戶口로서 이 가문의 경제규모를 짐작케 하는 자료이다. 내용은 솔자率子(곤륜崑崙은 서우瑞羽의 입안문기立案文記에는 '명륜命崙'으로 기재되어 있다.) 이외에 솔거노비 6구口, 경주 풍천豊川 등 전국 각처의 외방노비 49구口, 도망노비 9구口 등 모두 62구口의 노비가 등재되어 있다. 호적[2]는 지파支派인 안효병安孝秉이 헌종 15년(1849) 광주부에 제출한 호구단자이다. 솔거노비 2구를 소유하고 있었다.

소지는 안서우安瑞羽, 안서희安瑞熙, 안극安極, 안경증安景曾 대의 것이 주목되는데 대부분 묘위전墓位田이나 산송山訟과 관련된 기록이다. 안서희의 소지 문기에서 '울산댁蔚山宅'은 울산부사를 지낸 안서우를 말하며, 안경증의 소지所志는 안경증安景曾 등 14인 공동 명의의 등장等狀이다. 또한 각 문기의 서두에 있는 '화민化民'이란 말은 '외화지민外化之民', 곧 외방外方의 교화敎化를 받은 백성百姓이란 뜻으로 풀이된다.

첩관통보류牒關通報類에는 관關이 2점, 차정첩差定帖 2점, 조흘첩照訖帖 1점이 전하며, 시기는 각각 서우瑞羽, 철중喆重, 경원競遠 대에 작성된 것이다.

증빙류證憑類에는 경종景宗 2년(1722)의 입안立案과 극極 - 정복鼎福 양대에 걸친 2점의 유서가 주목되는 자료이다. 1722년의 예조입안禮曹立案은 서우瑞羽의 안황安滉 봉사奉祀를 결정하는 입안立案으로서 서우가 종통宗統을 잇게 되는 계기가 된다. 원래 종손宗孫인 신행信行의 슬하에는 참봉參奉을 지낸 아들 서규瑞奎가 있었으나 조사早死하였고, 서규의 아들 명륜命崙조차 나이가 어렸을 뿐 아니라 마침 모상母喪을 당하여 여묘살이를 하는 까닭으로 서우瑞羽로 하여금 호성공신 안황을 봉사케 했던 것이다. 이 입안은 이러한 사실을 예조에 올려 허락을 받은 문서이다. 2점의 유서는 극極과 정복鼎福이 자손들에게 주는 가훈의 성격을

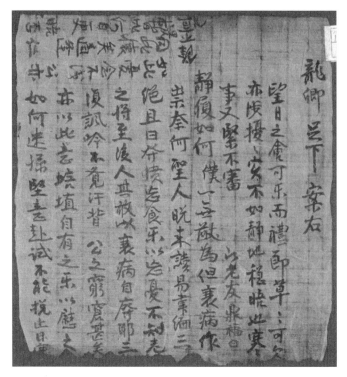

간찰(순암이 제자 정용경에게 보낸 것)

띠는 문서로서, 이 가문이 처한 사회경제적 당면 문제와 아울러 면면이 이어져 온 가문의 내력을 자세히 서술하고 있다.

명문문기류明文文記類에는 분재기 5점 이외에 타 가문에서 흔히 볼 수 있는 토지 및 노비문기는 1점도 전하지 않는다. 분재기는 분급이 1점, 허여許與가 2점, 별급別給이 2점으로 모두 신행信行·건행健行－서우瑞羽 대의 것들이다. 허여문기는 서우의 생부 건행이 조사早死한 서운瑞雲을 제외한 6남매에게 재산을 분급한 내용이며, 숙종 35년(1709)의 문서이다. 일반적 경향과 같이 18세기 초의 재산 분재이므로 봉사조奉祀條가 우대되고 있다. 각 자녀들에게는 노비만 분급하였으며, 전답田畓은 건행健行 사후 다시 화회분재和會分財되었을 것으로 짐작된다. 나머지 분재기는 서우의 부父 신행信行 및 생부生父 건행健行이 그의 혼인, 과거에 합격한 것을 기뻐하여 별급한 것들이다.

서간통고류의 간찰은 모두 139점이며, 극極, 정복鼎福, 경증景曾, 철중喆童 등 가문내의 인물들이 서로 주고받은 사신私信이 대부분을 차지한다. 그 내용은 대체적으로 용무, 안부, 경조, 통고 등에 대한 것이 다수이며 학문적 토론을 주고받은 편지도 있다.

　치부기록류置簿記錄類는 모두 17점이며 이 가운데 「종계일기宗契日記」는 1738~1744년 사이 7년 동안의 종계치부로써 도기到記, 집사기執事記, 명첩기名帖記, 단기單記, 봉상기捧上記, 타작기打作記, 식리기息利記 등이 실려 있다. 광주안씨가문의 문중계의 운영과 절차 그리고 이와 수반되는 경제 관계 등을 알 수 있는 귀중한 자료이다. 「종중회의록」, 「종계명첩」, 「종계문부宗契文簿」 등도 이와 관련된 자료이다. 이 가운데 「종중문부」는 위의 「종계일기」와 아주 유사한 성격의 문서로서, 1855년부터 1863년까지 「수입기收入記」, 「용하기用下記」, 회계 기록 등의 내용을 담은 문중계 기록이다.

　시문류에는 시 6수, 양세 묘문兩世墓文 1점, 묘비문 2점이 있다. 양세 묘문은 서우와 극의 양대 비문이며, 이에는 공인 이씨恭人李氏(안극 처) 묘지명, 안정복이 쓴 「이자수어서李子粹語序」, 「순암기順庵記」, 「호성공신록」 등이 첨련되어 있다. 한편 묘비문에는 김안국이 찬한 한세청의 비문과 한부윤韓復胤의 묘문초碑文草가 있다.

『순암집』의 편찬과 『순암부부고順菴覆瓿稿』

김현영 · 탁신희

1. 순암의 생애와 저술

순암 안정복(1712, 숙종 38~1791, 정조 15)은 조선후기의 문화의 전성시대인 영
정조 시대를 살았던 역사학자이다. 본관은 광주廣州이고 자는 백순百順, 호는 순
암順菴 · 한산병은漢山病隱 · 우이자虞夷子 · 상헌橡軒 등을 썼다. 할아버지의 서우瑞
羽의 잦은 관직 이동과 일생을 처사로 지낸 부친 극極을 따라 오랜 동안 자주
이사를 하였다. 그 결과 그는 10세가 되어서야 「소학」에 입문할 수 있었다. 그
뒤 일정한 스승이나 사문師門도 없이 친 · 외가의 족적인 범위 내에서 학문 활
동이 이루어졌다.

조부가 울산도호부사 벼슬을 그만두고 무주茂朱에 거처를 정하자 그도 그곳
에서 생활하는 한편 외가인 전남 영광에도 부친과 함께 자주 왕래하였다. 1726
년(영조2)부터 무주에 복거하던 그의 일가는 1735년 조부의 사망으로 이듬해 선
영이 있는 경기도 광주廣州 경안면慶安面 덕곡리德谷里(현재 경기도 광주시 중대동, 일

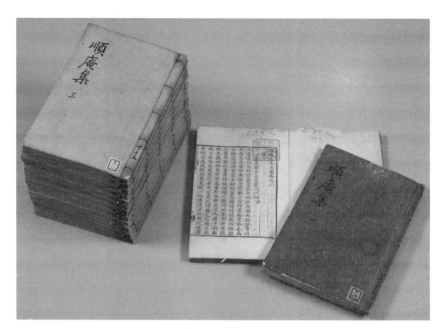

『순암집』(목활자본)

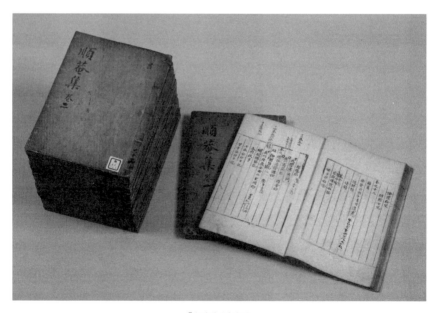

『순암집』(필사본)

명 텃골)로 돌아와 살았다. 텃골로 돌아온 그는 '순암順菴'을 짓고 학문 생활에 몰입하였다.

1744년에는 유형원의 『반계수록磻溪隧錄』을 구해 읽고 크게 감명을 받아 그는 1775년에 「반계연보」를 찬하였다. 1746년에는 안산면 성촌리(安山面 星村里 : 현재 안산시 성포동)에 거주하던 이익李瀷을 찾아 문인이 되었다. 이익과의 만남은 그의 사상에 커다란 변화를 주었다. 특히 이익의 문인들과 학문적 토론을 진지하게 하였다. 이익의 문하에는 윤동규尹東奎·이병휴李秉休 등 동년배와 후배로서 권철신權哲身·이기양李基讓·이가환李家煥·황덕일黃德壹·황덕길黃德吉 등이 있었고 이들과 함께 순암은 그의 생각과 사상을 가다듬어 갔다. 순암의 생각은 다른 성호의 문인들보다는 개혁적인 면에서 참신성이 덜 하고 가장 보수적인 입장이라는 점에서 '성호우파星湖右派'로 분류된다.

1749년 만녕전 참봉으로 처음 벼슬을 시작해서 이듬해에 의영고봉사가 되고 1752년에는 귀후서 별제를 역임하였다. 이어 이듬해는 사헌부 감찰에 이르렀으나 부친의 사망과 자신의 건강 때문에 벼슬을 그만두었다. 고향으로 돌아온 그는 그동안 준비해온 저술들을 정리해 1756년 「이리동약二里洞約」을 짓고, 이듬해 이를 바탕으로『임관정요』를 저술하였다. 그리고 그는 단군조선으로부터 고려 말까지 우리나라의 통사인『동사강목』을 1759년에 일단 완성하였다. 그리고 계속해 1767년에는 조선시대의 역사서인『열조통기』를 저술하는 한편, 1753년에는 스승 이익이 편찬한 퇴계의 어록을 정리한『도동록道東錄』을『이자수어李子粹語』로 개칭해 편집하였다.

1762년에는 이익이 일생 정열을 바쳐 저술한『성호사설』의 목차·내용 등을 첨삭, 정리한『성호사설유선』을 편집하였다. 이 과정에서 그의 학문은 더욱 깊어 갔으며, 이후 다시 조정의 부름을 받아 1772년부터 1775년까지 세자익위사의 익찬과 위솔 등이 되어 세손(뒤에 정조)의 교육을 맡았다.

정조가 즉위한 후인 1776년에는 목천 현감으로 나가 자신이 쌓아온 지식을 마음껏 실천에 옮길 수 있는 기회를 맞게 되었다. 3년 동안 그곳에서 수행한 주요 치적은 동약·향약·향사례의 실시, 방역소防役所의 설치, 사마소司馬所의 복설復設 등이 그것이다. 이후 비교적 짧은 기간 동안 돈녕부 주부, 의빈부 도사, 세자익위사 익찬 등을 역임한 뒤 고향으로 다시 돌아와 후진 양성과 저술 활동으로 보냈다. 그는 광주廣州 영장산靈長山 아래에 서재인 이택재麗澤齋를 지어 후학들을 양성하였다.

말년에는 서학 특히 천주교에 대해 철저히 비판하였다. 천주교의 도전이 사회 문제로 대두되자 1785년(정조9)에 「천학고」와 「천학문답」을 저술해 서학을 배척하였다. 1790년에 종2품인 가선대부 광성군廣成君에 올랐다. 사후인 1801년에도 천주교 탄압에 앞장선 노론 벽파僻派로부터 천주교 비판으로 정2품의 자헌대부에 추봉되었다. 하지만 관료로서 현달하지 못했기 때문에 관직생활이 생계에 큰 도움이 되지는 못한 듯하다. 부친의 평생 처사 생활로 종답宗畓을 팔지 않으면 안될 정도로 생활이 어려웠다.

안정복과 깊은 교유 관계를 가진 사람은 인천에 살던 윤동규尹東奎와 충청도에 거주했던 이익의 조카인 이병휴李秉休 및 경기 안산의 이익의 아들인 이맹휴李孟休 그리고 이인섭李寅燮·이구환李九煥 등이었다. 이들은 대체로 경기 남부와 충청도에 거주했고, 전통적으로는 퇴계학통을 이었다. 이들은 영남남인들과도 교류를 유지했는데, 이상정李象靖과 같은 인물이 대표적이다.

2. 『순암부부고順菴覆瓿稿』의 내용

『순암부부고』는 순암 안정복이 일생 동안에 지은 시, 서간, 서序, 기記, 제문, 묘지명, 행장 등을 모두 필사해둔 책이다. 문집 체제를 의식하면서도 대강 연도순으로 계속 써 모은 것으로 책의 규격도 각각 다르며 각 책마다 분류되지 않고 서로 섞여 있다. 필체나 소장 상황으로 보아 순암의 자정고自定稿임이 확실하다. 앞에서 살펴본 것처럼 『순암집』은 제자인 하려下廬 황덕길黃德吉이 정리하여 5대손 안종엽이 한말에 간행하였으나, 간행본은 『순암부부고』의 일부에 지나지 않아서 순암의 본래의 모습을 살펴보기에는 『순암부부고』가 더 적합한 자료라고 할 수 있다.

순암은 자신의 저술을 모아 둔 것이므로 스스로 겸양하여 『부부고』라고 하였다. 따라서 이 자료는 문집 체제로 각각 분류하여 놓은 것이 아니라 문장이 이루어지는 대로 계속 써 모은 것이므로 책의 규격도 각각 다르며 각책마다 분류되지 않고 시, 서, 비문, 제문 등이 서로 섞여 있다. 이것들을 기록한 필체를 보면 간간이 다른 필체로 된 것이 섞여 있기는 하나 거의 전부가 순암의 자필로 보인다. 조선총독부 도서관의 「도서구입대장」에 의하면 『순암부부고』는 1927년 5월 화산서림華山書林 이성의李聖儀로부터 17책을 24원에 구입하였다. 대

『순암부부고』

『순암부부고』의 내용

권차	쪽수	표제	표제 상의 주요 목록	비고
1	149	覆瓿藁一	答問 雜著 行狀 祭文 壙志	
2	124	覆瓿藁二	詩 記 墓志 墓記 題後 序 祭文 雜著警□	
3	197	覆瓿三	詩 說 字說 序 壙銘 書	
4	110	覆瓿四	書 序 詩 祭文 問目 行狀 墓誌 陰記 墓表	
5	144	覆瓿五	書	
6	191	覆瓿六	祭文 行狀 墓碣 答問 書 跋 詩 陰記	
7	113	覆瓿七	哀詞 祭文 序 記 說 通文 呈文 書 跋 題後	
8	116	覆瓿八	(序 墓誌銘 行狀 題後)	본래 표지가 아님
9	100	覆瓿九	(年譜 行狀 墓誌 隨見雜錄 海文獻通攷)	연민문고 소장
10	155	覆瓿十	行狀 答問 書 詩 序 跋 雜著 祭文 墓誌	
11	103	覆瓿十一	序 行狀 墓碣 詩 銘 祝文 題 書 服制私議 辨 謗錄 圖東銘 祭文	
12	119	覆瓿十二	序 墓誌 書 祭文 送終錄 書 傳 孟子疑問	
13	125	覆瓿十三	書 序 墓誌 答問 雜著 抄啓講義 詩 天學考 天學或問	
14	161	覆瓿十四	宗約 墓祭儀 祝文 行狀 詩 書 常享祝 祭文 墓誌銘 寓慕編序 遷園私議 墓碣銘 族譜跋 答問	
15	193	覆瓿十五	書 祭文 井田說 丁監司遺事 墓誌 墓碣 行狀 祝文 畵像擬贊 詩	內題에 19책 분책
16	214	覆瓿十六	戶牖雜錄 詩 傳 跋 說 醇叟遺事 書 序 祭禮 告辭 行狀 答問 東史凡例·地理考	
17	136	覆瓿十七	祭文 書 下帖 策問 問答 詩 祈雨文 墓誌 行 狀 題 序 戶口考 官職總敍	

장의 이름은 '부부覆瓿'이다. 모두 17책의 부부고가 남아있어야 되지만 국립중앙도서관에는 현재 16책만 남아있고 1책은 단국대학교 도서관의 연민문고에 소장되어 있는 것으로 최근 확인하였다.[1]

제6책 첫 장 「제십대조 안동판관부군 묘문祭十代祖安東判官府君墓文」의 첫머리를 보면, "維歲次……十代孫 通訓大夫 前行司憲府監察 安鼎福謹遣弟通德郎 鼎

祿敢昭告于 顯十代祖考"라고 쓰여 있고 뒷면의 그의 외가 조상 복천군福川君 권씨의 묘문墓文에도 이와 똑같은 그의 직함職啣과 성명이 기록되어 있으며 그 다음의 두 가지 제문에도 다 그의 성명이 분명히 적혀 있는 것을 보면 본서가 틀림없는 그의 저서임을 입증하는 것이다. 그리고 본서에는 자구字句를 지워 버리거나 혹은 수정한 곳이 많이 발견되는데 이점 또한 그의 자필로 된 원고임 을 입증한다.

각 책별로 주요 내용을 정리하면 다음과 같다.

1책에는 「답정사성答鄭士成(만기晚器)상례문목喪禮問目(병술춘丙戌春)」 등 예에 대한 문답 편지와 서序, 설說, 찬贊 등이 수록되어 있다. 순암이 편찬한 『광주부지廣州 府志』는 현재 책은 망실되고 서문만 남아있는데, 본『부부고』에는 「광주부지편 제廣州府志篇題」가 남아 있어서 『광주부지』의 규모를 알 수 있다. 즉『부부고』에 는 여도輿圖 제1 부 분야附分野, 기사紀事 제2, 읍리 제3, 풍속 제4, 산천 제5, 물 산 제6, 관방 제7, 역점 제8, 궁실 제9, 단묘壇廟 제10, 학교 제11, 부역 제12, 창저倉儲 제13(이후 5편은 편제가 없음), 병제 제14, 경비 제15, 원릉 제16, 총묘 제 17, 질관秩官 제18, 인물 제19, 사찰 제20(이후 4편 편제 없음), 고적 제21, 잡사 제 22, 사한詞翰 제23 등 편제를 볼 수 있다.

2책은 주로 시이다. 아들 경증景曾의 거실 편액인 「유암기唯菴記」라든가 「제 열녀여흥민씨행록후題烈女驪興閔氏行錄後」 등 기문도 몇 종 있다. 3책도 주로 시이 다. 「귀후서변통절목논품歸厚署變通節目論稟(1753, 영조29)」이라든가 「성제설城制說 (1753)」, 「능군설陵軍說(1753)」 등은 문집에 수록되지 않은 글이다. 편지글에서 「여 이사빈與李士賓」 같은 것은 우리나라 역사에 대한 논의인데, 임상덕林象德의 『동 사회강東史會綱』에 대한 평가를 담고 있다.

---

1 제 9책이 단국대학교 도서관 연민문고에 소장되어 있다는 사실은 동 자료를 해제한 김영진 교수(성균관대)의 제보로 알게 되었으며, 원본을 직접 보지 못한 채 김 교수가 제공한 해제 를 인용하여 보완하였다.

4책은 주로 서간문과 서문, 제문 등이 수록되어 있는데, 「경안남동내제명안 서慶安南洞內題名案序(乙酉夏)」, 「제경안이리하계제명첩題慶安二里下契題名帖(정축중춘丁丑 仲春)」, 「제동내명첩題洞內名帖(乙酉7月)」 등은 순암의 향촌 조직에 대한 이해와 관련하여 주목할 만하다.

5책은 남난노南難老, 윤동규尹東奎, 이병휴李秉休 등과 주고받은 편지글이다. 문집에 수록된 것도 있고 빠진 것도 있으며 수록된 자료도 앞뒤를 잘라서 일부만 수록한 편지도 있다. 따라서 문집과 부부고 자료를 비교하여 검토할 필요가 있다.

6책은 제문祭文, 묘갈墓碣 등과 서간문書簡文이 섞여 있다. 「답이중명별지答李仲

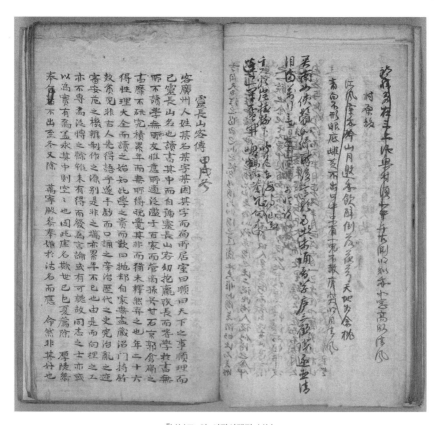

『부부고』의 영장산객전 부분

明別紙(甲午10月)」에는 문왜관시말問倭館始末, 문오위지제問五衛之制, 문정부정원대각고사問政府政院臺閣故事, 정원고사政院古事, 대각臺閣, 수릉관시능관守陵官侍陵官, 가각고架閣庫, 해랑도海浪島, 지고地庫 등과 관련한 글이 실려 있다. 7책도 제문祭文과 애사哀詞, 서序, 기記, 설說 등을 수록하고 있다. 8책은 대부분 서序인데 문집에 수록되어 있는 것이 많다.

9책은 단국대학교 도서관 연민문고에 소장되어 있는데 「반계선생연보」, 「숭록대부행지중추부사수촌秀村유공柳公행장」, 「의령남씨묘지」, 「대학」, 「수견잡록」, 「해동문헌통고」 등 6편의 글이 실려 있다. 「반계선생연보」는 반계 유형원의 연보이다. 반계는 70여 권의 저술을 남겼지만, 우리에게 알려진 것은 『반계수

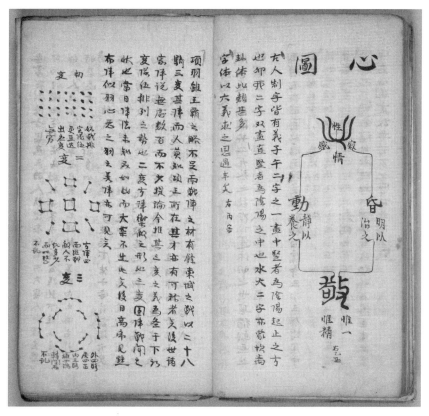

『부부고』의 일부

록』 등 일부에 불과하고 제대로 된 문집은 전해오지 않고 있다. 「반계선생연보」의 끝에는 안정복이 쓴 발문이 있다. 이 발문은『순암집』권18에 「반계연보발」이라는 제목으로 똑같이 실려 있다. 이 발문에 따르면 안정복은 어릴 때부터 호남에서 어른들로부터 반계 선생에 대해 많이 들었지만 그분의 학문에 대해 자세히 알지는 못하였는데, 반계의 증손되는 유발柳發을 만나 반계 선생에 대해 알게 되었고, 반계의 유저遺著들로 열람할 수 있는 기회를 얻었다.(이 부분은 순암의 일기인『일성록』에 나온다.) 이후 유발의 동생인 유훈柳薰의 집에 머물게 되었는데 유발은 이미 사망하였고 유발의 아들인 유명위柳明渭가 유발이 초고 상태로 남겨둔 반계 선생의 연보를 보여주며 교정을 요청했다. 반계는 연보를 교정 및 윤색하고 발문까지 지었는데, 여기에 실린 연보가 바로 그것이고 끝에 붙인 발문에는 그간의 경과를 담아 놓았다. 「숭록대부행지중추부사수촌유공행장」은 반계의 증손인 유발柳發(1683~1775)의 행장이다. 유발의 부친은 유응린柳應麟, 조부는 유하柳昰, 증조부는 유형원柳馨遠이다. 1723년에 사마시에 합격하였고, 1754년에는 온릉 참봉溫陵參奉이 되었으며 1759년에는 좌수운 판관左水運判官이 되었다. 평생 유훈과 함께 증조부의 저술이 간행되도록 노력하였다.『반계수록』 역시 이들의 노력으로 1770년에 간행될 수 있었다. 이 글은『순암집』권25에 실려 있다.

「의령남씨묘지」는 남필복南必復이 역병으로 딸을 잃자 그 딸의 행적이 사라지지 않도록 하기 위해 안정복에게 부탁하여 지은 묘지명이다.『순암집』권22에는 「의령남씨묘지명」이란 이름으로 실려 있다.『대학』은 표지에 「경설 대학략」으로 실려 있는 데서도 알 수 있듯이『대학장구』의 일부 장구에 대한 자신의 견해를 밝힌 것이다. 순암 경학사상의 일단을 살필 수 있는 자료이다. 「수견잡록」은 책을 보다가 의미가 있다고 생각되는 글귀를 뽑아놓은 일종의 차록이다. 「해동문헌통고」라는 제목 아래 「관직고」라는 소제목이 달려 있는 데서도 알 수 있듯이 우리나라의 「문헌통고」를 편찬하려고 했던 안정복이 '관직'에 대해 고찰한 것이다. 앞 쪽에는 목록이 어지럽게 적혀 있는데, 정리 되어 있지 않다. 이후 이 부분은『동사강목』「관직연혁도」에 실리게 된다. 따라서『동사강목』의 초기 모습의 편린을 살필 수 있는 자료가 된다.

10책도 상당한 부분이 문집에 수록되어 있는데, 정지검鄭之儉에게 보낸 편지(「여정대서與鄭台書(癸卯 9월 25日)」)의 별지에는 정인지의 『고려사』, 서거정의 『동국통감』에 대한 비판을 하면서 국가에서 고려사를 편찬한다면 참여할 생각이 있음을 밝히고 있다. 정조가 순암의 『동사강목』을 올리라고 하고 교정본 『동사강목』을 만들도록 한 것과 관련하여 주목되는 자료이다. 또한 역시 강화유수를 하고 있는 정지검에게 보낸 편지(「여정태與鄭台(어강화於江華)」)의 별지에서는 『강화지』 편찬이 소략함을 말하고 다시 편찬할 것을 권유하고 있다. 「천주교가 크게 일어나 우리들 중 재기가 있는 사람들은 모두 그 속에 들어간다는 소문을 듣고 시 한 수를 지어 원심에게 보임(聞天學大熾 吾儕中 以才氣自許者 皆入其中 遂口呼一絶 示元心)」이라는 시나 「천학석문天學設問(贈沈士潤 士潤前有所問 故書此答書云)」, 권철신에게 보낸 편지 「여기명제삼서與旣明第三書 겸정사흥兼呈士興」에서는 천학天學에 대한 논의를 하고 있다.

11책은 서와 행장, 시, 축문祝文 등을 수록하고 있다. 12책도 서序, 서書, 제문, 기문 등을 수록하고 있다. 13책은 서간, 서문 등이 있다. 14책은 「종약 묘제의墓祭儀(건제청建祭廳 / 제전祭田 / 제사 / 제물 / 축문)」와 축문, 시, 서, 행장 등이 수록되어 있다. 「여이정조서與李庭藻書(을유 7월 27일)」에서는 봉교수찬서奉教修撰書의 오류와 『동국여지서』의 오류 등을 지적하였다. 15책은 「상성주서上城主書」 등 서간문과 「정전설井田設(庚申)」, 유사遺事, 서序, 축문, 찬 등이 수록되어 있다. 15책으로 편책된 책의 후반부에는 19책이라는 내제로 구분한 책이 합철되어 있다. 19책이라는 내제가 시작된 부분에서부터 수록된 글은 「독행남군행장篤行南君行狀」, 「가선대부병조참판 겸동지의금부사 임하당林下堂 신공申公 묘지명병서」, 「부답한수운별지復答韓秀運別紙」, 「여백현서與伯賢書」, 「고종부시부정故宗簿寺副正 증희선대부이조참판 죽림竹林 권공權公 정충각비旌忠閣記」 등 행장, 서간, 기문, 제후諸侯 등을 담고 있는데, 다른 책의 내용과 달리 편책할 이유는 없다. 다만 이 부분과 다른 글들을 따로 편책하여 18책, 19책 등으로 편책할 계획이 있었던 것이 아닌가 추측할 뿐이다.

16책은 벙어리저금통, 담배, 춘화春花 등에 대해서 들은 이야기를 정리한 「장리잡록牆籬雜錄」, 「조석설潮汐說」, 「영장산객전靈長山客傳(갑술동)」 등이 수록되어 있다. 또한 성호 선생과 주고받은 편지, 윤동규, 이병휴와 주고받은 편지도 수록되어 있다. 중간 부분에는 자신의 저술을 정리한 목록(「제왕정변통도」 1장), 「성현전수정방통도」 1장, 희현록 3권 / 하학지남 4권 / 내범 3권 6편 / 문장발휘 16권 / 독사상절 40권 / 광주지 4권 / 가례훈해 4권(未成) / 가례익家禮翼 6권(未成) / 홍범연의초洪範衍義草 2권 / 동사강목 / 동국지리변의 / 치현보 1권이 있는가 하면 그 뒤에는 동사강목범례(퇴고본), 동사보궐례(퇴고본)과 「동국지리기의」와 「동사강목고이」가 실려 있다.

17책은 「망자진사소상제문亡子進士小祥祭文」, 「유향교하첩諭鄕校下帖(정유춘)」 등 목천현감 시절에 쓴 글들과 편지와 시 등이 수록되어 있다. 「여서태명응서與徐台命膺書(기해6월13일)」는 목천 현감 체직을 요청하는 정사呈辭 편지이고 「답수어사서태答守禦使徐台(기해8월12일)」는 『광주부지』의 열람을 요청하는 글이다. 이외에 이구환李九煥, 이삼환李森煥, 이기양李基讓에게 보낸 편지 등이 있다. 이기양에게 보낸 편지 「여이사흥서與李士興書(경자12월24일)」는 문집에도 실려 있는데, 이기양에 사림의 중망이 모인다는 것 등은 문집에도 실려 있지만 순암의 솔하 노비의 현황이라든가 당색을 드러낸 부분은 문집에서는 삭제되어 있다. 뒷부분에는 호구고戶口考, 적법籍法 호패 부戶牌附 등에서 역대의 호구에 대해서 다루고, 직관고官職考, 동사강목서東史綱目序 등도 수록되어 있다.

이상과 같이 『순암부부고』는 판심에 17책의 표지에 '공십칠共十七'라고 되어 있어 총 17책으로 분책되어 제본되었다는 것을 알 수 있다. 그런데 15책으로 편책된 책의 뒷부분에 19책이라는 내제가 있어서 마지막 책을 17책으로 본다면 9책만 결본이지만, 19책을 마지막 책으로 본다면 9책과 18책이 결본이라고 할 수 있다. 또한 19책은 15책에 합본되어 편책되어 있어서 한 책으로 본다면 9책만이 결본이다. 다행히도 단국대학교 도서관 연민문고에서 낙질된 9책이 발견되어서 『부부고』 17책 모두를 확인할 수 있게 되었다.

16책의 뒷부분에는 「동사강목범례」(퇴고본), 「동사보궐예」(퇴고본)과 「동국지리기의東國地理記疑」와 「동사강목고이東史綱目考異」가 합책되어 있다.

3. 『순암집』의 편찬, 간행과 『순암부부고』

　『동사강목』을 저술한 역사학자 순암 안정복은 자신의 저술을 모아서 『순암부부고』라는 저술로 정리해 두었다. 책의 표제에 「부부覆瓿」, 「부부고覆瓿稿」라고 되어 있으나 허균의 『성소부부고惺所覆瓿稿』와 같은 다른 부부고覆瓿稿들과 구별하기 위하여 여기에서는 앞에 '순암順菴'이라는 접두어를 붙여서 『순암부부고』라고 명명하였다. '부부覆瓿'란 자신의 저작이 조금도 가치가 없거나 다른 사람이 중시하지 않는 것을 말하는데 스스로를 겸양하여 표현한 말이다. 국립중앙도서관에는 광주 순암 이택재에 소장되어 있던 순암가 구장본들이 다수 소장되어 있다.

　「부부고」는 순암이 자필로 자신이 쓴 글들을 모아 정리한 초고본인데, 초고

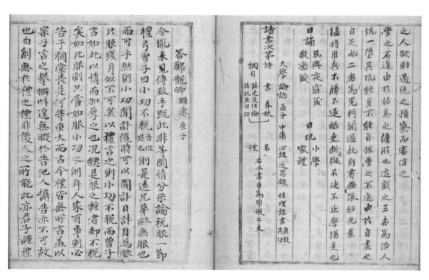

『순암집』 필사본

본을 토대로 하여 제자인 하려 황덕길(1750~1827)이 『순암집』 편찬을 위하여 첨삭을 한 뒤에 족인族人인 안경의安景禕가 전사轉寫한 뒤에 5대손인 안종엽安鍾曄이 활판본으로 간행하였다. 이 『부부고』에는 황덕길이 『순암집』의 편찬을 위하여 메모와 체크를 한 부분이 그대로 남아 있어서, 조선후기 문집 편찬 과정을 이해하는 데도 큰 도움이 된다. 문집 편찬은 일상적인 사소한 부분은 많이 삭제하는 경향이 있으므로 순암의 인간적인 모습이나 실제의 생각을 이해하기 위해서는 편찬된 『순암집』보다는 순암 자신의 본래의 모습이 그대로 드러나 있는 이 『부부고』가 훨씬 풍부한 자료를 제공한다고 할 수 있다.

먼저 『순암부부고』의 위상을 이해하기 위하여 『순암집』이 편찬 간행되는 경위를 정리해보자. 『순암집』에는 안경의가 쓴 발문과 5대손 안종엽의 간행 지識가 붙어있다. 1843년(헌종9)년에 쓴 안경의의 발문은 『순암부부고』와 『순암집』의 편찬 과정을 잘 보여준다.

한산(남한산)의 남쪽에서 도학을 강하여 사방의 학자가 많이 교육을 받았는데 경의는 늦게 태어나서 제자가 되지 못했다. 경인년(1830)에 본가에서 선생의 유집을 보고 한 번에 심취했는데 문득 길을 잃고 헤매는 망양亡¥의 탄식이 있었다. 그 서적을 보니 초본과 정본 2본이 있었는데 하려 황덕길이 (후손의) 부탁을 받고 다시 깎고 더하였다. 다만 글씨를 쓸 사람이 없어서 쉽게 바꾸어 쓰지 못하고 다만 책머리에 찌지를 붙여서 표시를 했을 뿐이고 자행간字行間의 오결誤缺은 바로잡지 못하였으니 어쩔 수 없는 상황이었을 것이다. 경의가 이를 두려워하여 참월함을 무릅쓰고 정서를 하였다. 베껴쓸 때에 한결같이 황덕길 선생이 정한대로 했는데, 잡저 7편은 편목의 서차를 많이 개정하였다. 경서를 논한 문장이 뒤섞여 나오는 것은 합하여 기록하면서 「경서의의經書疑義」라고 이름을 붙였고 「호유잡록戶牖襍錄」이나 「상헌수필橡軒隨筆」 같은 데 나오는 여러 조목도 각각 분류하여 붙이고 잡록은 수필에 합하였다. 「서재강약書齋講約」이 「사례의절四禮儀節」이나 「경안동약慶安洞約」보다 먼저 나오는 것은 집과 나라가 수신修身에 근

본하였기 때문이다. 「함장록函丈錄」을 「계방일기桂坊日記」나 「목주정사木州
政事」보다 먼저 한 것은 군주를 모시고 백성을 다스리는 것이 강학에서 받
았기 때문이다. 「향음사의鄕飮射儀」를 「천학고天學考」, 「천학문답天學問答」
의 뒤에 놓은 것은 사학을 거부하고 경학에 돌아가겠다는 의리이다. 보시
는 분이 상고해보면 이도 역시 황선생의 뜻에서 취하여 바로잡은 것이니
어찌 간여하겠는가. 일곱 달이 지나서 일이 끝났다.

제자인 황덕길이 문집의 초본과 정본을 더하고 깎아서 편차해두었고 안경의
가 정서해두어 『순암집』을 완성했다는 것이다. 『순암집』의 편차는 황덕길이
정한 그대로인데 잡저 부분에 있어서 『경서강의』와 『서재강약』, 『사례의절』,
『동약』, 『함장록』, 『계방일기』, 『목주정사』, 『향음사의』, 『천학고』, 『천학문답』
등을 편차한 원칙을 설명하였다.

1843년에 이렇게 『순암집』의 편차가 완성이 되고 정서가 된 뒤에도 재력의
부족으로 한동안 『순암집』은 간행될 수가 없었다. 『순암집』이 간행된 것은 그
로부터 거의 한 주갑이 지난 1900년이었다. 『순암집』을 활판본으로 간행한 5
대손 안종엽의 발문은 다음과 같다.

하려 황덕길 선생이 수교讎校를 하고 할아버지(안효근安孝根, 1802~1855)가
진안현감을 할 때에 집안 아저씨인 붕원鵬遠 씨가 정서하여 30권으로 하여
세상에 간행하려고 했는데 녹봉이 박하여 그 일을 마칠 수가 없어 책장에
넣어두었다. 내가 개연히 유문이 전해지지 못하고 선대의 뜻이 펴지지 못
한 것을 생각하면 아침저녁으로 잊을 수가 없었다. 정성은 적고 힘은 들어
서 몇 년이 지나고 이번 가을에 비로소 활자를 사용하여 약간 본을 인행하
였다. 우선 동지 가운데 우리 선조를 사모하는 사람들과 함께 하였다. 이
는 저술한 것에서 겨우 10분의 1, 2에 불과하고 당세에 사모하는 사람에게
인쇄하여 배포한 것이 또 100중의 1, 2에 불과하니 이는 부끄러운 일이다.
이제 우리 선조의 시대로부터 110년이 지났다.

『순암집』이 간행된 것은 순암의 역작인 『동사강목』보다 먼저였다. 『동사강목』을 대중적으로 읽을 수 있게 된 것은 일제 강점기에 조선고서간행회朝鮮古書刊行會에서 근대 활자로 간행한 이후였다. 그러한 의미에서 『순암집』의 간행은 의외로 빠른 것이었다고 할 수 있다.

4. 『순암집』과 『순암부부고』 차이

『순암집』은 앞에서 살핀 대로 『순암부부고』를 토대로 순암의 여러 저술들을 모아서 편찬한 것이다.

여기에서는 순암집이 편찬 과정에서 순암의 원래의 글이 어떻게 편집, 첨삭되었는가를 『순암부부고』에 실린 간찰을 통하여 한 실례를 보고자 한다. 『순암부부고』 17책과 『순암집』 권8에 수록된 이기양에게 보낸 편지이다.(「여이사흥서與李士興書(경자 12월 24일)」) 『순암부부고』와 『순암집』을 비교해보면 다음과 같이 앞부분의 상당 부분이 삭제되었다.

歲行將盡 窮陰愈酷 不審仕履如何 連姻以後 俗例人事 有不可廢者 此是婦家之事 宜然而闕然 曠侯至此延稽 不勝歎恨 盖緣僕屬無多 只有仰役單奚 而惑於其妻 有朝暮叛去之意 又只有籬下一奴 其妻亦當路人之婢也奴也爲當路人所招誘 見其富勢 必欲叛去 其勢難止 彼輩伎倆 自是如此 從此薪水之奴 無人代行 此豈成說乎 此在傳書奴 卽其奴也 ○○自俓關格以後 元氣無餘 旋感寒嗽 今已六朔 其危困可知 又當歲暮 多少情懷 唯在疇昔發旧篋 (이상 생략된 부분) 閱貞山書帖 精粗巨細 無所不至 至於論當世人物 推公爲巨擘 有曰高才駿氣 世無其人 又曰 勇往之氣 無人敢遏 向後擔負之責 似在此人 其推許之重 信重之意 當如何哉 由是愚心之所倚毗 士林之所期望 實無他適矣 然而師友抑揚之道 各有其宜 故貞山意在於獎導後進 多譽而少規箴之意 在我則(惟其)偏性有不然者 頻示規警之語 以其人情

所在而言 則喜獎拔而惡規警 其勢雖然 而前日相奉 未嘗以一言假借 公必
以不知我爲意 而推此二義 實幷行而不相悖矣 公素乏遜志之工 幸加意 而
念此老友之意如何 公今出世仕宦矣 余亦三十年來此路邊人 性雖踈濶 其
亦諳之熟矣 世路實有難言者 求之古人忠實篤厚之意 實無可言 而至於巧
黠窺伺之道 過於古人遠矣 公自念自己之文學辭辨 足可爲馭此一世 而俗
所謂躍者外有飛者 公能當之否 君子之道 其道無二 惟在於保吾之衷 而保
衷之道 惟敬而已 所謂眞正大英雄 其要不離于戰兢臨履 所謂戰兢臨履 惟
敬爲然 而其處之之道 謙愼爲先 易曰 謙卑而不可踰 且以史傳論之 霍光
以不學無識之人 而受武帝之遺敎 以其謹愼也 諸葛武侯亦曰 先帝知臣謹
愼 寄以大事 我輩雖是局外羈旅之身 其所以自期者 則豈可以俗類自處 而
在我之權度 自有其則矣 向者僕在木邑時 年幾七十 至於進退去就之義 豈
不自知 而無知少輩妄有云云 唇舌幾不可救 此亦公之所知也 世路之多險
如此 公亦戒此 隨事而處之也 第公恐是過者也 過者之弊 其於事有多不足
卹者 常愛王陽明之言 有曰語到快活時 必截然能訒默得 意到發揚時 必翕
然能收斂得 喜怒嗜慾蜚騰時 必廓然能消化得 爲天下之大勇 此果克治之
要法也 向者客座 愚言以俗待公之語 戲之也 此豈實語哉 涉俗之中 有不俗
者存焉 其輕重低仰 在我之一心 而惟其正而已 稍涉一毫權譎意思 其弊有
不可言矣 公若於此不謂已知已能而回頭旋念 則未必無小補矣 (이하 생략된
부분) 公試看此世所謂與公相從者誰 人能勤攻闕失否 歲末客援 暫此强疾
倩草

이 편지는 순암이 복암 이기양에게 보낸 것인데, 『순암집』에 실려있는 「여
이사홍서與李士興書」에는 앞부분과 뒷부분이 삭제되고 가운데 부분만 수록되어
있다. 복암伏菴 이기양李基讓(1744~1802)은 근기 남인 중에서도 장래가 촉망되는
사람으로 이병휴와 안정복에게 공부를 해서 순암에게는 거의 제자격인 인물이
다. 녹암鹿菴 권철신權哲身(1736~1801)과 이기양은 사돈간이고 권철신의 동생 권
일신權日身(1742~1791)은 순암의 사위이다. 이기양의 동생이 또 순암의 손녀 사
위이므로 연인간連姻間이라고 표현한 것이다. 그런데 삭제된 부분에는 순암의

솔하奴下 노비들이 다 도망하고 남아있는 것이 한둘에 불과하지만 이 노비들도
도망할 틈만 노리고 있다는 것이다. 노비들이 권세가의 솔하奴下로 가려는 경
향도 소개하고 있다. 근기지역 남인의 영락하는 모습을 잘 보여줄 수 있는 자
료임에도 불구하고 『순암집』과 같은 체면을 차리는 문집에서는 그러한 부분이
생략되어버리는 것이다. 순암과 같은 근기 지식인의 실제 모습을 제대로 보려
면, 따라서 생략되고 삭제된 부분을 더 검토해볼 필요가 있는 것이다.

금대錦帶 이가환李家煥이 광주부윤을 할 때 순암이 금대에게 보낸 편지도 『순
암집』에는 생략되어 있다. 마을의 선비와 백성들이 모여 편을 지어 활을 쏘는
일종의 향사례 모임을 금대는 엄격히 금지하였고 특히 순암이 사는 마을에서
향사례를 한다는 소식을 들은 광주부윤 이가환이 직접 아전을 보내어 하지 말
것을 구두로 설득하고 손자인 안철중에게 편지를 보내어 향사례를 중지할 것
을 요구하였다.[2]

이때 광주부에서 사민들이 편사偏射하는 것을 금지하고 있었는데 마침
이 동네의 사우배士友輩들의 향사례를 할 때였다. 광주부윤 이가환이 아전
을 보내어 나에게 말로 설유하고 또 손자에게 편지를 써서 향사를 해서는
안된다고 하였다. 또 차사를 보내 좌객座客 정사형丁士亨을 잡아갔다. 막
향례를 행하려고 할 때 모양이 이와 같이 되어 여러 빈객들이 활을 풀고
화살을 담아 놀라서 흩어졌다. 정조庭藻가 이러한 일을 하니 정말 통탄스
럽다.

이가환(1742~1801)은 1791년 신해박해 사건으로 국가적으로 천주교에 대해서

---

2 『순암부부고』(하) 與李侯(家煥庭藻)書 (時, 本府禁士民之偏射, 而此洞士友輩鄕士禮, 適當
  其時, 本官遣吏舌諭于余, 又作書于孫兒, 雖鄕射不可爲, 又發差捉座客丁生字士亨者而去.
  方欲行禮之際, 景色如此. 衆賓弢弓戢矢, 驚駭而散, 以庭藻而有此事, 誠歎也.)

강력한 조치가 취해지자 스스로 혐의가 있었던 이가환 자신이 그러한 혐의를
벗기 위하여 더욱 천주교에 대한 탄압을 했을 수밖에 없을 것으로 생각된다.
순암이 금대가 향사례를 금지하는 조치를 취한 데 대해서 금대에게 보낸 순암
의 편지는 이러한 공안 정국의 상황을 반영하는 서간이라고 할 수가 있다. 이
러한 편지는 『순암집』에는 누락이 되어 있다.

부록 1. 『순암부부고』 상세 목차

順菴覆瓿稿　卷一

題漢陰李文翼公訓子孫書後

校訂家禮附贅序

贈宗人正進(景漸)序 (癸酉春)

送鄭永年(壽延)之任奉化序

贈韓咸之(德一)序

啞器說

破啞器說

題塔谷李上舍丈行狀後 (丙戌秋)

茅隱遺稿序 (丙戌十月)

李子粹語序 (癸酉)

臨官政要序

廣州府志序

廣州志篇題

奉正大夫守軍器寺副正五休堂安公行狀 (己卯秋)

宣教郎安公行狀 (丙子九月)

通訓大夫成均舘司成鄭公行狀

淑人趙氏行狀

故司成鄭公淑人趙氏壙誌淑人趙氏壙誌

淑人昌寧成氏壙記

星村護喪所

祭星湖先生文

復祭星湖先生文

祭仲實文

祭族弟聖弼壽席詩帖後

乙卯除夜小序

遊北寺 (茂朱邑北 丁未)

雲興寺 (蔚山 丙午春)

古木 (己未九月 牙山道中) * 본문 내용과 重出

題望湖亭盆梔 (甲寅在牙湖時)

霜後木葉盡脫, 庭畔葵花一枝在菊叢中, 放開一花, 有感而吟.

鄭永年自楓岳歸訪余于靖齋, 盛言探歷之事, 且言得一聯未成篇, 因誦云汚樽
　　剔字苔紋古, 雲壁鳴舷石勢危, 時余適被酒, 醒後贖成以別. (壬申十月)

山居好 (庚申)

自警 (庚申)

詠史 (時讀晉書 ○壬申)賈謐

義盈直中夜坐有感 (辛未臘月二十五日)

次宗人正進 見贈韻

(壬申, 余守靖園, 正進科行歷訪, 因留奉恩寺做業, 頻有過從之樂, 癸酉春余
　　在直中, 正進來齋室話, 因示一律, 遂次贈)

　附原韻

敬步止庵南丈(維老)見示三絶 (己巳冬至後三日) 原韻

敬次望湖亭盆梅韻 (己未)

次東坡雪韻 (丁巳臘月)

丁巳五月卄日治疾寓寺洞里家 讀心經作二首 (丁巳)

古木 (戊午牙山道中)

次舅氏韻 (辛亥)

仲秋望日 詠退之一年明月今宵多爲韻 成七絶 (辛亥)

登赤裳山城按廉臺

贈正進 (壬申秋)

次正進韻 (癸酉三月)

靖陵齋室直中 (壬申秋)

贈奉恩寺判事體閑上人 (癸酉春)

次天與韻 (戊寅)

早秋夜與天與共賦二首

癸酉元日次景和除夕韻

次洞友小集韻 (己卯)

夜坐卽事

沁齋直中 次鄰郎宋道明(聚行)韻 (庚午春)

漫吟八絕 (丁丑夏)

次南公瑞(雲老)韻 (四首 庚申)

(附)原韻

已未除日獨坐感懷偶吟 (沒佳韻)

次尹景和韻 (辛酉)

讀大學

山中卽事

次許丈釣叟韻三首 (名塤, 字仲厚, 滄海之孫, 世居楮島. 癸酉.)

謹次宗丈友松居士(宅明)宗會詩韻 (己未)

次族侄厚卿 (垍) 病後見贈韻 (甲子)

敬次星湖先生次寄涑河安秀才樂重韻(二首) 贈樂重兼示正進 (己卯)

(附)原韻(附)原韻

新昌途中 (戊午十月)

高麗山 (山在江華府西北五里, 高麗高宗葬此, 卽弘陵是也. ○庚午)

記夢 (辛巳)

眼昏

述病 (八首)

喜善徵見訪

雪夜獨坐

觀東史有感戲效樂府體 (五章)

簡寄鄭天與 (丁丑)

嘗編諸葛亮陶淵明二傳以觀之 止丈有詩要和遂步其韻.

次止丈玩易韻 (二首)

奉呈止丈

(附)次韻

次止丈韻

(附)原韻

分宜堂八詠 (原韻及次韻見間丈)

分宜堂八詠原韻

渭陽次韻

一首因步其韻

次止丈贈示韻

(附)原韻

次楊誠齋退休南溪之上自贊韻

壬午六月十八日 (先考忌日)

仲實有書多貧病語戲示一律 (丁丑)

病中言懷呈止丈兼示善徵仲賢要和

贈鄭君顯

鄭君顯讀孟子示以三絶

山火

古人宮辭之作, 亦國風離騷之義也. 閑居無聊, 偶效其體爲二絶

登南漢西將臺見板上諸詩有感 (癸酉)

宿開元寺

出南門憶崔遲川當日事 馬上慨然成七絶

又吟一絶

修廣州府志至丙丁事 閣筆潸然謾書一律

觀物二絶 (丁丑春)

春日書懷

族弟仲胤(鼎錫) 來訪于積歲阻闊之餘 不覺喜悅聊成短律二首以示

春雨

田家記所見

(附)次韻 (原韻見上)

次善徵投示韻成三首

(附)原韻

更步前韻答善徵

次溪丈見贈韻

警女兒

挽鄭正言德而

贈安正字殷老 (景說 癸未)

次玩龜亭韻 (永川宗人先亭)

獨坐感懷

書贈小孫

次洞中少友與鄭鱗伯相和二首

期友會話園亭 (代少輩戲作沁園春)

偶吟

午睡

讀陳搏傳有感

春愁 (有感而作)

到書堂見庭草蕪沒感懷而作 (甲申七月)

自嘲示天與

天與次聊韻復贈律絶幷六首依韻和呈

次李性之鄭龍卿君顯遊洗皮川韻 (己卯春)

諸君復以前韻見寄次送

己未春親耕後試士春塘臺 (舊名瑞蔥臺)

聞木溪丈隨公瑞(南雲老)之仙槎 關東名勝遊賞殆遍 賦短律以呈 (癸酉春)

次省吾 (己卯)

家兒上青雲庵做試業　安聖協(相民)・李壯之(命老)・鄭龍卿(昇淵)・鄭君顯
　　(赫基) 四友來會 作一律以呈 (己卯夏)

省吾來留數旬 及歸口號五言短句二首以贈

題朴丈(漢興) 草堂(戊寅五月)

辛未七月初九日差祭獻陵時江水大漲 雨中自箭串乘船而作

原韻 (見上)

　摩尼山 (庚午春)

　記夢

　夢作

通政大夫承政院左副承旨今是堂李公墓碣銘

　唯菴記

慶族弟(廷益)回甲壽序

祭吳仲實文 (壬寅四月)

警聯 (壬寅星夕)

送南甥歸庭 (壬寅七月十七日)

讀史有感 (己酉閏五月)

璿源殿參奉謹齋李公墓誌銘記

(謹齋李公慶弘行狀) －제목이 없어서 임의로 붙인 제목임

題烈女驪興李氏行錄後 (辛丑)

橡軒四絶 (壬寅六月初六日)

又漫吟

丁酉八月十四日赴錦營滯雨毛老院成三絶

順菴覆瓿稿 卷三

前日旣明過此, 留一詩軸, 卽洪雯翁(應輔同甫)與其堂弟癖翁(翰輔而憲)子正
　　漠(原溪), 自乙酉八月初一日, 日作一詩, 月盡而止, 名其軸曰仲秋課日仲
　　秋課日詩. 余病中讀之, 雯翁之古逸典雅, 癖友之沈實圓融, 原心之淸健奇

矯, 一室之內, 宮商協奏, 可謂奇矣, 遂成短律.

六月卄六日, 省吾省吾自京來留一日而歸, 別後悵然, 作一律以寄懷.

溪行

幽事

幽事還多事

貧窮吟

題便面

家有小僕, 驕逸難使, 一日誚責, 頗動心氣, 悔而有作.

晚步溪上

夏日書齋卽事

憶從弟鼎祜

七月初三日立秋書懷自嘲

七月十日苦熱

贈尹述甫

初秋苦熱贈避暑同遊少輩

次天與三首

歸厚署變通節目論稟 (癸酉)

東國地界說 (戊寅)

城制說 (癸酉)

倭國地勢說 (戊寅)

陵軍說 (癸酉)

邊防種樹說 (癸酉)

雜卦說 (庚午)

雜卦後說 (辛未)

八卦納甲說 (辛未)

夢說 (己卯)

夢記 (己卯)

與尹丈

答旣明

答旣明

答韓士凝

答李景祖 (祉承)

　改本

與旣明

與人書

答長川

答李士興 (別紙在十卷)

答長川

與鑑湖翁書 (己丑三月)

與士興 (己丑八月卄九日)

與尹丈

答尹丈

李延日答韓士凝書

與蘇湖李延日象靖

答洪參判(君平)書

答旣明別紙 (戊子五月)

　又答

詩考槃辛記疑

行露章

答湖南伯(元義孫)

星湖禮式序

與尹丈書

與長川 (己丑夏)

雲山吟

次旣明 * 제목 뒤의 설명이 있고, 시가 있음

贈南甥 (壬辰正月二十七日)

次金礪世韻 (壬辰三月)

　附原韻

又贈金礪世

五節殉難錄跋

與利川倅李趾光

贈金海宗人別提德鵬(宗人時求仕在京)

午睡

聞局局鳥

淸凉山祈雨祭文 (癸酉五月爲李留守箕海作)

祭外舅文

又祭外舅文祭外舅文

先妣恭人李氏行狀

先妣壙誌

秀才郭君墓誌銘

孝子安公行狀

先祖高麗奉順大夫吏部尙書判典農寺事公墓碣陰記

孺人竹山安氏墓誌銘

先祖高麗奉順大夫判典農事安公碑陰記

高麗神虎衛中郞將兼閤門祇候安公碣陰記

處士安公墓表

答南丈(幼張南幼張)書 (維老戊寅生　號止庵　時居木溪)

與南丈書

答南丈書

與南丈書

與尹丈幼章書(東奎乙亥生)

與尹丈書

與尹丈書

與尹丈書

答尹丈書

答尹丈書

答尹丈書

與尹丈書

答尹丈書

與尹丈書

答尹丈 (壬申七月)

與尹丈書

與尹丈書

答尹丈書

與尹丈書

答尹丈書

答尹丈書

與尹丈書

與尹丈書

與尹丈書

答尹丈書

答尹丈書

答尹丈書

答尹丈書

與尹丈書

與尹丈書

與尹丈書

答尹丈書

答尹丈書

與尹丈書

與尹丈

與尹丈

與尹丈書

答尹丈書

與李景協書 (秉休庚寅生)

與李景協書

與李景協書

答李景協書

與李景協書

答李景協

答李景協

答李景協

與長川書 (甲申二月)

與長川書

答李留守 (箕鎭)

答尹承旨別紙 (光毅 字士弘)

與李經歷 (敏坤)書

順菴覆瓿稿卷六

疏庵集 * 이하 4건의 제목은 소암집임. 순암의 글이 아님

閑居疏庵閑居疏庵

偶成

市北南相龍洲集龍洲集

贈靑齋擧人吳大贇

吏曹參議磨齋鄭公墓碣陰記

處士安公墓碣

學生安公墓碣記

學生安公墓碣記 * 위의 것과 다른 사람의 행장임

答安正進別紙(癸巳冬)

與長川書

又

與子木書

與鄭洗馬書

別紙

答李說書 (甲午四月)

與李仲命 (甲午六月)

又

答李仲命別紙 (甲午十月)

政院古事

臺閣

別紙

 皇明末三帝紀後錄 * 별지에 수록된 내용

與景恊

又

答崔宗運問目(癸巳狀)

答韓士凝書(乙未五月十五日)

順菴覆瓿稿　卷七

祭鄭述美 (光休) 文

代朴丈 (漢興) 氏祭厥伯氏井邑 (夏興) 文

祭伯族大父 (瑞珩) 文

祭通德郎潘南朴公 (漢興) 文 (壬午)

代李直長奎運祭其從叔李鎭川 (混元) 文 (癸酉五月)

祭宜寧南仲賢 (希老南希老) 文

祭南善徵 (夢老) 文

祭尹進士宅姨母文

永好契序 (戊寅)

友松詩序 (戊午冬)

樗軒記 (辛未春)

築室說

可笑堂記 (己卯二月)

鄭休翁建祠通文 (己丑 代人作)

文會禊通文 (庚申二月)

文會禊事目

烈女淑人趙氏呈文 (己卯)

又

答李士興別紙 (己丑 原書見上五卷)

上尹丈書 (戊子六月初四日)

答旣明別紙 (庚辰十二月)

與鄭永年 (丙寅)

與士賓 (壬午正月) (重出)

與柳令 (發) 書 (己卯元月)

與永年 (乙亥冬)

答長川 (丁亥閏七月三十日)

栢庵修墓錄跋

順菴覆瓿稿卷八

順菴覆瓿稿　卷十

答沈昌錫發文所書 (癸卯三月念二日)

答士潤 (同日)

題畫鷹二首 (鄭榥鄭生榥, 號巽菴 善畫, 鄭敼鄭河陽謙齋敼之孫也)

與沈士潤 (四月)

答鄭都事 (汇)

安東權氏族譜序 (癸卯)

讀薛能詩有感 (並小序)

盆菊 (癸卯十月)

與鄭台書 (癸卯九月廿五日)

別紙

與蔡台書 (癸卯十二月初九日)

答江留書

與江留書

與鄭台(論江華志) 別紙 (前留守金魯鎭撰江華志, 鄭以其疎漏, 投示原本而有
問, 故有此答也.)

答安佐郎正進問目 (癸卯十二月)

琴軒李先生遺稿跋

題甲辰立春

戲答士興 (甲辰正月廿八在直中)

擬贈 (又同日)

雨後戲呼示舍弟 (癸卯四月二十八日) (諺曰白棠花上三雨則年豐)

與少輩遊花下戲吟 (癸卯三月)

處士不憂軒鄭公行狀

不憂軒鄭公墓碣銘 (幷序)

資憲大夫知中樞府事秋谷金公行狀

答士興 (甲辰三月十一日)

與尹士眞 (甲辰四月十八日)

呈旬草

與韓士凝 (壬寅冬)

與李庭藻(家煥) (甲辰六月廿二日)

與江留鄭台子尙書 (甲辰四月)

別紙

伯顯以庭前小渠渾濁， 問舍者多以此爲嫌， 故欲賦詩賦詩以美之而未及成，

余口呼先成四五六七言各一絶爲戲

與鄭台子尙

答曹翊衛允亨

八月十八日歸臥橡軒口呼

八月一日, 三度習儀, 本司諸僚, 皆以次職姓名進謁, 賤臣之進, 上溫諭曰何

如, 蓋下問筋力疾病之如何也. 又曰, 不衰矣. 諸僚無所諭, 而獨於賤臣有

此敎, 諸僚聳觀皆致賀, 塵芒小臣, 何以得此. 遂以不衰軒不衰名軒, 請筆

於曹允亨曹翊衛允亨, 請記于鄭志儉鄭賓客志儉, 以志微忱, 仍成一絶.

爲學箴 (二首 乙巳六月十三日)

省吾大書海嶽二字揭之壁 遂演以爲銘以自警

祭從弟象三文

效韓歐剝琢行 (乙巳六月二十六日)

蟲言戲作(三首) 蟬名俗稱每厭 (乙巳六月廿日)

書曹南冥先生言行總錄李琴軒事後

答南生漢濯書

答沜中諸儒書

答羅州眉川院儒書

與洪錫胤書 (甲辰十月)

別紙

答旣明 (甲辰十一月二十二日)

又十二月初三日

順菴覆瓿稿　卷十一

. . . .

東國通鑑提綱序

成均進士浮查先生成公行狀

浮查集序

成均進士浮查成公墓碣銘(并序)

朝鮮國宜寧南泳墓誌銘(並序)

謾吟

剝啄行效韓歐體 (乙巳六月二十六日) (重出)

老恕銘 (揭客座) (乙巳七月初三日)

閉口吟 (有客歷過 有愼言之戒 感而作此 乙巳七月十五日)

歎時二絶 (乙巳夏)

祭先祖歲享祝文 (乙巳十月丁丑朔 (重疊)

山神祝文

諸隴無后神祝文 (乙巳十月爲始)

自然社銘 (丁丑春)

三絶吟 (乙巳)

有懷

死事贈工曹參議宋公行狀

座右銘 (乙巳十二月十日朝 妄效抑戒之義而不覺僭耳)

答安正郎正進家禮附贅問目 (乙巳秋)

答安正進家禮問目 (丙午春)

代喪記疑答聾窩

題睦君耆彥墓誌銘後

權君□墓誌銘 (並序)

與聾丈 (丙午五月十五日)

世子服私議

行路難 (乙巳十月十二日) (擬香山行路難)

揭壁自警 (同日)

夏日園亭 (丙午)

順菴復瓿稿 卷十三

贈女兒

答木公書 (丁未十二月)

丁未二月二十八日, 元同居其外祖聾窩丈喪中, 借吉加元服, 前與聾翁約於此
　　兒冠日略行賓主之禮, 翁今已矣, 感慟口呼示志.

孫甥韓致健字辭

抄啓講義 韓注書致應 (戊申五月)

條對 (若是自上發問, 則頭辭及結語, 似有措語而不知規例, 故闕之而只釋文
　　義而已.)

抄啓講義

條對

與韓景先別紙 (戊申六月)

寓舍記所見 (戊申五六月避癘寓洞外朴泰益家)

寓舍有感

慈殿稱號私議

挽鄭奉朝賀述祚孝先 (戊申六月)

漫吟

聽蟬

嘲悲秋客

虫言 * 蟬과 鳴蛙 시 수록

　蟬

　鳴蛙 (俗稱악어구리亦曰莫工)

寓中有感

次谿谷韻

與洪錫胤 (字孟兼 戊申八月)

入山 (戊申九月八日)

觀的示諸君求和 (己酉閏月)

咏鷦

順菴覆瓿藁 卷十四

・・・

答李注書休吉

立春春辭

朋黨歎

處士李公墓碣銘

故司憲府執義贈吏曹參議漫隱韓公行狀

答權都事(俉)問 (今庚戌六月, 爲斬衰大祥, 而今三月, 又遭內艱故有問.)

族譜跋

祭安佐郎正進文

與眉泉書院諸生書 (己酉四月)

附書社講約(德社學約中, 刪定末增, 高梁溪與揭陽諸友書.)

答尹忮 (己酉五月八日)

權侗墓誌銘

寓慕通編序

朝鮮國故正憲大夫吏曹判書壺峯宋公行狀

答爾雅軒(卽艮翁李參判)

與權星五心彦書 (己酉六月二十八日)

與黃莘叟耳叟書

哭權室 (戊申八月)

有懷

三絶吟

與李庭藻書 (己酉七月二十七日)

看除目自戲 (八月初四日丁巳, 始拜僉樞實職, 艮翁有書, 推送官敎.)

己酉遷園私議

與鄭都事士仰(宗魯)書

與丁大諫法正

與艮翁書 (庚戌四月二十日)

答丁器伯別紙(戊申十一月初六日)

順菴覆瓿藁　卷十五

童蒙教官龍潭任公墓誌銘 幷序

資憲大夫議政府左參贊兼春秋館事月潭尹公墓碣銘 並序

亡子成均生員墓誌銘 並序

資憲大夫戶曹判書迷翁崔公行狀

仙源金尙容挽公詩（崔家文籍蕩散，挽章只此云可惜.）

挽崔判書瓛，春城府院君南以雄

鳳山書院奉安東園（丁好善辛亥三月子載兵來請）

告追榮祝文

祭亡子遷葬文

追榮三代祝文（庚戌九月朔 ○祠宇朔奠罷後更告）

浣溪書院權東溪 奉安文（己酉三月）

又常享祝文

與爾雅軒（己酉九月）

畫像擬贊（庚戌三月）

大山與漆溪別紙八條（壬申十二月）

與伯賢別紙（辛亥三月 字伯賢）

與丁思仲（志永）別紙（庚戌八月）

次思仲讀心經韵（八月）

謾吟三首（八月）

丙午六月二十日朝烟過午不起問之無所炊戲吟

寄吳上舍聖道（庚戌九月）

附次韻

贈思仲（九月）＊ 原文缺

次韻

更步前韻（十月）

謾吟（九月）

庚戌十月三日 席上口呼示會中諸君

辛亥冬至 (庚戌十一月十六日壬辰)

挽艮翁李判尹 獻慶 夢瑞 (辛亥正月)

謾吟 (庚戌春)

有感 (二絶)

三絶吟

辛亥送窮日書懷

順菴覆瓿稿 十六

墻籬雜錄

春秋語類及雜錄

擬贊畏庵書(止丈文)

幽居賦

哭健菴文

(鄭運弘, 字季毅, 海州人, 居京, 丙寅生, 丙午司馬, 戊申討逆, 庭試及第, 己
　　酉冬發官承文副字)

止菴記

洪範衍義序

固翁銘 尹誨(字獻可 南原人 辛巳生)

極儀象卦疑議 尹丈(名東奎 字幼章 坡平人 乙亥坐)

別槀(四七書)

　附次韻

　附原韻

제목 없음

自嘲

潮汐說

次楊誠齋退休南溪之上自贊韵(丙子)

　附原韵

靈長山客傳(甲戌冬)

衛生錄跋

童子儀跋

安分說

李萬頃醇叟遺事

漆蝸堂銘(丙子二月)

與南丈書(丙子三月十五日)

答尹丈書

答上星湖書

答尹丈書

答鄭永年(丙子正月十九日)

答李景協

答君丈書

與鄭永年書 (丙子九月)

與李景協書 (丙子十一月)

答人問 (丙子十一月)

泣血錄序

與鄭永年書 (丙子十一月)

答柳奉事(發)書 (丙子臘月)

祭禮告辭 (丁丑元日)

與鄭永年 (丁丑)

故宣敎郎安公行狀 (丙子九月)

答李暨輝遠問目 (乙亥六月)

答人問目 (安德敏乙亥六月)

答從弟成服後時變除之問 (丙子七月)

山火

仲實有書多質 病語戲答一律

病中言懷奉呈止丈兼示善徵仲契要和

又示仲實

(更按漢志)

東史綱目凡例

馬韓

弁韓

駕洛國

麗史(方技傳 肅宗時)金謂磾引道詵踏山歌, 又神誌秘詞云云, 權擥應製詩註
　　云, 道詵新羅末術僧玉然禪師也, 入唐傳一行禪師相地法而還, 作秘記, 傳
　　於世. 神誌檀君時人, 世號神誌仙人.

東史補闕例

東國地理記疑

朝鮮

三韓(遺子甄萱上太祖書云, 馬韓先起赫世勃興於是, 百濟開國於金馬山, 唐
　　滅百濟, 置熊津馬韓等五府)

四郡(4군 안에 玄菟, 二府, 帶方 소제목이 있음, 玄菟은 소제목 처리 안되어 있음)

二府(三國遺事曰, 今有平那無眞番, 盖一地二名也.)

帶方

(遺事云, 北帶方本竹覃城, 新羅弩禮王四年, 與樂浪投新羅, 皆前漢所置, 其
　　後僭稱國, 今來降. 南帶方曹魏時, 始置今南原府, 故云帶方之南, 海水千
　　里曰瀚海, 後漢遠安中, 以馬韓南荒地爲帶方郡, 韓遂屬是也)

三國之號

卒本扶餘(附沸流水) (渤海大氏有率賓之地, 必是卒本也. 其非今成川亦明
　　矣.)

國內城(附不耐)

丸都(又上見國內紙頭)

浿水(廣開土王四年, 與百戰於浿水上, 大敗之. 故國原王十三年, 自丸都移平
壤城, 長壽王四十年, 百濟王來故平壤城, 王中流矢卒. 小獸林王七年, 百
濟又侵平壤, 則此時百濟之界, 從以浿水爲限矣. ○原王十三年, 敗於浿河
之原, 此時都平壤則此非大同江明矣)

帶水(百濟本紀, 沸流與溫祚渡浿帶二水, 至彌鄒忽以居之焉帶爲漢水明矣).

薩水(應製詩註曰, 薩水世稱今安州之淸川江, 然金富軾三國史, 薩水錄於未
詳地之列, 未敢的知).

盖馬大山

單單大嶺(勝覽, 大關嶺俗號大嶺)

夫餘

沃沮

濊

(三國史記地理志, 溟州盖濊之故國, 前史以扶餘爲濊地, 盖誤. 百濟記, 聖王
卅十年, 高句麗與謀攻漢北獨山城).

貊(遺事云, 春州古牛首州, 古貊國. 或云今朔州, 或云平壤城, 皆古貊國)

渤海

靺鞨

漢水

東史綱目考異(司馬公作資治通鑑參考群書評其同異, 以示其去取之意. 今倣
此亦名考異, 爲考異三十卷)

檀君箕子通鑑編外紀之非

朝鮮之號

干支紀年之始(戊辰檀君元年 唐堯二十五年)

檀君

彭吳之批

太伯山 白岳 阿斯達 平壤 唐藏京

亡子進士小祥祭文

諭鄕校下帖 (丁酉春)

祭亡子文

與徐方伯有隣書 (戊戌六月十六日)

與洪泰仁大容書

策問

答李侍直(商逸)別紙 (壬辰六月)

答趙承旨(肅+心)別紙 (戊戌五月)

答徐方伯有隣書 (戊戌閏六月十六日)

與權于四□

與尸庵權孟容巖 (丙申八月)

與長川 (乙未九月)

庚子四月二十日, 鄕里少輩請行鄕射禮, 爲草目, 權幼星來會, 賦一律求和, 次
之.

辛丑四月南華(木川邑西村名)族弟命甫(鼎銘)來言, 木人立去思碑于伏龜亭店
邊, 聞而戲吟.

七月李季永子來言, 木州士民復營鐵碑, 今方取斂云, 聞而驚駭, 有作.

辛丑三月, 課僮奴種海松及漆木各百餘株, 因吟十韻古詩, 示兒孫.

庚子除夕次唐詩

筮得大有之中孚 戲題一絶自嘲

謹次潛翁南丈所步聽松韻 (辛丑七月)

復效坡山體詠懷, 上潛翁丈

社稷祈雨文

象王山 (五月十七日)

鵲城山 (五月十九日)

鷲巖山 (五月二十三日)

重九峯 (五月二十五日)

再禱社稷 (五月三十日)

象王山

鵲城山

看野登伏龜亭次前人韻 (丁酉秋)

草邑乘題書面 (戊戌冬)

用晦堂言志 (戊戌十二月十八日立春)

通訓大夫行尼城縣監洪公墓誌銘

自如道察訪 贈通訓大夫司憲府執義釣隱韓公行狀 (删改以碑銘 見他册)

記夢

題貞山藁後

答李哀瑩仲

別紙問目

李侍直(商逸)問目(壬辰六月)

祭黃朽淺 (宗海) 墓文

與趙承旨季溫

答權于四 (□)

答人問(金養行)

又

進士大祥祝文

祭趙季溫(肅心)文

答惠寰書

癸鄭孔南(熽)文

大麓誌序

與徐台(命膺)書 (己亥六月十三日)

順菴覆瓿稿 十九

題鄭評事雙浦破倭圖後

與李侯(家煥庭藻)書

(時, 本府禁士民之偏射, 而此洞士友輩鄉士禮, 適當其時, 本官遣吏舌諭于余,

又作書于孫兒, 雖鄉射不可爲, 又發差捉座客丁生字士亨者而去. 方欲行

禮之際, 景色如此. 衆賓弢弓戢矢, 驚駭而散, 庭藻而有此事, 誠可歎也.)

答李斯文宬壽問目 (辛亥七月)

부록 2. 『순암부부고』 2책과 『순암집』 상세 비교

題望湖亭盆梔(甲寅年 在牙湖時) /有

霜後木葉盡脫 庭畔葵花一枝在菊叢中 放開一花 有感而吟 /有

鄭永年自楓岳歸 訪余于靖齋 盛探歷之事 且言得一聯 未成編 因訟云汚樽剔
字剔字苔紋古 雲壁鳴舷石勢危 時余適被酒 醒後續成以別(壬辰十月) /無

山居好(庚申) /有

自警 /有

詠史(時讀晉書 ○壬申) /有 『순암집』에는 陸機를 읊은 부분이 빠짐

義盈直中夜坐有感(辛未臘月二十三日) /有 시의 첫부분 다름(『부부고』: 流
     水, 『순암집』: 倐忽)

次宗人正進見贈韻 /有

 附原韻 /無

敬步止菴南丈(維老)見示三絶 己巳冬至後三日 /無

敬次望湖亭盆梅韻(己未) /有 『부부고』는 2首, 『순암집』은 1수.

次東坡雪韻(丁巳臘月) /無

丁巳五月卄日 治病萬寺洞里家 讀心經作二首 /有 『부부고』는 2수, 『순암집』
은 1수

古木 /無

次舅氏韻(辛亥) /無

中秋望日 永退之一年明月令宵多爲韻 成七絶(辛亥) /有 『부부고』皓月當空白, 『순암집』霽月當空白

赤裳山城按廉臺 /無

贈正進(壬申秋) /無

次正進 /無

靖陵齋室直中(壬申秋) /無

贈奉恩寺判事體閑上人(癸亥春) /有 『부부고』2수, 『순암집』1수

次天與韻(戊寅) /無

早秋夜與天與共賦二首 /無

癸酉元日次景除夕韻 /無

次洞友集韻(己卯) /無

夜坐卽事 /有

沁齊直中 次隣宋道明(聚行)韻(庚午春) /有 『부부고』3수, 『순암집』3수 중 1수

漫吟八絶(丁丑夏) /有

次南公瑞(雲老)韻(四首 庚申) /有 일부분만 『순암집』에 실림(我本樗櫟材~萬事無不足)

已未除日感懷偶吟(沒佳韻) /無

次尹景和韻(辛酉) /有

讀大學 /有

山中卽事 /無

次許丈釣叟韻三首 /有 『부부고』3수, 『순암집』1수

勤次宗丈友松居士(宅明)宗會詩韻 /無

次族姪厚卿(增)病後見贈韻 /無

敬次星湖先生寄湅河安秀才樂重韻(二首) 贈樂重 兼示正進(己卯) /有 글자 차이. 『부부고』採掇蘭苴香, 『순암집』採掇蘭臧香

新昌途中 /無

高麗山(山在江華府西北五里 高麗高宗葬此 卽弘陵 是也 ○庚午) /有

記夢(辛巳) /無

眼昏 /無

述病(八首) /有『부부고』8수,『순암집』9수

嘉善徵見訪 /無

雪夜獨坐 /無

觀東史有感 樂府體 /有

簡寄鄭天與(丁丑) /無

嘗編諸葛亮陶淵明二傳以觀之 止菴有詩要和 遂步其韻 /有

次止菴玩易韻 /無

奉呈止菴 /有『순암집』은 附次韻이 없음

次止菴韻 /有 시 3수 중 1수 실림. 附原韻은 없음

分宜堂八詠(原韻及次韻見間丈) /有『순암집』에는 일부분만

次楊誠齋退休南溪之上自贊韻 /有『순암집』에는 細註가 빠짐

壬午六月十八日(先考忌日壬午) /有

冲實有書多貪病語戲示一律(丁丑) /無

病中言懷 呈止菴示善徵賢要和 /無

贈鄭君顯 /有

鄭君顯讀孟子 示以三絶 /有『순암집』3수,『부부고』2수

山火 /無

古人宮辭之作 亦國風離騷之義也 閑居無聊 偶效其體爲二絶 /有

赴南漢西將臺 見板上諸詩有感(癸酉) /無

宿開元寺 /無

出南門 憶崔遲川當日事 馬上慨然成七絶 /有 세주 부분:『부부고』下城事定
　　虜無青衣輿櫬之辭 而崔令其家人 一夜間製藍衣一具 將欲爲上所服

又吟一絶 /有

修廣州府志 至丙丁事 閣筆潛然謾書一律 /有

觀物二絶 /有

春日書懷 /有

族弟中(胤鼎錫)來訪于積歲阻闊之餘 不覺喜悅 聊成短律二首示 /無

春雨 /有

田家記所見 附次韻(原音見上) /無

次善徵投答韻成三首 附原音 /無

更步前韻答善徵 /無

次溪丈見贈韻 /無

警女兒 /有

挽鄭正言德而 /無

贈正字殷老 /無

次玩龜亭韻 /無

獨坐感懷 /無

書贈小孫 /有

次洞中友 與鄭鱗伯相和二首 /無

期友會話園亭(代少輩戱作沁園春) /有

偶吟 /有

午睡 /無

讀陳搏傳有感 /無

春愁(有感而作) /有

到書堂見庭草蕪沒 感懷而作(甲申七月) /有

自嘲示天與 /無

天與次聊韻 復贈律絶幷六依韻和呈 /無

聽蟬 /無

讀麗史有感 /有

夜坐偶吟 /有

示小孫 /有

次舍弟雲 /無

山居 /有『부부고』疎慵本無適俗姿,『순암집』疎(缺)本無適俗姿

無事 /無

朴和甫來誦 /無

省吾書室 /無

次兒田家吟韻 /無

宿症復發 洞中小友 鎭日來問 强吟以謝 /無

示天與二首 /無

次兒閑居吟 /有

詠古劍 /無

次兒原峽道中韻 /無

有人携示申聖淵(光洙)丁法正(範祚)齋夜拈韻詩軸 卽依其韻口呼以贈 /無

鄭龍卿爲親回甲設壽席 心服未除 不能赴會 謾呈短律一首 /有

次子中留別韻 /無

讀星湖先生文 感懷言志(乙酉) /無

自警二絶(乙酉五月十七日) /有『부부고』날짜 기록,『순암집』2절의 한 글자
　　缺.『부부고』莫嫌從前用意迂,『순암집』莫(缺)從前用意迂

稷山道中(甲子) /無

省事吟(丁丑) /有

次宗友松居士(安進仕宅明)詠松韻二首(戊午) /無

題科體東人賦册面(丙寅) /有

科後歸家作(丙寅春) /無

洞民崔聖遇觀金剛山而來 盛稱山水之美 戲題一律(乙酉四月) /無

次李性之鄭龍卿君顯遊洗皮川韻(己卯春) /無

諸君復以前韻見寄次送 /無

己未春親耕後試士春塘臺(舊名瑞蔥臺) /無

聞木溪丈隨公瑞(南雲老)之仙槎關東名勝遊賞 殆賦短律以呈(癸酉春) /無

次省吾(己卯) /無

家兒上靑雲庵做試業　安聖協(相民)李壯之(命老)鄭龍卿(昇淵)鄭君顯(赫基)
　　四友來會　作一律以呈(己卯亥) /無

省吾來留數旬　及歸口號五言短句二首以贈 /有

題朴丈(韓興)草堂(戊寅五月) /無

辛未七月差祭獻陵時　江水大漲　雨中自箭串乘船雨作(原韻) /無

摩尼山 /無

記夢 /有

夢許 /有『순암집』제목은 夢作

通政大夫承政院左副承旨兼經筵參贊官春秋館修撰官今是堂李公墓碣銘(並
　　序 ○癸巳) /有『순암집』에 일부분 없음.『부부고』此其歷官大略也 公嘗
　　有漫興詩 曰 … 俱未可詳知 公葬于其地 丙寅八月二十五日卒 …『순암집』
　　…此其歷官大略也 丙寅八月二十五日卒 …

唯菴記(乙未) /有

慶族弟回甲壽席 /有『순암집』에 일부분 수록.

祭吳仲實文 /無

警聯(壬寅日生夕) /有

送男甥歸庭 /無

讀史有感 /無

辛卯二月丁亥漢山安鼎福謹誌 /無

務功郎璿源殿參奉謹齋李公墓碣記(癸巳) /有

題烈女驪興李氏行錄後 /有

橡軒四絶(壬辰六月初六日) /無

又漫吟 /無

丁酉八月十四日　赴錦營　滯雨毛老院　成三絶 /有

有感 /有『부부고』3수,『순암집』2수

漫興 /有

題樂志論後 /有

自矜 /有

問蟬蟬答四絶(壬寅星夕) /有

찾아보기

집필진(원고 게재 순)

김현영 · 국사편찬위원회 교육연구관

이혜은, 김효경 · 국립중앙도서관 도서관연구소 연구원

안병걸 · 안동대 동양철학과 교수

전경목 · 한국학중앙연구원 교수

박한남 · 국사편찬위원회 편사연구관

김경숙 · 조선대 사학과 교수

안승준 · 한국학중앙연구원 책임연구원

탁신희 · 서울시립대 박사과정

순암연구총서 07

순암 안정복의 일상과 이택재 장서

1판 1쇄 인쇄 2013년 10월 10일
1판 1쇄 발행 2013년 10월 20일

집필진 | 김현영 외
편집인 | 순암 안정복 선생 기념사업회

펴낸곳 | 성균관대학교 출판부
등록 | 1975년 5월 21일 제1975-9호
주소 | 110-745 서울특별시 종로구 성균관로 25-2
전화 | 02)760-1252~4 팩스 | 02)762-7452
홈페이지 | http://press.skku.edu

ⓒ 2013, 김현영 외
ISBN 979-11-5550-014-9 94150
      978-89-7986-955-2 (세트)
값 18,000원